金融機関役員の法務

コーポレートガバナンスコード時代の職責

前金融庁長官
岩田合同法律事務所特別顧問 **細溝清史**［監修］

岩田合同法律事務所［編］

弁護士 **本村 健**／弁護士 **松田貴男**［編著］

一般社団法人 **金融財政事情研究会**

は し が き

　本書は、預金取扱金融機関を念頭に、金融機関の役員の職務と責任をQ&A形式でコンパクトに概説したものです。コーポレートガバナンスコードについても必要な範囲で触れています。多忙な金融機関の役員の方々が、所管業務にとどまらず、金融機関の広汎な業務内容全体に係る職務内容と責任について短時間に重要ポイントを把握できるよう、設問とポイントをまず示したうえで必要な限りで解説を加えるという構成にしています。

　金融機関の経営を取り巻く経済・市場の環境は急激に変化しています。世界規模でみれば市場の一体化、国際的な金融規制の強化、IT技術の急速な革新に伴うFinTechと呼ばれる金融・IT融合の動きがみられ、また、日本国内では、日銀による異次元緩和、貯蓄から投資への動き、人口減少に伴う顧客基盤の縮小・ニーズの変化による地域金融機関の再編圧力など、枚挙に暇がありません。企業統治の面でも、コーポレートガバナンスコードが導入され、上場企業は、コンプライ・オア・エクスプレイン(Comply or Explain)の原則のもとで、自律的に自社のガバナンス体制を構築することが求められています。金融機関の役員の職務は、かつてないほど多様化し、また、迅速で果断な経営判断が求められています。

　かかるなか、立法や金融行政も金融機関の健全性を確保しつつ弾力的な業務運営を可能にするための施策を講じてきました。たとえば、銀行や銀行持株会社の業務規制および保有子会社範囲規制は緩和されてきた歴史があり、銀証分離の原則も、業態別子会社による銀行の証券参入やファイアーウォール規制の見直しにより常に見直されています。また、金融審議会のワーキンググループにおける検討を経て、持株会社によるグループ内共通・重複業務の実施解禁や、子会社範囲規制を当局の個別認可により柔

軟に緩和できる枠組みの創設など、金融グループの経営の柔軟性・効率性を向上させる内容の法改正も、現在検討されているところです。

　一方で、司法の世界に目を転じると、「役員の責任」に関する判例の傾向として、金融機関の健全性を最重視するものが先例としての価値を有しています。これは、バブル経済破綻後、金融機関の相次ぐ破綻や公的資金が注入された時代背景のなかで、金融機関の役員が代表訴訟等を通じて経営責任を問われる事例や刑事責任を問われる事案が数多く蓄積したという歴史的背景が要因です。これらの判例法理は、特に銀行取締役の融資判断については特に高い程度の注意義務を課すという判断枠組みを通じて、銀行経営の健全性・安全性を確保するという要素を重視しています。ただ、司法判断は法令はもとより社会経済的背景にも強く影響を受けうるものですので、今後、金融機関の事業環境の変化に応じて司法上の役員責任の考え方も変わりえます。

　これら事業環境・内容の変化や、立法や金融行政の動向、判例の可変性もあり、金融機関の役員の職務と責任を所与のもの、固定的なものとして整理することは困難であり、また、すぐに陳腐化するおそれも否めません。

　しかし、日々困難な経営判断を行っている金融機関の現状をふまえると、現時点での状況を項目別に区分けし、法令や監督指針等の概要や関連する判例を概説し、それを金融機関の役員の方々へ提示する意義は、高いであろうという認識のもとまとめたのが本書です。

　本書執筆に際しては、金融機関での勤務経験があり金融法務に精通する弁護士、金融行政や税務行政当局等に職務経験がある弁護士、さらには検察官として職務経験を有する弁護士など多様なバックグラウンドをもったメンバーが担当しました。意見にわたる部分は、われわれ編著者・各執筆者が現在所属し、または過去に所属した組織・団体としての見解ではないことをお断りします。

最後に、本書を世に送り出すことができましたのは、一般社団法人金融財政事情研究会出版部の田島正一郎氏によるご指導の賜物です。この場を借りて厚く御礼申し上げます。また、岩田合同法律事務所の田中しのぶさん、中村繭美さん、西川順子さん、仁木恵子さん、北山桃子さんを中心とするスタッフの献身的なサポートの賜物でもあります。そして、前金融庁長官の細溝清史氏には、本書全般にわたってご監修をいただきました。この場を借りてここに深く感謝します。

平成28年2月

　　　　　　　　　　　　　　　　　　　　　　著者を代表して
　　　　　　　　　　　　　　　　　　　　　　弁護士　本村　　健
　　　　　　　　　　　　　　　　　　　　　　弁護士　松田　貴男

■ 監修者・編著者・執筆者紹介

岩田合同法律事務所

明治35年、故岩田宙造弁護士（貴族院議員、司法大臣、日本弁護士会会長等を歴任）により創立されたわが国において最も歴史ある法律事務所の一つ。伊達室・田中室・山根室のプラクティスグループから構成されている。金融機関、エネルギー、各種製造業、不動産、建設、食品、商社、IT、メディア等、各業界の代表的企業からIPOを予定する新規成長企業まで多様な規模のクライアントの法律顧問として、会社法・裁判案件等幅広い企業法務の分野において総合的なリーガルサービスを提供している。日本法弁護士50数名に加え、中国法律師、フランス法弁護士を擁する。
● URL http://www.iwatagodo.com/

【監修者】

細溝　清史（ほそみぞ　きよし）

前金融庁長官、岩田合同法律事務所特別顧問

【編著者】

本村　健（もとむら　たけし）

〈略歴〉

弁護士（平成9年登録）。平成15年〜16年、ステップトゥ・アンド・ジョンソン法律事務所勤務。平成7年慶大（院）前期博士課程修了。平成15年ワシントン大学ロースクール修了（LL.M.）。経済同友会会員。最高裁判所司法研修所民事弁護教官（現任）。

〈主要著作〉
- 『IPOと戦略的法務―会計士の視点も踏まえて』（共編著、商事法務、平成27年）
- 『一般法人・公益法人のガバナンスQ&A』（編集代表、金融財政事情研究会、平成24年）
- 『第三者委員会―設置と運用』（編集代表、金融財政事情研究会、平成23年）
- 『金融実務と反社会的勢力対応100講』（共編著、金融財政事情研究会、平成22年）

・「ハイブリッドモデルの取締役会等における経営判断と攻めのガバナンス〔上〕〔下〕」（旬刊商事法務 No.2089、No.2090、平成28年）
・「訴訟を見据えた紛争対応のポイント―国内企業間取引におけるありがちな対応」（Business Law Journal 2015年12月号）
・「株主総会における想定問答―成長戦略が問われる総会―」（旬刊商事法務 No.2031、平成26年）
等多数。

松田　貴男（まつだ　たかお）

〈略歴〉
弁護士（平成20年登録）。平成12～19年、㈱日本興業銀行・㈱みずほコーポレート銀行勤務。平成12年東大法卒、平成25年 Harvard Law School 修了（LL.M.）。金融法務、国際商取引のストラクチャリング・交渉・紛争解決に従事するほか、倒産業務、各種商事訴訟も扱う。

〈主要著作等〉
・「改正会社法と実務対応 Q&A(6)会社分割等における債権者保護〈倒産手続との関係〉」（金融法務事情 No.2002、平成26年）
・「地域金融機関による取引先海外進出支援の方策」（共著、FINANCIAL Regulation Vol.5 2015 SUMMER）
・『実践 TOB ハンドブック改訂版』（共著、日経BP社、平成22年）
・『合併・買収の統合実務ハンドブック』（共著、中央経済社、平成22年）

【執筆者】

田路　至弘（とうじ　よしひろ）

〈略歴〉
弁護士（平成3年登録）

〈主要著作〉
・「反社対応―新たなステージへ」（金融法務事情 No.2029、平成27年）
・「金融機関と税務問題―訴訟事例から」（金融法務事情 No.2008、平成26年）
・『法務担当者のための民事訴訟対応マニュアル〔第2版〕』（共著、商事法務、平成26年）
・『株主総会物語』（共著、商事法務、平成24年）

坂本　倫子（さかもと　ともこ）

〈略歴〉
弁護士（平成12年登録）、平成27年より株式会社八千代銀行取締役

〈主要著作〉
・『Q&A 社外取締役・社外監査役ハンドブック』（共著、日本加除出版、平成27年）
・『家事事件と銀行実務』（共著、日本加除出版、平成25年）

中村　忠司（なかむら　ただし）

〈略歴〉
弁護士（平成16年登録）

大櫛　健一（おおくし　けんいち）

〈略歴〉
弁護士（平成18年登録）、平成27年より一般社団法人全国地方銀行協会・コンプライアンス検定試験委員。

〈主要著作〉
・『Q&A インターネットバンキング』（編著、金融財政事情研究会、平成26年）
・「不正利用発覚後の対応措置の留意点—東京地判平22.7.23をモデルとして」（共著、金融法務事情 No.1937、平成24年）

伊藤　広樹（いとう　ひろき）

〈略歴〉
弁護士（平成19年登録）

〈主要著作〉
・『時代を彩る商事判例』（共著、商事法務、平成27年）
・『会社法実務解説』（共著、有斐閣、平成23年）

加藤真由美（かとう　まゆみ）

〈略歴〉
弁護士（判事補及び検事の弁護士職務経験に関する法律に基づき平成26年登録）。平成20～26年、検事として東京地方検察庁、大阪地方検察庁、奈良地方検察庁、東京地方検察庁（刑事部）、さいたま地方検察庁（公判部）勤務。

小松　徹也（こまつ　てつや）

〈略歴〉
弁護士（平成20年登録）。平成13～15年、商工組合中央金庫勤務。

武藤　雄木（むとう　ゆうき）

〈略歴〉
弁護士（平成21年登録）。平成27年7月より東京国税局調査第1部にて任期付公務員として勤務。公認会計士（平成21年登録）。公認不正検査士（平成25年登録）。平成15～18年、中央青山監査法人勤務。なお、文中意見にわたる部分は個人の見解によるものであり、現在所属する組織・団体としての見解ではない。

〈主要著作〉
・「時系列ですっきり理解！総会での経理・財務担当者の役割」（共著、旬刊経理情報 No.1344、平成25年）

深沢　篤嗣（ふかさわ　あつし）

〈略歴〉
弁護士（平成21年登録。平成26年再登録）。平成25年4月～26年3月、金融庁・証券取引等監視委員会事務局取引調査課にて証券調査官として勤務。

〈主要著作〉
・「金融機関における預金口座解約の実務上の留意点」（共著、金融法務事情 No.2031、平成27年）

荒田　龍輔（あらた　りゅうすけ）

〈略歴〉
弁護士（平成21年登録）

〈主要著作〉
・「金融機関における預金口座解約の実務上の留意点」（共著、金融法務事情 No.2031、平成27年）

清瀬　伸悟（きよせ　しんご）

〈略歴〉
弁護士（判事補及び検事の弁護士職務経験に関する法律に基づき平成27年登録）。平成21～27年、検事として東京地方検察庁、大阪地方検察庁、広島地方検察庁、さいたま地方検察庁（刑事部）、東京地方検察庁（公判部）勤務。

大浦　貴史（おおうら　たかし）

〈略歴〉
弁護士（平成22年登録）。平成26年1月～27年3月、金融庁検査局にて金融証券検査官として勤務。

冨田　雄介（とみた　ゆうすけ）

〈略歴〉
弁護士（平成22年登録）
〈主要著作〉
・「為替変動、売買単位の移行―CFOのための想定問答集」（共著、旬刊経理情報 No.1344、平成25年）
・「ヴァーチャル口座に関する預金債権に対する差押え」（共著、銀行実務2012年1月号）
・「下請違反行為の自発的申出」（共著、ビジネス法務2013年10月号）

青山　正博（あおやま　まさひろ）

〈略歴〉
弁護士（平成23年登録）
〈主要著作〉
・「銀証連携の実務と課題」（金融法務事情 No.2000、平成26年）
・「融資実務における主債務者に求められる要件の充足性判断」（事業再生と債権管理 No.144、平成26年）

上西　拓也（うえにし　たくや）
〈略歴〉
弁護士（平成23年登録）
〈主要著作〉
・『営業店の反社取引・マネロン防止対策ハンドブック』（共著、銀行研修社、平成26年）

工藤　良平（くどう　りょうへい）
〈略歴〉
弁護士（平成23年登録）。ニューヨーク州弁護士（平成19年登録）。平成25年シンガポール国際仲裁センター（SIAC）出向。
〈主要著作〉
・「地域金融機関による取引先海外進出支援の方策」（共著、FINANCIAL Regulation Vol. 5 2015 SUMMER）

笹川　豪介（ささかわ　ごうすけ）
〈略歴〉
弁護士（平成23年登録）。筑波大学ビジネス科学研究科法曹専攻非常勤講師。平成16年4月～26年9月、大手信託銀行勤務。
〈主要著作〉
・『信託法実務判例研究』（共著、有斐閣、平成27年）
・「実務にとどく　相続の基礎と実践」（金融法務事情 No.1994、平成26年～（連載））

早川　祐司（はやかわ　ゆうじ）
〈略歴〉
弁護士（平成23年登録）
〈主要著作〉
・『174のQ&Aでみるマイナンバー制度の実務対応』（共著、税務研究会、平成27年）

凡　例

1　法令の表記（略称を用いた主な法令等）

〈法　律〉

外為法：外国為替及び外国貿易法

仮登記担保法：仮登記担保契約に関する法律

偽造盗難カード預金者保護法：偽造カード及び盗難カード等を用いて行われる不正な機械式預貯金払戻し等からの預貯金者の保護等に関する法律

本人確認法：金融機関等による顧客等の本人確認等に関する法律

兼営法：金融機関の信託業務の兼営等に関する法律

金販法：金融商品の販売等に関する法律

金商法：金融商品取引法

金融円滑化法：中小企業者等に対する金融の円滑化を図るための臨時措置に関する法律

金融再生法：金融機能の再生のための緊急措置に関する法律

財形法：勤労者財産形成促進法

個人情報保護法：個人情報の保護に関する法律

番号法：行政手続における特定の個人を識別するための番号の利用等に関する法律

信金法：信用金庫法

中協法：中小企業等協同組合法

協金法：協同組合による金融事業に関する法律

資産流動化法：資産の流動化に関する法律

独占禁止法：私的独占の禁止及び公正取引の確保に関する法律

会更法：会社更生法

民再法：民事再生法

男女雇用機会均等法：雇用の分野における男女の均等な機会及び待遇の確保等に関する法律
労金法：労働金庫法
振替法：社債、株式等の振替に関する法律
出資法：出資の受入れ、預り金及び金利等の取締りに関する法律
組織的犯罪処罰法：組織的な犯罪の処罰及び犯罪収益の規制等に関する法律
滞調法：滞納処分と強制執行等との手続の調整に関する法律
区分所有法：建物の区分所有等に関する法律
建物保護法：建物保護ニ関スル法律
動産・債権譲渡特例法：動産及び債権の譲渡の対抗要件に関する民法の特例等に関する法律
投信法：投資信託及び投資法人に関する法律
特定調停法：特定債務等の調整の促進のための特定調停に関する法律
犯罪収益移転防止法：犯罪による収益の移転防止に関する法律
振り込め詐欺救済法：犯罪利用預金口座等に係る資金による被害回復分配金の支払等に関する法律
法適用通則法：法の適用に関する通則法
民執法：民事執行法
民訴法：民事訴訟法
民保法：民事保全法
導入預金取締法：預金等に係る不当契約の取締に関する法律
宅建業法：宅地建物取引業法

〈政省令等〉

金商業者監督指針：金融商品取引業者等向けの総合的な監督指針
金商業等府令：金融商品取引業等に関する内閣府令等
金商法施行令：金融商品取引法施行令

主要行監督指針：主要行等向けの総合的な監督指針
信託会社監督指針：信託会社等に関する総合的な監督指針
中小・地域監督指針：中小・地域金融機関向けの総合的な監督指針
保険会社監督指針：保険会社向けの総合的な監督指針
金融検査マニュアル：預金等受入金融機関に係る検査マニュアル
コーポレートガバナンスコード：株式会社東京証券取引所「コーポレートガバナンス・コード～会社の持続的成長と中長期的な企業価値の向上のために～」（平成27年6月1日）

2 主な判例集、法律雑誌の略記方法

《判例集》
民集：最高裁判所民事判例集
刑集：最高裁判所刑事判例集
裁判集民事：最高裁判所裁判集民事

《法律雑誌》
金法：金融法務事情
判時：判例時報
判タ：判例タイムズ
金商：金融商事判例
労判：労働判例

3 判決（決定）の表記

	言渡裁判所	言渡年月日	掲載誌・号・頁
（例）	最判	平3.3.22	（民集45巻3号322頁）

4 文献の引用

（例） 金融財政事情研究会編『銀行窓口の法務対策4500講』138頁

目　次

第1章　金融機関の機関設計・役員の適格性・意思決定

第1節　機関設計 …………………………………………………… 2

- Q1　銀行の機関構成・役員構成に対する監督上の要請 ……… 2
- Q2　金融機関の代表取締役、業務執行取締役、社外役員、監査役に求められる役割 ……………………………………… 5
- Q3　銀行・銀行持株会社の機関設計の傾向 ………………… 10
- Q4　銀行・銀行持株会社の社外取締役の選任状況の傾向 ……… 12

第2節　役員適格 ………………………………………………… 15

- Q5　会社法上の役員適格性(1)──取締役、監査役、執行役 ………… 15
- Q6　会社法上の役員適格性(2)──社外取締役・社外監査役 ……… 18
- Q7　銀行法上の役員適格性(1)──常務に従事する取締役 ……… 21
- Q8　銀行法上の役員適格性(2)──監査役・監査等委員・監査委員 … 25
- Q9　役員適格性に違反した場合の行政上の制裁 ……………… 30
- Q10　金融機関の常務に従事する取締役の兼職制限 ………… 33
- Q11　銀行と証券子会社の役員の兼職 ………………………… 36

第3節　意思決定 ………………………………………………… 39

- Q12　取締役会の招集・運営上の留意点 ……………………… 39
- Q13　取締役会決議と特別利害関係人 ………………………… 42
- Q14　銀行の株主総会──過去と今後のあるべき方向性 ……… 45
- Q15　株主総会における役員の説明義務 ……………………… 50

目　次　13

第4節　協同組織金融機関、労働金庫・その他 ･････････････ 53

- Q16　協同組織金融機関（信用金庫・信用組合）の機関構成の特色 ･･･ 53
- Q17　労働金庫の会員資格・機関構成 ･･････････････････････ 56
- Q18　信用金庫・信用組合の理事・監事の要件、任期、兼職制限 ･･･ 59

第2章　金融機関の役員報酬

第1節　実体規則 ･･ 64

- Q19　役員報酬の種類 ･･････････････････････････････････ 64
- Q20　金融機関の業務執行取締役に対する業績連動報酬導入の留意点 ･･･ 69
- Q21　社外取締役・社外監査役に対する業績連動報酬導入の留意点 ･･･ 73
- Q22　役員に対する信用供与規制 ････････････････････････ 78
- Q23　金融機関の報酬制度の傾向 ････････････････････････ 81

第2節　手続規則 ･･ 83

- Q24　取締役の報酬の決定方法（監査役会設置会社の場合）････････ 83
- Q25　取締役の報酬の決定方法（監査等委員会設置会社・指名委員会等設置会社の場合）･･････････････････････････ 86
- Q26　銀行役員・重要な使用人の報酬等の開示 ････････････ 88

第3節　信用金庫・信用組合 ･･････････････････････････････ 91

- Q27　信用金庫・信用組合の役員報酬の内容および手続の特色 ･･･ 91

第3章　金融機関役員の法的責任

第1節　民事責任（実体） …………………………………………… 96

- Q28　金融機関役員の金融機関に対する民事責任 …………… 96
- Q29　金融機関の執行役員の金融機関に対する民事責任 …… 99
- Q30　役員の民事責任の原因となる任務懈怠の内容──金融機関の特殊性 …………………………………………………… 102
- Q31　経営判断の原則・信頼の原則 ………………………… 105
- Q32　他の取締役の監視義務 ………………………………… 108
- Q33　役員の属性に応じた注意義務の程度(1)──社外取締役 …… 111
- Q34　役員の属性に応じた注意義務の程度(2)──監査役、監査委員、監査等委員 …………………………………………… 114
- Q35　金融機関役員の第三者に対する民事責任 …………… 117
- Q36　競業取引・利益相反取引の規制 ……………………… 120
- Q37　取締役会における審議内容における留意点 ………… 123

第2節　株主代表訴訟 ……………………………………………… 126

- Q38　金融機関役員に対する株主代表訴訟 ………………… 126
- Q39　信用金庫・信用組合の代表訴訟 ……………………… 129

第3節　民事責任の制限 …………………………………………… 132

- Q40　社外取締役・社外監査役の任務懈怠責任の免除・限定 …… 132
- Q41　会社役員の賠償責任保険 ……………………………… 135

第4節　行政責任 …………………………………………………… 138

- Q42　役員に対する行政上の責任 …………………………… 138

目　次　15

第5節　刑事責任 ································· 140

- Q43　金融機関の役員に対する刑事責任(1)――不正融資に係る刑事責任 ································· 140
- Q44　金融機関の役員に対する刑事責任(2)――不正融資以外に係る刑事責任 ································· 143

第6節　事　例 ································· 148

- Q45　金融機関の役員責任が問題となった主な事例(1)――民事1（融資判断）································· 148
- Q46　金融機関の役員責任が問題となった主な事例(2)――民事2（内部統制システム構築義務違反）················· 153
- Q47　金融機関の役員責任が問題となった主な事例(3)――民事3（その他法令違反）································· 158
- Q48　金融機関の役員責任が問題となった主な事例(4)――刑事 ······ 162

第4章　金融機関役員の職責1――内部統制システムの確立

- Q49　ガバナンス態勢・内部統制システム確立の重要性と役員への期待（総論）································· 166
- Q50　経営管理態勢の整備・確立 ································· 169
- Q51　内部監査態勢の整備・確立 ································· 172
- Q52　監査役・監査役会による監査態勢の整備・確立 ··········· 175
- Q53　外部監査の態勢の整備・確立 ································· 178
- Q54　金融機関のグループ子会社管理と役員の責任 ············· 181
- Q55　海外拠点の管理と内部統制システム ······················· 186

第 5 章　金融機関役員の職責2──法令遵守態勢の確立

- Q56　法令遵守態勢の確立の重要性と金融機関役員への期待 ……… 190
- Q57　金融機関の経営に際して参照されるわが国の主な法令・行政指針 …………………………………………………………… 193
- Q58　反マネーロンダリング対応 ……………………………………… 196
- Q59　反社会的勢力への対応 …………………………………………… 201
- Q60　銀行における第三者割当増資 …………………………………… 206
- Q61　インサイダー取引防止態勢と善管注意義務 …………………… 209
- Q62　当局検査忌避の防止 ……………………………………………… 212
- Q63　優越的地位の濫用 ………………………………………………… 215
- Q64　株主に対する利益供与 …………………………………………… 220
- Q65　法令遵守のための役員研修の必要性 …………………………… 223
- Q66　金融庁行政処分事例の傾向 ……………………………………… 226

第 6 章　金融機関役員の職責3──業務範囲規制のポイント

- Q67　銀行の他業禁止規制・趣旨・違反の効果 ……………………… 232
- Q68　銀行・銀行持株会社の業務範囲 ………………………………… 237
- Q69　銀行・銀行持株会社の子会社の範囲 …………………………… 242
- Q70　「銀証分離」の原則と登録金融機関業務 ……………………… 247
- Q71　銀行の証券子会社との間のファイアーウォール規制（非公開情報授受）……………………………………………………… 252
- Q72　銀行の証券子会社との間のファイアーウォール規制（その他）……………………………………………………………… 255
- Q73　銀行による保険窓販（bancassurance）……………………… 260
- Q74　銀行の保険窓販における行為規制 ……………………………… 263

目　次　17

- Q75 金融機関による信託業 …………………………………… 266
- Q76 信用金庫、信用協同組合の業務範囲 …………………… 269

第7章　金融機関役員の職責4──個別経営事項への対処

- Q77 他の金融機関との合併・統合 …………………………… 274
- Q78 海外の金融機関の買収（銀行法上の規制）／銀行の海外子会社等の業務範囲 …………………………………………… 277
- Q79 剰余金配当に伴う特別の規制・留意点 ………………… 279
- Q80 アームズ・レングス・ルール ………………………… 282
- Q81 融資先の株式取得──5％ルール・15％ルール ……… 285
- Q82 システム統合リスクへの対応 ………………………… 288
- Q83 信用不安先に対する追加融資 ………………………… 291
- Q84 DIPファイナンスの実行 ……………………………… 294
- Q85 顧客情報（個人情報・法人情報）の保護 …………… 297
- Q86 マイナンバー制度のもとでの特定個人情報の保護 …… 302
- Q87 苦情・トラブル対応 …………………………………… 307
- Q88 訴訟紛争対応 …………………………………………… 312
- Q89 政策保有株式の取扱い ………………………………… 317
- Q90 保有株式がTOBの対象となった場合の対応 ………… 320
- Q91 システムリスク対応 …………………………………… 325
- Q92 業務継続体制（BCM）の構築 ………………………… 328
- Q93 不祥事発覚時の対応 …………………………………… 331
- Q94 政治献金等の実施 ……………………………………… 336

第 8 章　情報開示責任

- Q95　株式会社・上場会社に求められる情報開示義務 …………… 340
- Q96　銀行に求められる特別な情報開示義務 ………………………… 343
- Q97　コーポレートガバナンスコードをふまえた今後の開示の
  あり方 ……………………………………………………………… 346
- Q98　信用金庫・信用組合に求められる特別な情報開示義務 ……… 349
- Q99　情報開示義務違反の民事上の責任 ……………………………… 351
- Q100　情報開示義務違反の刑事上の責任 …………………………… 355

巻末資料
1　銀行・銀行持株会社の機関設計一覧 ………………………………… 360
2　金融機関の報酬制度の傾向一覧 ……………………………………… 394

事項索引 ……………………………………………………………………… 432

第1章

金融機関の機関設計・役員の適格性・意思決定

第1節 ◆ 機関設計

Q1 銀行の機関構成・役員構成に対する監督上の要請

銀行の機関構成、役員構成に対する監督上の要請はどのようなものですか。

ポイント

銀行は、銀行業務の公共性にかんがみ、業務の健全かつ適切な運営が求められます。その機関構成は、より強固なガバナンス態勢としてどのような機関構成が適切かという観点から、法令の制限の枠内で、監督指針等も勘案して各行が独自に決定します。役員に関しては、上場会社の場合、コーポレートガバナンスコードは独立社外取締役2名以上の選任を求めています。

解説

1 銀行に求められるガバナンス

主要行等については、国際的な金融市場での活動に由来するリスクの複雑化、高度化のなかで、金融システムの安定を確保するとともに、主要行等の持続可能性を確保し、経営の健全性の維持およびそのいっそうの向上を図るため（主要行監督指針Ⅲ-1-1）、中小・地域金融機関においては、リレーションシップバンキング（間柄重視の地域密着型金融）を展開する中小・地域金融機関の持続可能性を確保し、経営の健全性の維持およびそのいっそうの向上を図るために（中小・地域監督指針Ⅱ-1）、それぞれ経営に対する規律づけが有効に機能するような適切な経営管理（ガバナンス）が行われることが重要で

す。経営管理が有効に機能するためには、組織の各構成要素が本来求められる役割を果たすことが前提として必要であり、そのうえで、取締役会や監査役会等が経営をチェックし、各部門間のけん制が機能していること等が重要です。

2 役員・機関構成について

銀行および銀行持株会社は、業務の公共性にかんがみ、当該銀行および子銀行の業務の健全かつ適切な運営が求められます。

役員については、上場会社の場合、コーポレートガバナンスコードは、独立社外取締役2名以上の選任を求めています（コーポレートガバナンスコード原則4－8）。また監督指針においても、上場銀行・上場銀行持株会社に少なくとも2名以上の独立社外取締役を選任することを求める内容の改正が予定されています（平成28年1月29日本書執筆時点。平成27年11月20日付主要行監督指針Ⅲ－1－2(1)①、中小・地域監督指針Ⅱ－1－2(1)①の各改正案）。

機関構成については、銀行および銀行持株会社は株式会社の形態を法律上強制され（銀行法4条の2、52条の18第2項）、①取締役会、②会計監査人、および、③監査役会、監査等委員会または指名委員会等の設置が必須です。監督指針上、グローバルなシステム上重要な金融機関に選定された銀行持株会社においては、たとえば組織体制を指名委員会等設置会社とする、あるいは、主要な子銀行については、非上場であっても独立性の高い社外取締役を確保するなど、その規模、複雑性、国際性、システミックな相互連関性にかんがみ、より強固なガバナンス態勢となっているかという観点から、機関構成を決定することが要請されています（主要行監督指針Ⅲ－1－2）。上記のように銀行は業務の健全かつ適切な運営が要求され、その観点から監視・監督機能の充実が求められていることから、指名委員会等設置会社や監査

等委員会設置会社に移行する意義が認められ、実際にも移行する会社が多くなっています。バーゼル銀行監督委員会が公表する「銀行のためのコーポレート・ガバナンス諸原則」に示されているようなガバナンスに関するグローバルな潮流を背景に、指名委員会等設置会社に移行した主要行もあります。

　当局の監督上の対応としても、役員が重大な法令違反等の社会的な信用を失墜する行為を行った場合、業務改善命令を受けたにもかかわらず経営管理に問題があり改善の実施状況が不芳である場合、または異なる事由で多数の業務改善命令を受けている場合等、ガバナンス態勢に重大な問題があると認められる場合には、銀行法26条に基づきガバナンス態勢の確立を求める業務改善命令を発出し、状況に応じ、①内部監査機能等の相互けん制機能の強化、②社外取締役、外部の専門家等を登用した監視態勢の構築、③監査役会設置会社、指名委員会等設置会社および監査等委員会設置会社の制度間の移行の検討等を求めるものとされています。

Q2 金融機関の代表取締役、業務執行取締役、社外役員、監査役に求められる役割

経営管理の観点から金融機関の役員に求められる役割を教えてください。

ポイント　金融機関の役員には、銀行業務の高度な公共性にかんがみ、きわめて高い資質が求められます。具体的には銀行法および監督指針等に規定があります。個々の役員が、自らの役割期待を理解したうえで職務を執行することが求められます。

解説

1　取締役・監査役の適格性

銀行業務の高度な公共性にかんがみ、銀行の常務に従事する取締役（代表取締役を含む）はきわめて高い水準の資質を要求されます。具体的には、銀行法は、「経営管理を的確、公正かつ効率的に遂行することができる知識及び経験」および「十分な社会的信用」との適格性要件を規定します（銀行法7条の2第1項1号、Q7参照）。このうち前者の「知識及び経験」については、銀行法等の関連諸規制や監督指針で示されている経営管理の着眼点の内容を理解し、実行するに足る知識・経験、銀行業務の健全かつ適切な運営に必要となるコンプライアンスおよびリスク管理に関する十分な知識・経験、その他銀行の業務を適切に遂行することができる知識・経験が求められます（主要行監督指針Ⅲ−1−2−1⑬）。

銀行の監査役についても、取締役の職務の執行の監査を的確、公正

第1章　金融機関の機関設計・役員の適格性・意思決定　｜　5

かつ効率的に遂行することができる知識および経験、および、十分な社会的信用との適格性要件があります（銀行法7条の2第1項2号、**Q8**参照）。なお、本稿では監査役会設置会社である銀行を想定して説明しますが、監査等委員会設置会社、指名委員会等設置会社の場合は、それぞれ、監査等委員・監査委員は、監査役会設置会社の監査役と同様です。

業務執行取締役、代表取締役、社外役員および監査役に求められる具体的な職責は監督指針や金融検査マニュアルに規定があり、その概要は以下のとおりです。

2 業務執行取締役の役割

取締役は、経営相談・経営指導等をはじめとした金融円滑化の推進、適用される各種法令等の概要、顧客の保護および利便の向上、各種リスクの特性の概要およびリスク管理の重要性を理解し、金融円滑化、法令等遵守、顧客保護等およびリスク管理を経営上の重要課題の1つとして位置づけること、監査役の監査、内部監査、外部監査の重要性を認識することが求められます。

また、代表取締役の独断専行をけん制・抑止し、適切な業務執行を実現する観点から、取締役会において実質的な議論を行い、業務執行の意思決定および業務執行の監督の職責を果たすことなどが求められます。取締役および取締役会に関する監督上の着眼点の要旨は図表1のとおりです。

3 代表取締役の役割

代表取締役は、経営方針、経営計画、内部管理基本方針、戦略目標および統合的リスク管理方針に沿って適切な人的・物的資源配分を行い、かつそれらの状況を機動的に管理する態勢を整備するため、適切に権限を行使すること、金融円滑化、法令等遵守、顧客保護等および

図表1　銀行の取締役および取締役会の役割（主要行監督指針Ⅲ－1－2－1⑵）

1	代表取締役等の独占専行のけん制・抑止。取締役会における業務執行の意思決定および監督への積極的参加
2	社外取締役による意思決定の客観性確保の観点からの積極的な取締役会への参加および社外取締役選任議案決定に関して、候補者の独立性・適格性の慎重な検討。社外取締役の適切な判断確保のための情報提供等の枠組み
3	重要な経営判断に際して、外部の助言を得るなどの妥当性・公正性を客観的に確保するための方策
4	経営方針、経営計画の定め、周知、検証・見直し
5	法令等遵守の誠実・率先垂範した取組み、内部管理態勢確立のための機能発揮
6	リスク管理部門の重視。特に担当取締役による各種リスクの測定、モニタリング、管理手法についての深い認識と理解
7	戦略目標をふまえたリスク管理方針の定め、周知、見直し。把握したリスク情報の活用
8	経営管理の重要性の強調・明示風土の組織内醸成、経営管理の検証、構築
9	内部監査態勢の構築・検証・実効性確保・リスク管理状況をふまえた内部監査計画の基本事項の承認、監査結果の適切な措置
10	監査役監査の重要性・有用性および環境整備の重要性の認識、ならびに、監査役選任議案決定に際して候補者の独立性・適格性の慎重な検討。特に社外監査役選任の趣旨（中立性・独立性をいっそう高める）の認識。社外監査役の適切な判断確保のための情報提供等の枠組み
11	内部統制システムの構築が取締役の善管注意義務および忠実義務の内容を構成することの理解と義務の適切な履行
12	反社会的勢力排除に関する政府指針をふまえた基本方針の決定、体制整備。反社会的勢力による被害の防止を内部統制システムに明確に位置づけ
13	銀行の常務従事取締役に関する銀行法上の適格性要件（経営管理を的確、公正かつ効率的に遂行できる知識・経験、および十分な社会的信用）に関する諸要素（監督指針に列記（略））の適切な勘案

図表2　銀行の代表取締役の役割（主要行監督指針Ⅲ－1－2－1(1)）

1	法令等遵守態勢の構築
2	リスク管理部門の重視
3	企業情報の適正・適時の開示のための内部管理態勢構築
4	内部監査態勢の構築・検証・実効性確保・監査結果の適切な措置
5	監査役監査の重要性・有用性および環境整備の重要性の認識、ならびに、監査役監査基準の理解および監査役の監査活動の保障
6	反社会的勢力との関係遮断・排除。政府指針をふまえた基本方針の行内外への宣言

リスク管理に対する取組姿勢を役職員に理解させるための具体的方策を講じることなどが求められます。代表取締役に関する監督上の着眼点の要旨は図表2のとおりです。

4　社外役員の役割、監査役の役割

　社外取締役は、経営の意思決定の客観性を確保する等の観点からの自らの意義を認識し、積極的に取締役会に参加することが求められます。

　社外監査役は、監査体制の中立性・独立性をいっそう高める観点からその選任が義務づけられていることを自覚し、また、客観的に監査意見を表明することが特に期待されていることを認識し、監査を実施することが求められます。

　監査役・監査役会に関して求められる役割の監督上の着眼点の要旨は図表3のとおりです。

図表3　銀行の監査役および監査役会の役割（主要行監督指針Ⅲ－1－2－1(3)）

1	監査役および監査役会の独立性確保
2	職務の基本責務（独立した監査による銀行の健全・持続的な成長確保）の認識、広汎な権限の適切な行使、会計監査に加え業務監査の的確な実施および適時の必要な措置
3	監査役の職務遂行補助体制の確保と有効活用
4	各監査役が独任制機関であることの自覚に基づく積極的な監査実施。監査体制の中立性・独立性を高める観点から社外監査役選任が義務づけられていることの自覚、客観的な監査意見表明の期待の認識。常勤監査役による行内の経営管理態勢およびその運用状況の日常的な監視・検証
5	監査役選任議案について監査役会による候補者の独立性・適格性等の慎重な検討
6	業務監査として、取締役の内部統制システム構築の有無を監査する職務を担っており、これが監査役の善管注意義務の内容を構成することの理解と義務の履行
7	銀行の監査役の選任議案決定プロセス等において、銀行法上の適格性要件（銀行取締役の職務執行の監査を的確、公正かつ効率的に遂行できる知識・経験、および、十分な社会的信用）に関する諸要素（監督指針に列記（略））の適切な勘案

Q3 銀行・銀行持株会社の機関設計の傾向

銀行・銀行持株会社の機関設計の傾向はどうなっていますか。

ポイント・解説

　平成27年３月期ディスクロージャー誌（事業年度終了後４カ月以内に公開。銀行法施行規則19条の４第１項）等の開示情報をもとに筆者らが集計し作成した銀行・銀行持株会社の機関設計一覧（巻末資料１）を参照してください。

　同一覧によれば、銀行（外国銀行支店を除く）141行のうち、監査役会設置会社は125行、監査等委員会設置会社は10行、指名委員会等設置会社は６行です。また、銀行持株会社18社のうち、監査役会設置会社は10社、監査等委員会設置会社は２社、指名委員会等設置会社は６社です。

　全体的な傾向としては監査役会設置会社を選択している銀行・銀行持株会社が多いものの（銀行では約89％、銀行持株会社では約56％）、銀行持株会社では指名委員会等設置会社を選択する例も比較的多くみられます（約33％）。特に、バーゼル銀行監督委員会が公表する「銀行のためのコーポレート・ガバナンス諸原則」に示されているようなガバナンスに関するグローバルな潮流を背景として、主要行監督指針でも、グローバルなシステム上重要な金融機関に選定された銀行持株会社については指名委員会等設置会社への移行検討が促されており（Q１参照）、実際に、これに該当する銀行持株会社３社のうち２社が指名委員会等設置会社を選択しています。

なお、監査等委員会設置会社は平成27年5月施行の改正会社法により導入されたものであり、現在はかかる新制度の導入期といえますので、上記で示した傾向は今後の変動が予想されることに留意してください。

Q4 銀行・銀行持株会社の社外取締役の選任状況の傾向

　銀行・銀行持株会社の社外取締役の選任状況の傾向はどうなっていますか。また、女性役員の選任状況はどうですか。

ポイント・解説

　平成27年3月期ディスクロージャー誌（事業年度終了後4カ月以内に公開。銀行法施行規則19条の4第1項）等の開示情報をもとに筆者らが集計し作成した銀行・銀行持株会社の機関設計一覧（巻末資料1）を参照してください。

　同一覧によれば、銀行（外国銀行支店、および社外取締役の選任状況が不明である銀行を除く）127行のうち、社外取締役を1名以上選任している銀行は119行、うち複数名選任している銀行は89行です。また、銀行持株会社については18社全社が社外取締役を複数名選任しています。①監督指針上、上場会社については、少なくとも1名以上の独立性の高い社外取締役が確保されることが求められていること（主要行監督指針Ⅲ-1-2、中小・地域監督指針Ⅱ-1-2）、②コーポレートガバナンスコード原則4-8において独立社外取締役の複数名の選任が求められていること（Q1参照）等をふまえ、社外取締役を1名または複数名選任する銀行・銀行持株会社が増加しているものと思われます。なお、監督指針においては、2名以上の独立社外取締役を求める内容の改正が予定されていることに留意ください（Q1参照）。

図表4　社外取締役の属性一覧

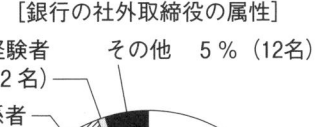

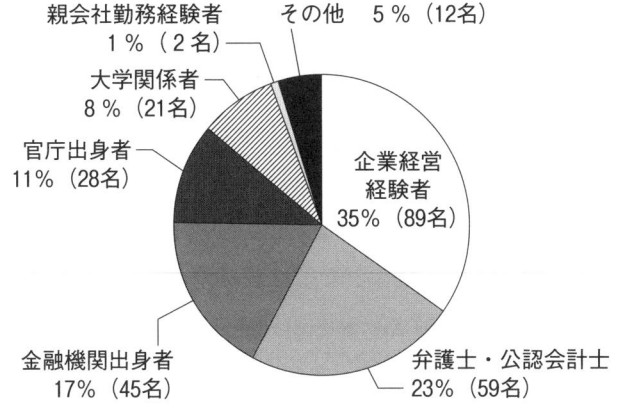

［銀行の社外取締役の属性］
- 企業経営経験者　35％（89名）
- 弁護士・公認会計士　23％（59名）
- 金融機関出身者　17％（45名）
- 官庁出身者　11％（28名）
- 大学関係者　8％（21名）
- 親会社勤務経験者　1％（2名）
- その他　5％（12名）

［銀行持株会社の社外取締役の属性］
- 企業経営経験者　48％（33名）
- 弁護士・公認会計士　30％（21名）
- 金融機関出身者　10％（7名）
- 官庁出身者　4％（3名）
- 大学関係者　6％（4名）
- 親会社勤務経験者　0％（0名）
- その他　2％（1名）

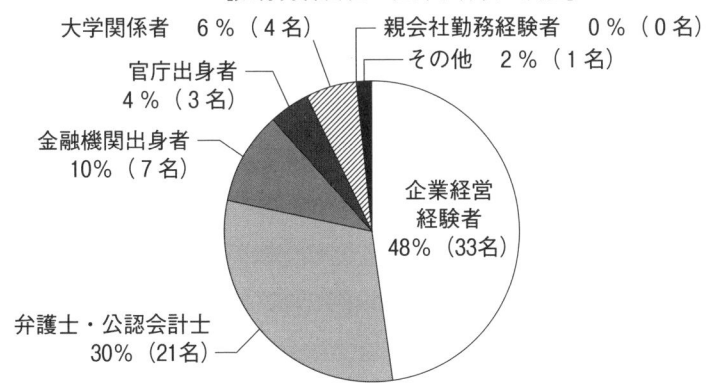

　社外取締役の属性については、社外取締役の属性一覧（図表4）のとおり、企業経営経験者が最も多く（銀行89名、銀行持株会社33名）、弁護士・公認会計士（銀行59名、銀行持株会社21名）、金融機関出身者（銀行45名、銀行持株会社7名）と続いています。

　また、女性役員の選任状況については、銀行（外国銀行支店、および女性役員の選任状況が不明である銀行を除く）140行のうち60行が女性

役員を選任しており、銀行持株会社については18社のうち7社が女性役員を選任しています。①企業内容等の開示に関する内閣府令が改正され、上場会社については平成27年3月31日以後に終了する事業年度に係る有価証券報告書等について提出会社の役員の男女別人数および女性比率の記載が義務づけられるようになったこと、②コーポレートガバナンスコード原則4－11において取締役会の多様性と適正規模の両立が求められていること等をふまえ、女性役員を選任する銀行・銀行持株会社が増加しているものと思われます。

　なお、コーポレートガバナンスコード（平成27年6月適用）および役員の女性比率等の記載を義務づける改正開示府令の適用を受け、社外取締役や女性役員の選任については、上記で示した傾向は今後の変動が予想されることに留意してください。

第2節 ◆ 役員適格

Q5 会社法上の役員適格性(1)——取締役、監査役、執行役

　当行は役員等の人選について検討中で、まずは会社法上の要件の検討を行っています。会社法上、取締役、監査役、執行役になるための積極的な資格要件や欠格事由について、どのような規制がありますか。

ポイント

　会社法上、取締役、監査役、執行役になるための積極的な資格要件については、特に定めはありません。

　欠格事由については、法人、成年被後見人・被保佐人、会社法違反や金商法等の所定の罪を犯し刑の執行終了後2年を経過しない者、禁錮以上の刑に処せられ執行が終了するまでの者等が定められています（会社法331条1項各号、335条1項、402条4項）。

　また、欠格事由のほかに役職員の間の兼任規制の定めもあります（同法331条3項・4項、335条2項、400条4項等）。

解説

1　積極的な資格要件・欠格事由

　会社法上は、取締役、監査役、執行役になるための積極的な資格要件については、特に定めはありません。

　欠格事由として次に掲げる者は、取締役、監査役、執行役になるこ

とができない旨定められています（会社法331条1項各号、335条1項、402条4項）。

① 法人
② 成年被後見人もしくは被保佐人または外国の法令上これらと同様に取り扱われている者
③ 会社法もしくは一般社団財団法人法の規定に違反し、または金商法、民再法、外国倒産処理手続の承認援助に関する法律、会更法もしくは破産法のそれぞれ定められた法条の罪を犯し、刑に処せられ、その執行を終わり、またはその執行を受けることがなくなった日から2年を経過しない者
④ 上記③に規定する法律の規定以外の法令の規定に違反し、禁錮以上の刑に処せられ、その執行を終わるまでまたはその執行を受けることがなくなるまでの者（刑の執行猶予中の者を除く）

会社法上の欠格事由については上記のとおりですが、銀行法上、銀行の取締役等の欠格事由として、「破産手続開始の決定を受けて復権を得ない者又は外国の法令上これと同様に取り扱われている者」（銀行法7条の2第2項）、および、会社法が定める上記③の法律の規定違反に関する欠格事由について、銀行法の規定違反が加えられています（同法7条の2第3項）。

なお、役員の選任の際に当局に提出する選任届出書には、欠格事由に該当しないことを届出者が確認する書面を添付することが求められます（主要行監督指針の様式・参考資料編52～57頁参照）。

2 兼任規制

上記の欠格事由のほかに、会社法上、以下のような兼任規制の定めもあります。
① 監査等委員である取締役は、監査等委員会設置会社もしくはその

子会社の業務執行取締役もしくは支配人その他の使用人または当該子会社の会計参与（会計参与が法人であるときは、その職務を行うべき社員）もしくは執行役を兼ねることができません（会社法331条3項）。

② 指名委員会等設置会社の取締役は、当該指名委員会等設置会社の支配人その他の使用人を兼ねることができません（同法331条4項）。

③ 監査役は、株式会社もしくはその子会社の取締役もしくは支配人その他の使用人または当該子会社の会計参与（会計参与が法人であるときは、その職務を行うべき社員）もしくは執行役を兼ねることができません（同法335条2項）。

④ 監査委員は、指名委員会等設置会社もしくはその子会社の執行役もしくは業務執行取締役または指名委員会等設置会社の子会社の会計参与（会計参与が法人であるときは、その職務を行うべき社員）もしくは支配人その他の使用人を兼ねることができません（同法400条4項）。

Q6 会社法上の役員適格性(2)——社外取締役・社外監査役

当行は社外役員の人選について検討中ですが、会社法上、どのような資格要件が定められていますか。

ポイント　社外取締役については会社法2条15号、社外監査役については同条16号に資格要件が定められています。独立役員に関する上場規則やコーポレートガバナンスコードにも留意が必要です。

解　説

1　社外取締役の資格要件

① 当該株式会社またはその子会社の業務執行取締役（会社法363条1項各号に掲げる取締役および当該株式会社の業務を執行したその他の取締役をいう。以下同じ）もしくは執行役または支配人その他の使用人（以下「業務執行取締役等」という）でなく、かつ、その就任の前10年間当該株式会社またはその子会社の業務執行取締役等であったことがないこと。

② その就任の前10年内のいずれかの時において当該株式会社またはその子会社の取締役、会計参与（会計参与が法人であるときは、その職務を行うべき社員）または監査役であったことがある者（業務執行取締役等であったことがあるものを除く）にあっては、当該取締役、会計参与または監査役への就任の前10年間当該株式会社またはその子会社の業務執行取締役等であったことがないこと。

③ 当該株式会社の親会社等（自然人であるものに限る）または親会社等の取締役もしくは執行役もしくは支配人その他の使用人でないこと。
④ 当該株式会社の親会社等の子会社等（当該株式会社およびその子会社を除く）の業務執行取締役等でないこと。
⑤ 当該株式会社の取締役もしくは執行役もしくは支配人その他の重要な使用人または親会社等（自然人であるものに限る）の配偶者または2親等内の親族でないこと。

2 社外監査役の資格要件

① その就任の前10年間当該株式会社またはその子会社の取締役、会計参与（会計参与が法人であるときは、その職務を行うべき社員）もしくは執行役または支配人その他の使用人であったことがないこと。
② その就任の前10年内のいずれかの時において当該株式会社またはその子会社の監査役であったことがある者にあっては、当該監査役への就任の前10年間当該株式会社またはその子会社の取締役、会計参与もしくは執行役または支配人その他の使用人であったことがないこと。
③ 当該株式会社の親会社等（自然人であるものに限る）または親会社等の取締役、監査役もしくは執行役もしくは支配人その他の使用人でないこと。
④ 当該株式会社の親会社等の子会社等（当該株式会社およびその子会社を除く）の業務執行取締役等でないこと。
⑤ 当該株式会社の取締役もしくは支配人その他の重要な使用人または親会社等（自然人であるものに限る）の配偶者または2親等内の親族でないこと。

3　独立役員

　証券取引所は、独立役員を1名以上確保する義務（上場規程436条の2）、1名以上の独立役員である取締役を確保する努力義務（同規程445条の4）等を定めています。

　コーポレートガバナンスコード原則4－8では、「上場会社は資質を十分に備えた独立社外取締役を少なくとも2名以上選任すべきである」とされています。また、同原則4－9では、「取締役会は、金融商品取引所が定める独立性基準を踏まえ、独立社外取締役となる者の独立性をその実質面において担保することに主眼を置いた独立性判断基準を策定・開示すべきである。また、取締役会は、取締役会における率直・活発で建設的な検討への貢献が期待できる人物を独立社外取締役の候補者として選定するよう努めるべきである」とされています。これらの上場規程、コーポレートガバナンスコード等にも留意が必要です。

　なお、平成28年1月29日の本書執筆時点では、金融庁から平成27年11月20日付で監督指針の改正案が示されており、上場銀行等は資質を十分に備えた独立社外取締役を少なくとも2名以上選任しているかとの検証項目が追加される予定となっております（**Q1**参照）。

Q7 銀行法上の役員適格性(1)——常務に従事する取締役

当行は今期が役員の改選期に当たることから取締役の人選を検討中ですが、銀行法上の取締役の適格性要件を教えてください。

ポイント

① 銀行法上、銀行の常務に従事する取締役（指名委員会等設置会社にあっては、銀行の常務に従事する取締役および執行役）は、銀行の経営管理を的確、公正かつ効率的に遂行することができる知識および経験を有し、かつ、十分な社会的信用を有する者でなければならないという適格性要件が定められます（銀行法7条の2第1項1号）。

② 会社法上の欠格事由（Q5参照）に加え、「破産手続開始の決定を受けて復権を得ない者または外国の法令上これと同様に取り扱われている者」（同条第2項）、および、銀行法の規定違反（同条第3項）も欠格事由になります。

③ 当局宛事前届出が必要な取締役選任届出書において、銀行の常務に従事する取締役が適格性要件を満たし、かつ、欠格事由に該当しないことを確認する書面を添付する必要があります。

解説

1 銀行の常務に従事する取締役に要求される適格性

① 銀行法上、銀行の常務に従事する取締役は、適格性要件として、銀行の経営管理を的確、公正かつ効率的に遂行することができる知識および経験を有し、かつ、十分な社会的信用を有する者でなければならないものとされています（銀行法7条の2第1項1号）。

② この「銀行の常務に従事する取締役」とは、継続的に銀行の営業の実務に携わる取締役を意味し、その該当性は、職務上の名称で形式的に判断されるものではなく、当該取締役が行っている業務内容・性質、銀行における地位・権限、指揮命令権限、銀行業務への従事の実態等を含む個別具体的な事情により判断されます。

　頭取・社長、副頭取・副社長、代表権のある会長、専務取締役、常務取締役などは、銀行の枢要かつ責任ある地位にあり、指揮命令権限等をもつ者であることから、通常、銀行の常務に従事する取締役に該当するものと推定されると解されています。

　他方、役位のない使用人兼務取締役等でも、個別具体的事情により、「銀行の常務に従事する取締役」に該当する可能性があります。

　非常勤の取締役については「銀行の常務に従事する取締役」に該当せず、また、会社法上の要件を満たす社外取締役に関しても該当しないこととなるのが通常です。

③　銀行の常務従事取締役の適格性要件の具体的な考慮要素について、監査役会設置会社では、監督指針で下記のような視点が示されています（主要行監督指針Ⅲ－1－2－1(2)⑬、中小・地域監督指針Ⅱ－1－2(2)⑬）。また、監査等委員会設置会社については、金融庁から平成27年11月20日付で監督指針の改正案が示されており、監査役会設置会社と同様の内容が追加される予定です（平成28年1月29日の本書執筆時点）。

記

イ．経営管理を的確、公正かつ効率的に遂行することができる知識および経験

　銀行法等の関連諸規制や監督指針で示している経営管理の着眼点の内容を理解し、実行するに足る知識・経験、銀行業務の健全かつ

適切な運営に必要となるコンプライアンスおよびリスク管理に関する十分な知識・経験、その他銀行の行うことができる業務を適切に遂行することができる知識・経験を有しているか。
ロ．十分な社会的信用
　ａ．反社会的行為に関与したことがないか。
　ｂ．暴力団員ではないか、または暴力団と密接な関係を有していないか。
　ｃ．金商法等わが国の金融関連法令またはこれらに相当する外国の法令の規定に違反し、または刑法もしくは暴力行為等処罰に関する法律の罪を犯し、罰金の刑（これに相当する外国の法令による刑を含む）に処せられたことがないか。
　ｄ．禁錮以上の刑（これに相当する外国の法令による刑を含む）に処せられたことがないか。
　ｅ．過去において、所属した法人等または現在所属する法人等が金融監督当局より法令等遵守に係る業務改善命令、業務停止命令、または免許、登録もしくは認可の取消し等の行政処分を受けており、当該処分の原因となる事実について、行為の当事者としてまたは当該者に対し指揮命令を行う立場で、故意または重大な過失（一定の結果の発生を認識し、かつ回避しうる状態にありながら特に甚だしい不注意）によりこれを生ぜしめたことがないか。
　ｆ．過去において、金融監督当局より役員等の解任命令を受けたことがないか。
　ｇ．過去において、金融機関等の破綻時に、役員として、その原因となったことがないか。
④　指名委員会等設置会社である銀行の常務に従事する取締役については、適格性要件の具体的な考慮要素について、同じく監督指針で

視点が示されていますが、上記③の「イ．経営管理を的確、公正かつ効率的に遂行することができる知識および経験」の項目に関して、「取締役会における経営の基本方針や内部統制システム等に係る事項および業務執行の決定ならびに取締役および執行役の職務の執行の監督等を積極的に実施するに足る知識・経験、その他銀行法等の関連諸規制や監督指針で示している経営管理を行うことにより、銀行業務の健全かつ適切な運営を確保するための知識・経験を有しているか」と置き換えられています（主要行監督指針Ⅲ－1－2－2(1)⑧）。

2　銀行法上の欠格事由の追加

上記の適格性要件のほか、Q5で述べたとおり、銀行法上、会社法の定める欠格事由に加えて、「破産手続開始の決定を受けて復権を得ない者又は外国の法令上これと同様に取り扱われている者」（銀行法7条の2第2項）、および、銀行法の規定違反（同条第3項）が追加されている点に留意が必要です。

3　取締役選任届出書とその添付書類

銀行の代表取締役、常務従事取締役、執行役の選任は、当局への事前届出が必要です（銀行法施行規則35条1項3号）。届出に関しては、履歴書、その他参考となるべき事項を記載した書面として、たとえば、常務に従事する取締役等が、銀行法7条の2に規定する「銀行の経営管理を的確、公正かつ効率的に遂行することができる知識および経験」を有すること、および「十分な社会的信用」を有し、かつ、その他欠格事由に該当しないことを届出者が確認する書面等を添付することが求められています（主要行監督指針の様式・参考資料編52頁参照）。

Q8 銀行法上の役員適格性(2)——監査役・監査等委員・監査委員

監査役・監査等委員・監査委員の人選について検討するにあたり、銀行法上、監査役・監査等委員・監査委員の適格性要件に関し、どのように定められていますか。

ポイント

① 銀行法上、銀行の監査役（監査等委員会設置会社にあっては、監査等委員）については、銀行の取締役の職務の執行の監査を的確、公正かつ効率的に遂行することができる知識および経験を有し、かつ、十分な社会的信用を有する者でなければならないという適格性要件が定められます（銀行法7条の2第1項2号）。

銀行の監査委員については、銀行の執行役および取締役の職務の執行の監査を的確、公正かつ効率的に遂行することができる知識および経験を有し、かつ、十分な社会的信用を有する者でなければならないという適格性要件が定められています（同条第1項3号）。

② 会社法上の欠格事由（Q5参照）に加え、「破産手続開始の決定を受けて復権を得ない者又は外国の法令上これと同様に取り扱われている者」（同条第2項）、および、銀行法の規定違反（同条第3項）も欠格事由になります。

③ 当局宛事前届出が必要な監査役・監査等委員・監査委員の選任届出書において、適格性要件を満たし、かつ、欠格事由に該当しないことを確認する書面を添付する必要があります。

解説

1 監査役・監査等委員について銀行法上要求される適格性

銀行の監査役（監査等委員会設置会社にあっては、監査等委員）については、適格性要件として、銀行の取締役（会計参与設置会社にあっては、取締役および会計参与）の職務の執行の監査を的確、公正かつ効率的に遂行することができる知識および経験を有し、かつ、十分な社会的信用を有する者でなければならないものとされています（銀行法7条の2第1項2号）。

監査役会設置会社である銀行の監査役の適格性要件の具体的な考慮要素については、監督指針で下記のような視点が示されています。監査役の人選にあたっては、これらの要素を満たす者を選任する必要があります（主要行監督指針Ⅲ－1－2－1(3)⑦、中小・地域監督指針Ⅱ－1－2(3)⑦）。

記

イ．銀行の取締役の職務の執行の監査を的確、公正かつ効率的に遂行することができる知識および経験

　独任制の機関として自己の責任に基づき積極的な監査を実施するに足る知識・経験、その他独立の立場から取締役の職務の執行を監査することにより、銀行業務の健全かつ適切な運営を確保するための知識・経験を有しているか。

ロ．十分な社会的信用

　a．反社会的行為に関与したことがないか。

　b．暴力団員ではないか、または暴力団と密接な関係を有していないか。

　c．金商法等わが国の金融関連法令またはこれらに相当する外国の

法令の規定に違反し、または刑法もしくは暴力行為等処罰に関する法律の罪を犯し、罰金の刑（これに相当する外国の法令による刑を含む）に処せられたことがないか。

d．禁錮以上の刑（これに相当する外国の法令による刑を含む）に処せられたことがないか。

e．過去において、所属した法人等または現在所属する法人等が金融監督当局より法令等遵守に係る業務改善命令、業務停止命令、または免許、登録もしくは認可の取消し等の行政処分を受けており、当該処分の原因となる事実について、行為の当事者としてまたは当該者に対し指揮命令を行う立場で、故意または重大な過失（一定の結果の発生を認識し、かつ回避しうる状態にありながら特に甚だしい不注意）によりこれを生ぜしめたことがないか。

f．過去において、金融監督当局より役員等の解任命令を受けたことがないか。

g．過去において、金融機関等の破綻時に、役員として、その原因となったことがないか。

なお、監査役に求められる上記の適格性要件および監督指針で示されている銀行の監査役の適格性要件の具体的な考慮要素のいずれも、監査役が常勤であるか非常勤であるかによって、違いはありません。

また、監査等委員会設置会社である銀行の監査等委員の適格性要件に関する具体的な考慮要素については、金融庁から平成27年11月20日付で監督指針の改正案が示されており、上記「イ．銀行の取締役の職務の執行の監査を的確、公正かつ効率的に遂行できる知識および経験」の項目に関して「内部統制システムの構築・運用の状況を監視及び検証し、内部統制システムの構築・運用に係る取締役会の審議等において、積極的な役割を果たすに足る知識・経験、その他独立した立

場から取締役の職務を監査することにより、銀行業務の健全かつ適切な運営を確保するための知識・経験を有しているか」と置き換えられた内容が追加される予定です（平成28年1月29日の本書執筆時点）。

2　監査委員について銀行法上要求される適格性

指名委員会等設置会社である銀行の監査委員については、適格性要件として、銀行の執行役および取締役（会計参与設置会社にあっては、執行役、取締役および会計参与）の職務の執行の監査を的確、公正かつ効率的に遂行することができる知識および経験を有し、かつ、十分な社会的信用を有する者でなければならないものとされています（銀行法7条の2第1項3号）。

監査委員の適格性要件の具体的な考慮要素について、同じく監督指針で視点が示されていますが、上記1の「イ．銀行の取締役の職務の執行の監査を的確、公正かつ効率的に遂行することができる知識および経験」の項目に関して、「内部統制システムの構築・運用の状況を監視および検証し、内部統制システムの構築・運用に係る取締役会の審議等において、積極的な役割を果たすに足る知識・経験、その他独立した立場から執行役および取締役の職務を監査することにより、銀行業務の健全かつ適切な運営を確保するための知識・経験を有しているか」と置き換えられています（主要行監督指針Ⅲ-1-2-2(2)④）。

3　銀行法上の欠格事由の追加

上記の適格性要件のほか、Q5で述べたとおり、銀行法上、会社法の定める欠格事由に加えて、「破産手続開始の決定を受けて復権を得ない者又は外国の法令上これと同様に取り扱われている者」（銀行法7条の2第2項）、および、銀行法の規定違反（同条第3項）が追加されている点に留意が必要です。

4　監査役・監査等委員・監査委員の選任届出書とその添付書類

　銀行の監査役・監査等委員・監査委員の選任に関しては、当局への事前届出が必要です（銀行法施行規則35条1項3号）。事前届出にあたっては、履歴書、その他参考となるべき事項を記載した書面として、監査役に関しては、たとえば、監査役が銀行法7条の2に規定する「銀行の取締役の職務の執行の監査を的確、公正かつ効率的に遂行することができる知識及び経験」を有すること、および「十分な社会的信用」を有し、かつ、その他欠格事由に該当しないことを届出者が確認する書面等を添付することが求められています（主要行監督指針の様式・参考資料編54頁参照）。

　同様に、監査委員の選任に関しても、事前届出にあたって、履歴書、その他参考となるべき事項を記載した書面として、たとえば、監査委員が銀行法7条の2に規定する「銀行の執行役及び取締役の職務の執行の監査を的確、公正かつ効率的に遂行することができる知識及び経験」を有すること、および「十分な社会的信用」を有し、かつ、その他欠格事由に該当しないことを届出者が確認する書面等を添付することが求められています（主要行監督指針の様式・参考資料編56頁参照）。

Q9 役員適格性に違反した場合の行政上の制裁

当行において、万一、役員等の適格性要件に違反してしまった場合、どのような行政上の制裁を受けるのでしょうか。

ポイント 　銀行法24条に基づく報告または資料提出、同法26条に基づく業務改善命令、同法27条に基づく解任命令を受ける可能性があります。

解説

1　ヒアリング・報告または資料提出

　銀行の常務に従事する取締役・執行役および監査役・監査委員等を選任するにあたっては、Q7、Q8で説明したような適格性要件を充足する必要があります。

　しかし、取締役・執行役および監査役・監査委員等として不適格と認められる場合、または、その選任議案の決定もしくは選任にあたり、十分に適格性が勘案されていないと認められる場合で、銀行業務の健全かつ適切な運営を確保するため必要があると認められるような場合、当局による検査の際等に、取締役・執行役・監査役・監査委員等の適格性や経営管理の遂行状況、それらについての銀行の認識、および取締役・監査役の選任議案の決定プロセス等または執行役・監査委員等の選任プロセス等についてヒアリングを受けることとなります。そして、必要がある場合には、銀行法24条に基づく報告または資料の提出を求められる可能性があります。

　なお、平成26年の銀行法施行規則改正により、代表取締役、銀行の

常務に従事する取締役、監査役等を選任または退任しようとする場合には、事前に届け出ることが必要となる旨の改正が行われました（銀行法施行規則35条1項3号）。

かかる改正は、国際的な規制の動きに対応するため、金融機関の取締役等の選退任を事前届出制とすることにより、金融機関に対し、取締役等の候補者の適格性を評価するためのプロセス等について適切な措置を求めるものであり、また、当局としても、金融機関から提出を受けた事前届出書は、監督行政のために活用するものと思われます。

Q7、Q8等で述べたとおり、常務に従事する取締役の選任にあたっては、取締役選任届出書に参考書類として、銀行法7条の2に規定する「銀行の経営管理を的確、公正かつ効率的に遂行することができる知識及び経験」を有すること、および「十分な社会的信用」を有し、かつ、その他欠格事由に該当しないことを届出者が確認する書面等の添付が求められ、同様に監査役や監査委員の選任届出書においても、銀行法上の適格性要件を満たすことや欠格事由に該当しないこと等に関する書面の添付が求められています（主要行監督指針の様式・参考資料編52、54、56頁参照）。

当局においては、金融機関から提出されるこれらの事前届出書も、検査等の際のヒアリング事項や調査事項の参考にするものと思われます。

2　業務改善命令

銀行からの報告徴求の結果、経営管理態勢に重大な問題があると認められる場合で、自主的な改善努力に委ねたのでは、銀行の業務の健全かつ適切な運営に支障をきたすおそれがあると認められる場合には、銀行法26条に基づき業務改善命令が出される可能性があります。

3　解任命令

　銀行が法令、定款もしくは法令に基づく内閣総理大臣の処分に違反したときまたは公益を害する行為をしたときで、銀行の常務に従事する取締役・執行役・監査役・監査委員の適格性の不備にその主たる原因があると認められるときには、銀行法27条に基づき取締役・執行役・監査役・監査委員の解任を命ぜられる可能性があります（主要行監督指針Ⅲ－1－4(3)、(4)参照）。

　なお、行政処分事例集において、解任命令がされたケースは公表されているもので過去3件しかなく、いずれも金融商品取引業者の事例のようであり、銀行のものではありませんが、最終的には解任命令もありうるということは念頭に置いておく必要があります。

Q10 金融機関の常務に従事する取締役の兼職制限

当行の常務に従事する取締役が、他の会社から取締役に就任してほしいとの要請を受けました。銀行の常務に従事する取締役の兼職に関して、銀行法上どのような規制がありますか。

ポイント　銀行の常務に従事する取締役等は、認可を受けた場合を除くほか、他の会社の常務に従事してはならないとされています（銀行法7条1項）。

認可申請の審査にあたっては、銀行の業務の健全かつ適切な運営を妨げるおそれがないと認められる場合でなければ、認可してはならないものとされています（同条2項）。

解説

1　兼職制限

株式会社の役員である取締役等は、善管注意義務（会社法330条、402条3項、民法644条）、および、忠実義務（会社法355条、419条2項）、競業避止義務（同法365条1項、416条4項6号）等の義務を会社に負っています。銀行においては、このような会社法による義務に加え、銀行法7条1項において「銀行の常務に従事する取締役（指名委員会等設置会社にあつては、執行役）は、内閣総理大臣の認可を受けた場合を除くほか、他の会社の常務に従事してはならない」とする兼職制限が定められています。

銀行法でこのような兼職制限が定められた趣旨は、①銀行業務の公共性、社会経済上重要な機能を営んでいること、銀行の業務運営が一

第1章　金融機関の機関設計・役員の適格性・意思決定　33

般預金者や取引先をはじめ広く影響を及ぼすこと等から、銀行の常務に従事する取締役等は銀行における業務執行に専心・専念すべきであるという職務専念義務を負っていること、②他の会社の常務に従事することにより、一般預金者から預かった資金を当該他の会社に安易に貸し付けるといった情実貸付の弊害が生じるのを防止すること等にあると解されています。

2　「他の会社の常務に従事」

①　兼職が制限される「他の会社の常務に従事」の「他の会社」とは、法人格が異なる会社を指し、株式会社のほか合名会社、合資会社、合同会社、外国会社も含むと解されています。

　他方で「会社」と規定されていることから、個人営業（たとえば、個人での賃貸業、駐車場経営等）や、一般社団法人・一般財団法人等の会社形態ではない法人は含まれていませんが、前述した職務専念義務との関係で、当然のことながら銀行業務がおろそかにならないように留意する必要があります。

②　「常務に従事」に該当するか否かは、当該他の会社における地位・権限・指揮命令関係・業務への関与の実態、行っている業務の内容・性質等といった個別具体的な事情を総合して判断されます。なお、他の会社における従事の形態としては、取締役等に就任している場合に限られるのではなく、使用人として従事する場合も該当しうるため、留意が必要です。

3　認可申請

　銀行の常務に従事する取締役等が他の会社の常務に従事することについて認可を受けようとするためには、認可申請書に、①理由書、②履歴書、③銀行および当該他の会社における常務の処理方法を記載した書面、④銀行と当該他の会社との取引その他の関係を記載した書

面、⑤当該他の会社の定款（これに準ずるものを含む）、最終の事業報告、貸借対照表、損益計算書、株主資本等変動計算書その他最近における業務、財産および損益の状況を知ることができる書面を添付して、銀行を経由して金融庁長官等に提出します（銀行法施行規則7条1項）。

　認可申請の審査にあたっては、銀行の業務の健全かつ適切な運営を妨げるおそれがないと認められる場合でなければ、認可してはならないものとされています（銀行法7条2項）。

Q11 銀行と証券子会社の役員の兼職

当行の取締役が、同じ金融グループに属している証券子会社の取締役を兼職することはできますか。

ポイント　金商法の平成20年改正によりファイアーウォール規制の見直しが行われ、親銀行等、子銀行等の役職員と、金融商品取引業者の役職員とを兼職することは制度上可能となりました。

もっとも、利益相反管理体制の整備を実施することが義務づけられている点に留意が必要です。

解説

1　兼職の可否

平成20年改正前の金商法では、金融商品取引業者の役職員が、親銀行等、子銀行等の役職員を兼職することは禁止されていました（改正前金商法31条の4）。

しかしながら、このようなファイアーウォール規制については、金融機関のグループ化、サービスの多様化・高度化が進んでいるなかで、その規制の内容が形式的・画一的で過剰な規制になっているとともに、規制目的達成の実効性の確保の観点からも疑問があるのではないかとの指摘がなされていました。

そのようななかで、金商法の平成20年改正において、ファイアーウォール規制の見直しが行われ、金融商品取引業者の役職員が、親銀行等、子銀行等の役職員を兼職することができることとなりました

（金商法31条の４）。なお、「親銀行等」、「子銀行等」の定義に関しては、同条第３項〜第５項、同施行令15条の16、金商業等府令32条〜34条等に定められていますので、そちらを確認してください。

２　兼職の届出

①　第一種金融商品取引業または投資運用業を行う金融商品取引業者の取締役または執行役は、他の会社の取締役、会計参与、監査役もしくは執行役に就任した場合（他の会社の取締役、会計参与、監査役または執行役が金融商品取引業者の取締役または執行役を兼ねることとなった場合を含む）または他の会社の取締役、会計参与、監査役もしくは執行役を退任した場合には、遅滞なく、その旨を当局に届け出る必要があります（金商法31条の４第１項）。

　　また、第一種金融商品取引業以外の有価証券関連業を行う金融商品取引業者の取締役または執行役は、当該金融商品取引業者の親銀行等もしくは子銀行等の取締役、会計参与、監査役もしくは執行役に就任した場合（当該親銀行等または子銀行等の取締役、会計参与、監査役または執行役が当該金融商品取引業者の取締役または執行役を兼ねることとなった場合を含む）または親銀行等もしくは子銀行等の取締役、会計参与、監査役もしくは執行役を退任した場合には、内閣府令で定めるところにより、遅滞なく、その旨を当局に届け出る必要があります（同条第２項）。

　　兼職に関するこれらの届出義務について、適切な対応がとれるようにするため、兼職状況に関して事前にきちんと確認できる体制を築いておくことが重要となります。

②　なお、上記の解説は金商法の観点からのものとなりますが、銀行の常務に従事する取締役等が証券子会社の常務に従事するかたちで兼職することとなる場合には、Q10で述べたとおり、銀行法上、兼

職に関し認可申請をし、認可を受けなければならないことは、あわせて留意が必要です。

3　利益相反管理体制の整備

上記のとおり、金商法の平成20年改正により、親銀行等、子銀行等の役職員と、金融商品取引業者の役職員とは兼職することが可能となりましたが、このような役職員の兼職制限の撤廃、ファイアーウォール規制の見直しに伴い、利益相反による弊害を防止する観点からの金商法、銀行法、保険業法等の改正も行われており、証券会社、銀行、保険会社等のそれぞれに対して、自社またはグループ会社による取引に伴い、顧客の利益が不当に害されることがないよう、適正な情報の管理と適切な内部統制管理体制の整備を実施することが義務づけられている点にも留意が必要です（金商法36条2項～5項、銀行法13条の3の2、保険業法100条の2の2、主要行監督指針Ⅴ－5等参照）。

第3節 ◆ 意思決定

Q12 取締役会の招集・運営上の留意点

　定例の取締役会直前に当行のインターネットバンキングサービスについて重大なシステム障害が発生したため、急きょ取締役会で一定期間のサービス停止も含め今後の対応について決議を行うことになりました。発出ずみの招集通知には当該事項は目的事項として記載されていませんが、決議は可能ですか。また、定例ではなく臨時取締役会で決議を行う場合の留意点はありますか。

ポイント　　上記設例における緊急性・必要性にかんがみ、発出ずみ招集通知に記載されていない目的事項についても取締役会で決議を行うことは可能です。
　臨時取締役会の場合には、出席権を有する取締役および監査役全員に対して招集通知をもれなく送付して参加の機会を与えることが重要です。

解　説

　取締役会の手続または決議の内容に瑕疵がある場合には、原則としてその決議は法律上当然に無効となるため、準備に十分な時間をとることのできない状況で取締役会決議を行う場合には、慎重に、手続および内容の両面から瑕疵のない運営を心がける必要があります。

1　招集通知に記載のない目的事項

　取締役会の招集手続や運営は、各社の定款および取締役会規程が詳

細を規定しています。そして、取締役会の招集通知は目的事項を特定して発出しなければならないと規定されていることが通常です。

　もっとも、取締役会の機動性確保のため、招集通知に記載されていない目的事項についても取締役会の審議の対象としてよいと解されています（結論同旨。名古屋地判平9.6.18（金商1027号21頁）、名古屋高判平12.1.19（金商1087号18頁））。

　したがって、定款や取締役会規程に招集通知における目的事項特定が必要との規定がある場合でも、緊急性・必要性がある場合は、取締役会において招集通知に記載のない事項について決議を行うことは可能です。具体的には出席取締役から、取締役会の場において緊急動議を提出してもらい、議長において当該動議を審議対象としてよいかを議場に諮り、賛成を得たうえで審議に入ることになります。

　なお、特定の取締役を不利に扱うために意図的に特定の決議事項を記載しなかったような濫用的な場合には、違法な決議となりえますので注意してください。

2　取締役会決議の無効事由の例

　取締役会の手続または決議の内容に瑕疵がある場合、原則としてその決議は法律上当然に無効となります。

　取締役会の手続上の瑕疵としては、招集権者以外の者による招集、招集通知期間の不足、招集通知もれ、定足数不足、特別利害関係を有する取締役の参加による決議の成立、審議が不十分な場合があります。

　取締役会決議の内容の瑕疵としては、法令、定款または株主総会の決議違反があります。

　手続上の瑕疵に関して、判例は、一部の取締役に対する招集通知を欠いた場合であっても、その取締役が出席してもなお決議の結果に影

響がないと認めるべき「特段の事情」があるときは、当該瑕疵により決議は無効にならないと判示しています（最判昭44.12.2（民集23巻12号2396頁））。もっとも実務上は、このような「特段の事情」による決議の有効性確保を期待することは避け、取締役会出席権者全員へ招集通知を発送し、適法な招集手続を行うべきです。

3　臨時取締役会

　取締役会決議が無効とされないよう、定款・取締役会規程に規定されている臨時取締役会招集手続に沿った招集手続を行うことが最も重要です。特に、一部の取締役に対する招集通知もれや、これに準じるような瑕疵により当該取締役が現実に取締役会に参加する機会を奪われたと評価されないよう留意してください。なお、招集通知は電子メールなどの方法により出席権者が現実に認識可能な方法によることも可能です。

Q13 取締役会決議と特別利害関係人

当行では取締役会において新代表取締役頭取の選定を行うことになりました。どのような点に留意すべきですか。また、後日の参考のために、取締役会において急きょ代表取締役を解職する場合など、取締役各自の利害が関係する議案の決議における留意点も教えてください。

ポイント　代表取締役の選定決議における候補者の取締役は、当該決議に関して特別利害関係はなく当該議案の審議および議決への参加が認められます。

一方、代表取締役の解職決議における当該取締役は当該決議に関して特別利害関係を有するため、審議や議決に加わることはできず議長となることも認められません。

同様に取締役が特別利害関係を有すると解されている取締役会決議としては、競業取引や利益相反取引についての承認決議、ストック・オプション付与の決議、株主総会への退職慰労金贈呈議案の提出決議等があります。

解説

1　代表取締役の選定・解職の決議と特別利害関係

代表取締役の選定・解職など取締役の個人的な利害が関係する議案を決議する場合には、会社法上の特別利害関係を有する取締役の取扱いに関する規制に留意する必要があります。

会社法上、取締役会の決議について特別利害関係を有する取締役は

議決に加わることはできず（会社法369条2項）、また、審議への参加や当該議案の議長就任も認められないと考えられています。

ここで、「特別利害関係」とは、当該取締役が、当該決議について、会社に対する忠実義務（同法355条）を誠実に履行することが定型的に困難と認められる個人的利害関係または会社外の利害関係を指します。

代表取締役の選定決議における候補者の取締役については、当該決議における特別利害関係を有しないと一般に考えられています。

これに対し、代表取締役の解職決議については、当該決議における当該取締役は特別利害関係を有すると解されています（最判昭44.3.28（民集23巻3号645頁））。したがって、当該取締役は解職の議決に加わることはできず、また、審議への参加や議長への就任も認めないほうがよいと考えられます。

2　特別利害関係が問題となる他の場合

取締役の競業取引や利益相反取引についての取締役会の承認決議（会社法356条1項、365条1項）における当該取締役は特別利害関係を有するため、取締役会の審議・決議に参加できません。なお、取締役が他の会社の取締役を兼任する場合の競業取引・利益相反取引については、当該取締役が当該他の会社の代表取締役を兼任するのであれば特別利害関係を有し、代表権を有しない取締役を兼任するにすぎないのであれば特別利害関係を有しないと解されています。

また、取締役報酬に関して、株主総会決議により取締役の報酬総額の上限が定められるとともに個々の取締役の具体的な報酬額は取締役会に一任される場合、すでに上限が株主総会で決議されていることを理由として、取締役会決議において取締役は特別利害関係を有しないと解されています。

第1章　金融機関の機関設計・役員の適格性・意思決定　｜　43

他方、取締役にストック・オプションを付与する場合の取締役会決議については、割当てを受ける取締役は特別利害関係を有するという見解が有力です。したがって、全取締役に対してストック・オプションを付与する場合は、全取締役が議決に加わることができないという事態を回避するため、各取締役に付与する部分について別個に決議を行い、各決議ごとに、付与の対象となる取締役以外の取締役が議決に加わるという対応が実務上は望ましいでしょう。

　また、株主総会に取締役の退職慰労金贈呈議案を提出する旨の取締役会決議についても、退職予定取締役は特別利害関係を有すると考えられています。

Q14 銀行の株主総会──過去と今後のあるべき方向性

定時株主総会について、過去からの決別も含め今後のあるべき方向性に関して、留意すべき事項はどのような点にありますか。

ポイント

総会屋等の反社会的勢力が跳梁跋扈し、株主総会を取り仕切る時代は過去のものとなりました。現在ではコーポレートガバナンスコードおよび日本版スチュワードシップコードのもと、銀行は、機関投資家等を中心とした株主との建設的な対話を進め、株主総会の法的な機能を十全に果たさせるべく、適切な議事運営を心がけ、もって株主による経営監視機能（ガバナンス）を発揮させることが求められます。

また、銀行の規模や経営形態、さらには地域性の有無等によって各行の状況が大きく異なることから、各行の実情に即して、株主やその他のステークホルダーから信頼される総会運営を行うことが望まれます。

解説

1　過去の株主総会からの決別

銀行は銀行法上株式会社であることが必須とされているところ（銀行法4条の2）、株式会社における定時株主総会は、年一度開催される最高意思決定機関として（会社法295条）、また、経営を付託する役員を決定する機関として（同法329条）、会社にとって最も重要な存在です。

その重要性ゆえに、過去、総会運営を無難に終わらせたい会社側の

意向が仇となって、旧商法時代において利益供与の禁止規定（旧商法294条の2、会社法120条）等が創設されたにもかかわらず、昭和末期においても、総会屋等が依然としてはびこり、平成に入った後も、バブル経済破綻後のいっとき、金融界にも利益供与事件が発生しました。たとえば、大手都市銀行の会長・頭取の地位にあった被告人が、副頭取、審査担当役員および総務部担当者らと共謀のうえ、総会屋に対し、系列ノンバンクを使った迂回融資の方法により、多額の利益供与を行った事案において、当該融資が、株主総会での議事の進行への協力を求める趣旨としてなされたものと認定された結果、懲役刑（執行猶予付き）が言い渡された事例があります（東京地判平11.9.8（判タ1042号285頁））。このように、銀行の株主総会の運営においても大きく荒れた時代もありました。

2　株主との建設的な対話と議決権行使の促進

しかし、近年では会社側のコンプライアンス態勢も十分に確立され、かつてのような株主総会を舞台とした不祥事はほとんどみられません。

他方、最近では、株主の権利意識と会社経営への関心が高まり、会社提案議案に対する反対票の増加傾向が顕著に認められます。議案の内容によっては確実に可決できるか不安を覚える事業会社も出てきており、銀行の株主総会においても、今後、そのようなケースが出てくる可能性は否定できません。また、質問株主も、かつてのような特殊株主による特定の意図をもった質疑を仕掛けてくるのではなく、真正面から当該銀行にかかわる問題や経営姿勢等を問う傾向に拍車がかかるでしょう。

加えて、コーポレートガバナンスコードおよび日本版スチュワードシップコードのもとでは、機関投資家等を中心とした株主との建設的

な対話を進めつつ（基本原則5）、株主総会における権利行使に係る適切な環境整備を行うこと（基本原則1－2ほか）を通じて、議決権行使の促進を図り、株主総会の側面からも経営に規律を与え、コーポレートガバナンスの強化を通じて、持続的な企業価値の向上に向けた取組みを行うことが期待されています。

3　各行の規模や経営形態、さらには地域性の有無等への配慮
―株主総会に与える要因と個性化の進展

　株主総会のあり方や運営等については、上述のように時代ごとに大きなうねりがあることを理解したうえで、さらに各行固有の問題も念頭に置いて取り組む必要があります。

　まず、銀行の規模等に着目しても、メガバンク、信託銀行、地方銀行および第二地方銀行等の類別があるところ、各行における株主総会は、一般事業会社と同様、法令改正等の影響を受けるだけではなく、時代や地域等の社会的要請をも反映したかたちで運営されることはいうまでもありません。

　そのうち、規模面では、大規模な総会はいっそう大型化し、それ以外の会社ではコンパクトな総会となるなどの二極化の進展が指摘されています。その出席株主数だけに焦点を当てたとしても、100名足らずの株主が参加する銀行もあれば、数千人規模の株主が集まる総会もあり、銀行界全体としてみた場合は相当なばらつきがあります。

　また、銀行の株主の構成は、融資先、預金者、金融商品販売先（投資信託販売先、国債販売先）、行員OBといった広い意味での関係者の占める割合が高くなり、それらのステークホルダーが複数の属性をもつ傾向（重層性）にあります。とりわけ、地域金融機関においては、上記の関係者が地域住民であるといった点も加わり、重層性がいっそう顕著であるということも指摘できます（ステークホルダーの重層

性)。このような株主は、当該金融機関への思い入れが強く、役員に対する激励意見の発信元となる場合もあれば、過去の融資取引、預金取引または行員時代の処遇等につき縷々不平、不満を述べる存在ともなりえます。

　さらに、地域金融機関においては、展開している営業地域の特性や個社事情による差異は大きく、傘下子銀行を複数抱えるマルチリージョナルバンクに変貌している地銀も多くあります。このように地域を跨る銀行グループの場合においては、総会における質疑応答内容だけでなく、たとえば、株主総会の運営方法等（遠隔地における同時中継会場の設置や、当該中継会場において株主の権利行使を認めるか否か等）についても別途、考慮する必要があるでしょう。

4　株主はコーポレートガバナンスの規律における起点の１つであること

　いずれにせよ、ガバナンスの強化を通じた中長期的な企業価値の向上が求められる時代において、株主意識がいっそう高まるなか、株主総会の運営において重要なことは、各行において、自行の株主構成を十分に考慮したうえで、株主の「納得感」を醸成するような努力を積み重ねることに尽きるといえます。すなわち、機関投資家との間では、機関投資家自身、日本版スチュワードシップコードの策定を受け、エンゲージメント（建設的な目的をもった対話）を行うことが求められていますから、各行とも、自行の経営方針等の理解を得る努力を行うとともに、個人株主との間では、年一度の集会にすぎないとしても、銀行経営について理解され共感を得るような個人株主目線からみたさまざまな工夫を行うなど、株主の個性に着目したいっそうの配慮が求められます。

　そのうえで、銀行における今後の定時株主総会のあるべき方向性と

しては、株主はコーポレートガバナンスの規律における基点の1つであることを念頭に、広く株主から信任を得るような諸施策（適格な情報提供、基準日にかかわる諸問題等も含め）を継続的に推進し、自行が置かれた具体的状況等を十分に分析考慮しつつ、適切な株主総会の運営を行い、資本提供者たる株主からの支持基盤をいっそう強化することが求められているといえるでしょう。

Q15 株主総会における役員の説明義務

当行は、コーポレートガバナンスを企画部門において所管しています。株主総会において、株主から、事業報告で言及した当行のコーポレートガバナンスに関し、社外取締役を指名したうえでの質問を受けたのですが、当該社外取締役から回答させる必要がありますか。

ポイント 質問の具体的な内容によりますが、当行のコーポレートガバナンス一般に関する質問など、その内容・性質に照らして社外取締役から回答させる必要はないと考えられる質問であれば、議長自らまたは企画部門を所管する取締役において回答すれば足ります。

他方、当該社外取締役自身によるコーポレートガバナンスに対する取組みを質問しているような場合であれば、当該社外取締役から回答させることが適切です。

解　説

1　法律上の説明義務

株式会社の取締役、会計参与、監査役および執行役は、株主総会において、株主から特定の事項について説明を求められた場合には、当該事項について必要な説明をしなければなりません（会社法314条本文）。ただし、①説明を求められた事項が総会の目的事項に関しない場合、②説明することにより株主共同の利益を著しく害するおそれがある場合、または、③その他正当な理由がある場合には、説明する義

務を免れます（同条但書、同施行規則71条）。

本件の場合、事業報告でコーポレートガバナンスに言及していますので、総会の目的事項に関する質問といえ、かつ、その他の説明義務を免れる場合にも当たらないと考えられるため、説明義務それ自体は認められます。

2　指名された役員による回答の要否

もっとも、株主からの質問に対して、どの役員から回答させるべきかの判断は議長の権限（会社法315条）の範囲内にあると解されるため、議長において適切と判断した取締役を指名して回答すれば足ります。

そのため、設問のようにコーポレートガバナンスについての質問を受けた場合でも、当行のコーポレートガバナンス一般に関する質問など、その内容・性質に照らして社外取締役から回答させる必要はない質問については、議長自らまたは企画部門を所管する取締役において回答すれば足り、また、それが適切です。

3　コーポレートガバナンスと社外取締役の関係

他方で、コーポレートガバナンスコードの原則4－7および4－8によれば、経営陣・取締役に対する実効性の高い監督を確保するために、独立社外取締役を選任したうえで有効活用すべきとされています。このように、近時は、金融機関をはじめとする上場会社の社外取締役には、コーポレートガバナンスの実現に資するための職責を担うことが期待されています。

こうした観点からすると、社外取締役を指名してコーポレートガバナンスを問う株主の質問の趣旨としては、当該社外取締役がコーポレートガバナンスの実現のためにどのように取り組んでいるのか、すなわち、当該社外取締役の業務遂行それ自体について問うケースも想

定されるところであり、そのような質問であれば、当該社外取締役自らが自身の取組みについて回答を行うことが適切です。

　以上をふまえると、質問の具体的な内容によりますが、コーポレートガバナンス一般に関するような質問であれば、議長自らまたは企画部門を所管する取締役において回答することで足り、また、それが適切ですが、社外取締役自身のコーポレートガバナンスに対する取組みやその状況等について質問しているようなケースであれば、当該社外取締役から回答させることが適切といえます。

第4節 協同組織金融機関、労働金庫・その他

Q16 協同組織金融機関（信用金庫・信用組合）の機関構成の特色

信用金庫・信用組合の機関構成には、銀行と比べどのような特色がありますか。

ポイント

信用金庫・信用組合は、理事・理事会、監事の設置が必須であり、一定規模以上の信用金庫・信用組合は、さらに会計監査人の設置も必須です。

また、信用金庫・信用組合（組合員の数が200名超のもの）では、総会にかわる組織として「総代会」を設置することができます。

解説

銀行は株式会社の形態を法律上強制され（銀行法4条の2）、①取締役会、②会計監査人、および③監査役会、監査等委員会または指名委員会等の設置が必須です。

信用金庫（以下「信金」という）、信用組合（以下「信組」という）は、それぞれ、信金法、中協法において機関設計が定められています。

1 理事・理事会、監事

信金、信組において、理事、監事および理事会の設置は必須です（信金法32条1項、36条1項、中協法35条1項、36条の5第1項）。理事会

は、すべての理事で構成され、理事のなかから代表理事を選定します（信金法36条4項、中協法36条の8第1項）。

　理事および監事は、信金では、総会の決議によって選任されます（信金法32条3項）。信組では、定款の定めにより、総会で選挙（中協法35条3項）または選任（同条12項）されます。「選任」とは、銀行や信金のように、総会の決議により選出することです。「選挙」とは、さまざまな方法がありますが、複数の候補者に対して投票を行い最多数の票を得た候補者を選出する場合が一般的です。

2　会計監査人

　信金は、預金および定期積金の総額が200億円以上の場合、信組は、預金および定期積金の総額が200億円以上かつ員外預金比率が10％以上の場合には、会計監査人の設置が必須です（信金法40条の3第1項、同施行令5条の5第1項、協金法5条の8第1項、同施行令2条の3第1項・第2項）。上記以外の信金・信組は、会計監査人の設置は任意です（信金法38条の2第2項、協金法5条の8第2項）。

3　総会・総代会

(1)　総　　会

　信金・信組では、銀行における株主総会に相当する出資者の決議機関として総会があり、通常総会は、年1回開催されます（信金法42条、中協法46条）。

　出資者は、信金は会員、信組は組合員と呼ばれますが、それぞれの資格については図表5を参照してください。

　総会の決議は、原則的に出席者の議決権の過半数により行われますが（信金法48条の2第1項、中協法52条1項）、定款変更、会員・組合員の除名等の一定の重要事項は、総会員・総組合員の半数以上が出席し、その議決権の3分の2以上の多数による決議が必要です（特別決

議。信金法48条の3、中協法53条)。

(2) 総代会

また、銀行には存在しない制度として、信金・信組は、総会にかわり、会員・組合員から選出された「総代」による決議機関である「総代会」を設けることができます（信金法49条1項、中協法55条1項）。会員・組合員が多数にのぼる場合、すべての会員・組合員を招集することは容易でないことを考慮した制度です。

総代は、定款の定めにより会員・組合員から公平に、信金では選任、信組では選挙され（信金法49条2項、中協法55条2項）、任期は3年以内の定款で定める期間です（信金法49条4項、中協法55条5項）。

なお、信組においては、総代会を設置する要件として、組合員数200人超との要件があり（中協法55条1項）、また、総代の定数はその選挙の時における組合員の総数の10％以上（組合員総数1,000人超の場合、100人以上）との要件がありますが（同条3項）、信金においてはかかる制限はありません。

図表5　信用金庫・信用組合の会員資格

信用金庫	信用組合
・地区内において 　－住所・居所を有する者 　－事業所を有する者・その役員 　－勤労に従事する者 ※事業者は、従業員300人以下、または資本金9億円以下 ・当該信用金庫の役員	・地区内において 　－住所・居所を有する者 　－事業を行う小規模事業者・その役員 　－勤労に従事する者 ※事業者は、従業員300人（小売業は50人、卸売業・サービス業は100人）以下、または資本金3億円（小売業・サービス業は5,000万円、卸売業は1億円）以下 ・当該信用組合の役員

第1章　金融機関の機関設計・役員の適格性・意思決定

Q17 労働金庫の会員資格・機関構成

労働金庫の会員資格・機関構成について教えてください。

ポイント　労働金庫の会員資格は、労働組合や労働者等に限定されます。

また、理事・理事会、監事の設置が必須であり、一定規模以上の労働金庫は会計監査人も必須です。

会員の数が200名超の労働金庫は、総会にかわり「総代会」を設置できます。

解　説

1　会員資格

労働金庫（以下「労金」という）は、労働組合等の行う福利共済活動のための金融の円滑、その健全な発達の促進、および労働者の経済的地位の向上を目的とする組織です（労金法1条）。

労金の会員資格は、当該労金の地区内に事務所を有する労働組合、消費生活協同組合等の団体や、当該労金の地区内に住所を有する労働者および当該労金の地区内に存する事業場に使用される労働者（以下「個人会員」という）等で、定款で定めるものです（同法11条1項・2項）。

2　機関等

理事、監事および理事会の設置が必須であり（労金法32条1項、38条1項）、理事会が理事のなかから代表理事を選定します（同法38条4項）。

理事の定数は5名以上、監事の定数は2名以上で（同法32条2項）、任期は、理事は2年以内、監事は4年以内です（同法36条1項・2項）。

　役員は総会の決議によって代議員のうちから選任します（同法32条3項）。

　ただし、定款の規定により、代議員以外の者を役員に選任することができますが、その場合でも、その数は、理事については定数の3分の1を超えることはできません（同条7項）。

　預金および定期積金の総額が50億円以上かつ員外預金比率が10％以上の労金にはいわゆる「員外監事」の選任義務が課されています（同条4項、同施行令1条の4第1項・第2項）。

　員外監事の要件は、以下のすべてに該当する者です。
① 当該労金の会員（個人会員を除く）を構成する者（代議員を含む）または個人会員以外の者であること
② その就任の前5年間当該労金の理事もしくは職員または当該労金の子会社の取締役、会計参与（法人であるときはその職務を行うべき社員）もしくは執行役もしくは使用人でなかったこと
③ 当該労金の理事または参事その他の重要な使用人の配偶者または2親等以内の親族以外の者であること

　代表理事および常務に従事する役員は、兼職が制限され、当局から認可を受けた場合を除き、定款規定の会員資格に該当しない金庫その他の法人または団体の常務に従事する役員または支配人（支配人に相当する者を含む）であってはなりません（労金法35条）。また、役員の欠格事由として、会社法上の取締役欠格事由（Q5参照）のほか、破産して復権を得ない者（外国の法令上同様の者含む）および労金法・金融機関更生特例法の規定違反も欠格事由となります（労金法34条）。

　労金は、定款により任意に会計監査人を設置できますが（同法41条

第1章　金融機関の機関設計・役員の適格性・意思決定

の2第2項)、預金および定期積金の総額が200億円以上かつ員外預金比率が10％以上の労金は、会計監査人の設置が必須です(同法41条の2第1項、同施行令1条の7第1項・第2項)。

3　総会・総代会

労金は、通常総会の年1回開催が必要です(労金法46条)。ただし、会員(個人会員を除く。以下同じ)の総数が200を超える労金は、総会にかわる総代会を設けることができます(同法55条1項)。総代は、会員から選任され、定数は会員の数の5分の1(会員が2,500以上の労金にあっては500)以上です(同条2項・3項)。

会員は、各1個の議決権を有しますが、個人会員は、議決権を有しません(同法13条1項)。また、個人会員を除く会員は、当該会員を代表してその議決権を行使する者(代議員)1人を定めて労金に通知する必要があります(同条2項)。

Q18 信用金庫・信用組合の理事・監事の要件、任期、兼職制限

信用金庫・信用組合の理事・監事の要件、任期、兼職制限、欠格事由を教えてください。

ポイント　理事および監事には、定数や任期の制限、兼職制限および欠格事由の定めがあるほか、一定規模以上の信用金庫・信用組合には、「員外監事」の選任義務があります。

解　説

1　信用金庫

(1)　理　事

定数は5名以上、任期は2年以内です（信金法32条2項、35条の2第1項）。

また、定数の少なくとも3分の2は、会員または会員たる法人の業務を執行する役員でなければなりません（同法32条4項）。

(2)　監　事

定数は2名以上（信金法32条2項）、任期は4年以内です（同法35条の2第2項）。

また、預金および定期積金の額が50億円以上の信用金庫には、いわゆる「員外監事」を選任する義務があります（同法32条5項、同施行令5条の2第1項）。「員外監事」の要件は、次の①～③をすべて満たす者です。

① 当該信用金庫の会員または当該信用金庫の会員たる法人の役員も

しくは使用人以外の者であること
② その就任の前5年間、当該金庫の理事もしくは職員または当該金庫の子会社の取締役、会計参与（法人の場合はその職務を行うべき社員）もしくは執行役もしくは使用人でなかったこと
③ 当該金庫の理事または支配人その他の重要な使用人の配偶者または2親等以内の親族以外の者であること

(3) **兼職制限**

信用金庫の代表理事、常務に従事する役員および支配人は、兼職制限があり、当局から認可を受けた場合を除き、他の金庫や法人の常務に従事し、または事業を営むことは禁止されます（信金法35条1項本文）。

また監事は、理事または支配人その他の職員との兼業が禁止されます（同条3項）。

(4) **役員の欠格事由**

会社法上の取締役欠格事由（Q5参照）のほか、破産して復権を得ない者（外国の法令上同様の者含む）および信金法・金融機関更生特例法の規定違反も欠格事由となります（信金法34条）。

2 信用組合

(1) **理　　事**

定数は3名以上、任期は2年以内です（中協法35条2項、36条1項）。

また、定数の少なくとも3分の2は、組合員または組合員たる法人の役員でなければなりません（同法35条4項）。

(2) **監　　事**

定数は1名以上（中協法35条2項）、任期は4年以内です（同法36条2項）。

ただし、預金および定期積金の総額が50億円以上、かつ、員外預金

比率が10％以上の場合、定数は2名以上、かつうち1名は員外監事でなければなりません（協金法5条の3、同施行令2条1項・2項）。

員外監事の要件は、次の①～③をすべて満たす者です。
① 当該信用協同組合の組合員または当該信用協同組合の組合員たる法人の役員もしくは使用人以外の者であること
② その就任の前5年間当該信用協同組合等の理事もしくは使用人または当該信用協同組合等の子会社の取締役、執行役もしくは会計参与（法人の場合はその職務を行うべき社員）もしくは使用人でなかったこと
③ 当該信用協同組合等の理事または参事その他の重要な使用人の配偶者または2親等以内の親族以外の者であること

(3) 兼職制限・欠格事由

以下の者は、理事にはなれません（中協法37条2項）。
① 組合の事業と実質的に競争関係にある事業であって、組合員の資格として定款に定められる事業以外のものを行う者（法人である場合には、その役員）
② 組合員の資格として定款に定められる事業またはこれと実質的に競争関係にある事業を行う者であって、組合員でない者（法人である場合には、その役員）

また、監事は、理事または組合の使用人と兼ねることができません（同条1項）。

役員の欠格事由は、信用金庫のそれと同様です（信金法違反は協金法違反に置換え。協金法5条の4）。

第 2 章

金融機関の役員報酬

第1節 ◆ 実体規則

Q19 役員報酬の種類

当行(監査役会設置会社、東証一部上場)では、今般、独立社外取締役からの、コーポレートガバナンスコードが求める中長期的な業績と連動する報酬制度として株式報酬制度を検討すべきではないかとの意見もふまえ、社外取締役を除く取締役に対して金銭報酬とは別に、株式報酬型ストック・オプションの発行を検討しています。株式報酬型ストック・オプションは、会社法上どのような種類に該当し、株主総会でどのような決議をすればよいのか、教えてください。また報酬の種類に関するコーポレートガバナンスコードの規定も教えてください。

ポイント

役員の職務執行の対価には、実務上、報酬、賞与、退職慰労金、ストック・オプション等と呼ばれる種類がありますが、役員の職務執行の対価として支給される経済的利益は、会社法上、すべて「報酬等」とされ、その決定には株主総会での決議を要します。株式報酬型ストック・オプションは、その内容により、会社法上の種類と発行形態に応じた株主総会決議を行う必要があります。

コーポレートガバナンスコードでは、経営陣の報酬について、中長期的な業績と連動する報酬の割合や、現金報酬と自社株報酬との割合を適切に設定すべきとされています。「中長期的な業績と連動する報酬」には単年度の業績のみに連動する報酬は含まれず、2年以上の業

績との連動性が求められます。権利行使期間の始期を数年先に設定したストック・オプションや、業績連動金銭報酬の繰延支給（繰延期間中の業績に応じて減額等を行うもの）が一例としてあげられます。

解　説

1　会社法上の「報酬等」

　会社法は、名称や支給形式のいかんにかかわらず、役員の職務執行の対価として、役員が株式会社から受ける財産上の利益は、すべて「報酬等」と定義しています（取締役：会社法361条1項柱書、監査役：同法387条）。よって、給与、報酬、賞与、退職慰労金、ストック・オプション、その他職務執行の対価としての性質を有するもの（金銭に限らない）は、すべて会社法上の「報酬等」に該当し、会社法の定める決定方法に服することとなり、定款に定めがなければ、株主総会の決議を要します（決定方法の詳細については、Q24、Q25参照）。

2　「報酬等」の種類と株主総会における決議内容

　取締役の報酬等について定めた会社法361条1項は、①報酬等のうち額が確定しているもの（確定額報酬、同項1号）、②報酬等のうち額が確定していないもの（非確定額報酬、同項2号）、③報酬等のうち金銭でないもの（非金銭報酬、同項3号）を定めており、これらは相互に排他的なものではなく、ある報酬が同時に複数号に該当する場合もあります。

　株主総会決議において、金銭報酬のうち確定額報酬についてはその額を、非確定額報酬については額の算定方法を、非金銭報酬のうち額が確定しているものについてはその額およびその内容を、額が確定していないものについては額の算定方法およびその内容を定めなければなりません（図表6参照）。

図表6　株主総会における決議事項

	額が確定しているもの	額が確定していないもの
金銭報酬	額	額の算定方法
非金銭報酬	額＋内容	額の算定方法＋内容

（出典）　高田剛『実務家のための役員報酬の手引き』（商事法務、平成25年）42頁

3　株式報酬型ストック・オプション

(1)　付与時にオプションの公正価額を評価できる場合

　新株予約権自体を報酬として支給する場合、新株予約権は金銭ではないものの、ブラック・ショールズ・モデルや2項モデル等により、付与時のオプションの公正価額を推測できる場合、その最高限度額を定めておくことができます。この場合、ストック・オプションは確定額報酬かつ非金銭報酬といえます。一方、最高限度額を定めず、ストック・オプション付与時まで額の確定しない報酬と整理すれば、非確定額報酬かつ非金銭報酬といえます。

　これに対して、新株予約権自体を報酬として支給するのではなく、株主総会決議において、新株予約権の公正評価額に相当する金銭を報酬として支給する旨を定め、その後の取締役会決議により、新株予約権を取締役に対して公正価額で発行し、報酬請求権と払込請求権を相殺することによってストック・オプションを発行すること（いわゆる相殺構成）も、新株予約権の有利発行規制（株主総会特別決議が必要）の適用を受けないという利点もあって広く採用されており、この場合、ストック・オプションは確定額報酬かつ金銭報酬と整理することとなります。この相殺構成の場合、取締役の既存の報酬限度額（確定額報酬）との関係については、①取締役に付与するストック・オプション部分にかかる報酬金額の上限を、既存の報酬限度額とは別枠で

定めるという「別枠方式」と、既存の報酬限度額を維持して（あるいは限度額を増加して）、ストック・オプションの付与についてもかかる包括的な報酬限度額の範囲内で行うという「総枠方式」のいずれの方式も考えられます。

なお、新株予約権自体を報酬として支給する場合、上場会社においては、確定額報酬かつ非金銭報酬として発行する会社が、全体の7割程度となっています（「役員に対するストック・オプション報酬議案の事例分析（取締役・監査役対象）」資料版商事法務332号166～167頁）。

(2) **付与時にオプションの公正価額を評価できない場合**

公開会社であっても株式が市場に流通していない場合等、付与時に公正価額を評価することが困難な場合、行使時にはじめて額が確定する一種の非確定額報酬であり、非確定額報酬かつ非金銭報酬であると整理することとなります。

(3) **そ の 他**

公開会社において新株予約権自体を報酬として支給する場合には、取締役に対するストック・オプションの発行が有利発行に当たるかどうかという問題があり、仮に有利発行に該当する場合には、株主総会の特別決議が必要となります。

4　コーポレートガバナンスコード上の要請──中長期的なインセンティブづけの重視

会社法は、お手盛り防止の趣旨から、取締役の報酬等についての規制を設けています。しかし、現在、報酬についての適切なインセンティブづけの要請が高まっており、コーポレートガバナンスコード補充原則4－2①は、企業の持続的な成長に向けた健全なインセンティブづけのため、経営陣の報酬について、中長期的な業績と連動する報酬の割合や、現金報酬と自社株報酬との割合を適切に設定すべきとし

ています。
　ここで、中長期的な業績と連動する報酬には、毎期の業績のみと連動する報酬（単年度ごとに完結する賞与など）は含まれず、最低2期以上の業績と連動する報酬がこれに該当すると理解されています。
　この中長期的な業績と連動する報酬の例として、たとえば権利行使期間の始期の到来を数年先に設定したストック・オプションがあげられます。また金銭報酬についても、業績に連動する金銭報酬の一定額以上について複数年にわたる繰延支給を行い、業績に応じて繰延部分の減額や没収が可能な仕組みを導入している銀行もあります。各金融機関の報酬制度の傾向についてはQ23をご覧ください。
　このように、各金融機関とも、コーポレートガバナンスコードに沿って、中長期的な業績と連動する報酬の割合および現金報酬と自社株報酬との割合の設定を行うことが求められていますので、取締役会において社外取締役の意見もふまえて検討を行う必要があります。

Q20 金融機関の業務執行取締役に対する業績連動報酬導入の留意点

　私は地方銀行（東証一部上場）の総務担当取締役です。去年、競合する地方銀行2行が相次いで、社外取締役を除く全取締役に対する業績連動報酬（当期純利益に連動する報酬）を導入しました。当行の取締役報酬は、すべて固定報酬でありかつ業績連動報酬は採用していませんが、当行も社外取締役を除く取締役の報酬として業績連動報酬を導入すべきでしょうか。仮に導入するとすればどのような点に注意すべきでしょうか。

ポイント

　コーポレートガバナンスコードの適用開始等を背景として経営陣の報酬に関する業績連動報酬導入の要望は高まっており、またその導入例も増加していますが、導入の検討にあたっては、監督指針に記載された着眼点に留意して、銀行の実情や取締役の職責・業務内容に応じて、報酬体系とリスク管理等との整合性を確保する必要があります。業績連動報酬として、仮に単年度の業績に連動する報酬制度を導入する場合には、業績不振時の業績連動性を確保することが必要であり、それに加えて、2期以上の中長期的な業績と連動する報酬を組み合わせて採用する、あるいは支払方法を工夫することで中長期的な業績との連動性を確保する等の方策を検討することが適切です。

> 解　説

1　業績連動報酬の導入

　コーポレートガバナンスコードは、経営陣の報酬について中長期的インセンティブづけや各種報酬の適切な割合の設定等を求めています（Q19参照）。また、議決権行使を投資家に助言する米インスティテューショナル・シェアホルダー・サービシーズ（ISS）の議決権行使基準や日本取締役協会の経営者報酬ガイドライン等にも表れているとおり、業績連動報酬の設定がない日本企業に対する業績連動報酬導入の要望は高まっているといえ、さらに、業績連動報酬のなかでも、短期の業績だけでなく中長期的な業績との連動性も重視されています。

2　報酬体系とリスク管理等との整合性

　業績連動報酬の導入を検討するにあたっては、銀行の経営の健全性を維持するという観点から、役職員が過度なリスクテイクを引き起こさないことを確保するため、報酬体系とリスク管理等との整合性について留意する必要があります。この点については、当該銀行の実情に応じて、主要行監督指針Ⅲ－2－3－5－2(2)に準ずる、または参考にする必要があり（中小・地域監督指針228頁）、具体的内容は、後記抜粋の①～⑦のとおりです。以下、後記抜粋の④⑤について、若干補足して説明します。

3　監督指針の内容補足

(1)　業績連動報酬を導入する場合には、業績連動部分が業績不振の場合に相当程度縮小する設計となっているかどうかという点が着眼点の1つとしてあげられています（後記抜粋、④）。したがって、報酬額のうち業績連動部分が、当該個人の実績のみならず、銀行の業績を反映し、報酬額が減少するものになっているか、という点に留意

して報酬制度を設計する必要があります（平成22年３月４日付金融庁パブリックコメント）。

　たとえば、業績不振の場合に、賞与を全額不支給としたり、業績連動報酬をあらかじめ定めた計算方法によって減額する仕組みは、実際に採用例があるところです。

(2)　また、役職員の職責や実際の業務内容に応じて、より長期的な企業価値の創出を重視する報酬支払方法や、リスクが顕在化するまでの期間も考慮した報酬支払方法を採用しているかどうかも、着眼点の１つとしてあげられています（後記抜粋、⑤）。

　この点、より長期的な企業価値の創出を重視する報酬支払方法として、中長期インセンティブ報酬としての株式報酬型ストック・オプションを採用する金融機関の例が多いです。

　リスクが顕在化するまでの期間も考慮した報酬支払方法との点については、株式報酬型ストック・オプションの権利行使期間を役員の地位喪失後一定期間とする定めを置いて、ストック・オプション付与から権利行使可能期間の始期までに少なくとも数年の期間を設けたり、金銭での業績連動報酬の一部の支払を一定期間の間繰り延べ、当該繰延期間中に企業価値の毀損やリスク顕在化によって銀行が業績不振となった場合に支払繰延部分の報酬を減額、取消しあるいは取戻しを行う例もあります。

(3)　このように、業績連動報酬を導入するには、単年度の業績のみに連動する報酬を導入する場合には業績不振時の業績連動性を確保することが必要となり、それに加えて、２期以上の中長期的な業績と連動する報酬制度を組み合わせる、あるいは支払方法を工夫することで中長期的な業績との連動性を確保する等の方策を検討することが適切です。

主要行等向けの総合的な監督指針（抜粋）

Ⅲ－2－3－5－2　着眼点
(2) 報酬体系とリスク管理等との整合性
① リスク管理部門やコンプライアンス部門の職員の報酬は、他の業務部門から独立して決定され、かつ、職責の重要性を適切に反映したものとなっているか。また、これら職員の報酬に係る業績の測定は、主として、リスク管理や法令等遵守の達成度に加え、リスク管理態勢や法令遵守態勢の構築への貢献度が反映されたものとなっているか。
② 役職員（職員においては、グループ全体のリスクテイクに重大な影響を与える職員。以下同じ。）の報酬額に占める業績連動部分の割合は、当該役職員の職責や実際の業務内容のほか、グループ全体の財務の健全性やグループとして抱えることのできるリスクの程度に関する方針等も踏まえ、適切なものとなっているか。
③ 役職員の報酬額のうち相当部分を業績連動とする場合は、報酬額が確定するまでの間に生じうる財務上のリスクへの対応状況（必要な自己資本や流動性の確保の見込み）を踏まえた設計となっているか。
④ 役職員の報酬額のうち業績連動部分は、業績不振の場合には相当程度縮小する設計となっているか。
⑤ 役職員の職責や実際の業務内容に応じて、より長期的な企業価値の創出を重視する報酬支払方法（例えば、株式での支払いやストックオプションの付与）や、リスクが顕在化するまでの期間も考慮した報酬支払方法（例えば、株式で支払う場合の一定期間の譲渡制限、ストックオプションを付与する場合の権利行使時期の設定、報酬支払いの繰延べ・業績不振の場合の取戻し）を採用しているか。
⑥ リスク管理に悪影響を及ぼしかねない報酬体系（複数年にわたる賞与支払額の最低保証、高額な退職一時金制度等）については、適切な改善策を検討・実施しているか。
⑦ リスク管理と整合的な報酬体系を設計している場合であっても、役職員がその設計趣旨を損ないかねないような行為（表面的にリスクを減少させるような取引等）を行うおそれについて、適切に監視・けん制する態勢を整備しているか。

Q21 社外取締役・社外監査役に対する業績連動報酬導入の留意点

　現在、当行（監査役会設置会社、東証一部上場）は、役員報酬体系の見直しを行っていますが、検討メンバーの１人である頭取より、「攻めのガバナンス」の観点から、他業態で社長経験のある社外取締役から経営効率化のアドバイスや新規貸出先の紹介を積極的にしていただくとともに、社外取締役に対して業績向上のインセンティブをもっていただくために社外取締役に対する報酬制度として業績連動報酬を導入してはどうかとの意見が出ました。社外取締役に対する業績連動報酬の導入は可能でしょうか。また、社外監査役についてはいかがですか。

ポイント　社外取締役の報酬制度の一環として業績連動報酬を導入することは、法制度上は可能です。ただ、社外取締役は、経営陣から独立して、経営陣の業務執行を監督し、経営陣による過度なリスクテイク・不正手段による短期的な収益重視の経営を防止する役割を主に期待されていることにかんがみると、社外取締役の報酬体系は固定報酬のみとし、業績連動報酬は導入しないことが望ましく、また、実際上もそのような例がほとんどです。社外監査役についても同様です。なお、この論点については、今後、種々の議論が行われることが予想されるため、今後の議論と実務の流れを注視することが大切です。

> 解　説

1　社外取締役に対する業績連動報酬付与の可否

　銀行はすべて株式会社の形態をとりますので（銀行法4条の2）、取締役に対する報酬体系は基本的には会社法上のルールに従います。そして会社法上は、取締役の報酬について、社外取締役であるか否かによって業績連動報酬の可否に関する区別は設けていません。銀行法や主要行監督指針にも、社外取締役に対して業績連動報酬を付与することを直接禁止するような規定は見当たりません。

　したがって、法制度上は、社外取締役に対する業績連動報酬を導入することは可能です。

2　社外取締役の独立性と役割に照らした制約

①　社外取締役は、会社法上、会社や子会社の業務執行者であってはならないとの要件が定められ、経営陣から独立した立場で、経営陣の業務執行を監督し、経営陣による過度なリスクテイク・不正手段による短期的な収益重視の経営を防止する役割も期待されています。

　しかし、仮に、社外取締役が会社の業績向上に対して強いインセンティブを有する業績連動報酬が導入されると、社外取締役が経営陣との協力や業績向上を優先して内部統制システムの整備や法令遵守を軽視し、結果として、前記のような社外取締役の独立性が損なわれ、期待される役割の遂行が妨げられる構造上のリスクがないとはいえません。

　加えて、近時、コーポレートガバナンス向上へ向けた取組みとして、社外取締役の監督機能を活用しようとする動きが高まっています。たとえば、平成27年5月施行の改正会社法において、社外取締

役を活用して取締役会の監督機能を強化する趣旨の内容が盛り込まれました（監査等委員会設置会社制度の創設、社外取締役の要件の厳格化、社外取締役を置くことが相当でない理由の説明）。また、日本取締役協会の提言やコーポレート・ガバナンス・システムの在り方に関する研究会の報告書で社外取締役の監督機能の活用が提言されているだけでなく、コーポレートガバナンスコードにおいて、独立社外取締役の独立性や役割・責務が規定され、その有効な活用が求められています（原則4－7、4－8、4－9）。

② 上記のような社外取締役の独立性や役割を重視する観点から、社外取締役の報酬については、法制度上は可能であったとしても、固定報酬のみとすることが望ましいでしょう。また実際もそのような固定報酬のみの報酬体系とする例がほとんどです。仮に、社外取締役の報酬を固定報酬のみとしても、中長期的な企業価値の維持向上についての社外取締役のインセンティブが失われるとまではいえないでしょう。

なお、この論点については、モニタリング・モデルの導入や社外取締役の位置づけ等とかかわり、今後、種々の議論が行われることが予想されるため、今後の議論と実務の流れを注視することが大切です。

③ いわゆる「攻めのガバナンス」は、会社の意思決定の透明性・公正性を担保しつつ、会社の迅速・果断な意思決定を促し、会社の持続的な成長等を図る趣旨ですが（コーポレートガバナンスコード原案、序文7項）、厳密な定義はなく、「守りのガバナンス」が前提として必要との議論もあり、独立性のある社外取締役の監督機能の有効な活用を含めた「守りのガバナンス」の整備に留意することが必要です。なお、コーポレートガバナンスコード補充原則4－2①

は、経営陣の報酬について中長期的な業績と連動する報酬の割合を適切に設定すべきとしていますが、これは「経営陣の報酬」についてであり、社外取締役に対する業績連動報酬の導入については望ましい方向性を示しているわけではありません。

3　社外取締役の報酬構成の傾向

「日本と海外の役員報酬の実態及び制度等に関する調査報告書」（経済産業省、平成27年）によると、回答のあった上場企業において、国内の社外取締役の報酬のうち、インセンティブ報酬および退職慰労金は合計4％にすぎず、固定報酬が96％にのぼっています。

4　社外監査役の業績連動報酬

① 　監査役の報酬については、会社法387条1項が「額」を定めるとしているので、確定額としての最高限度額を定めた場合はその枠内で、監査役の報酬が業績に連動するような報酬体系を採用することは可能です。そして、会社法は、監査役の報酬について、社外監査役であるか否かによって業績連動報酬の可否に関する区別は設けていません。したがって、社外監査役に対する業績連動報酬を導入することは法制度上は可能です。

　しかし、社外監査役は、監査体制の独立性および中立性をいっそう高めるために監査役会設置会社において法令上その選任が義務づけられており、業務執行者からの高い独立性が期待されています。また、業績に連動して報酬額が増加する報酬体系は、経営の意思決定に参加しない監査役の職務にそぐわないといえます。このような観点から、社外監査役の報酬については、法令遵守の確保や不祥事の防止による中長期的な企業価値の維持にインセンティブを有する構造とすべきであり、社外取締役と同様に、固定報酬のみとする報酬体系が望ましく、また実際上もそのような例がほとんどです。

主要行監督指針Ⅲ－2－3－5－2においては、「リスク管理部門やコンプライアンス部門の職員の報酬は、他の業務部門から独立して決定され、かつ、職責の重要性を適切に反映したものとなっているか。また、これら職員の報酬に係る業績の測定は、主として、リスク管理や法令等遵守の達成度に加え、リスク管理態勢や法令遵守態勢の構築への貢献度が反映されたものとなっているか」とされ、リスク管理やコンプライアンス部門の職員については銀行の業績ではなくリスク管理態勢や法令遵守体制の構築への貢献度を反映すべきであるとされている点も、報酬体系検討の参考になります。

② 「役員等の構成の変化などに関する第15回インターネット・アンケート集計結果」（日本監査役協会、平成27年）によれば、監査役の報酬制度については定額基本給のみと回答した会社が全体の93.4％にのぼっています。社外監査役についても、同様の傾向が強いものと推測されます。

Q22 役員に対する信用供与規制

　私は、6月に、銀行（取締役会設置会社、監査役設置会社）の取締役に就任する予定ですが、取締役に就任後、2軒目のマンションを購入するため、当行で住宅ローンを組みたいと考えています。どのような手続が必要ですか。また、私は、約30年前、1軒目のマンションを購入した際、当行の行員として安い利率で住宅ローンを組みましたが、それと同様の安い利率で借りることができますか。なお、当行の定款には、取締役会の利益相反取引の承認決議について要件を加重する定めはありません。

ポイント　本件借入れは利益相反取引に該当し、取締役会の承認決議が必要となり、取引を行おうとする取締役は、重要な事実を説明しなければなりません。承認決議については、定足数は過半数以上、賛成数は3分の2以上が必要となります。また、当該取締役は、本件借入れ後、遅滞なく、本件取引についての重要な事実を取締役会に報告しなければなりません。

　取引条件については、一般顧客向けと同様とする必要があります。

解説

1　会社法上の規制

　取締役が会社との間で取引を行おうとする場合、取締役の裁量によって会社に損害が発生する可能性があることから、抽象的にみて会社に損害が生じえない場合（債務の履行や普通取引約款に基づく取引、相手がだれであっても同じ条件で行われる定型的取引など）を除き、取

締役会の承認を受けなければなりません（会社法356条1項2号、365条1項、直接取引）。会社が取締役の債務を保証する等、会社と第三者が取引を行う際に、会社と取締役との利益が相反する場合も同様です（同法356条1項3号、間接取引）。

取締役会の決議は、定足数と賛成数ともに過半数とされています（定款で要件を加重することは可能、同法369条1項）。

また、利益相反取引を行う取締役は、当該取引の重要な事実の説明をしなければならないものの（同法356条1項柱書）、承認決議につき特別利害関係があるので議決に加わることはできず（同条2項）、定足数にも算入されません（同条1項）。退席を求められれば、退席しなければなりません。

加えて、利益相反取引を行った取締役は、当該取引後、遅滞なく、取引についての重要な事実を取締役会に報告しなければならないとされています（同法365条2項）。

2 銀行法上の規制

銀行法14条1項は、情実貸付を防止する観点から、銀行の取締役が当該銀行から信用の供与を受ける場合、その条件が、当該銀行の信用供与の通常の条件に照らして、当該銀行に不利益を与えるものであってはならないとしています。「通常の条件」とは、一般向けの普通の信用供与条件を指し、自行の行員向けに設定した一般向けより有利な信用供与条件は含まれません（小山嘉昭『詳解銀行法〔全訂版〕』47頁）。

また、銀行の取締役が銀行から信用の供与を受ける場合、取締役会の承認決議は、賛成数は過半数ではなく3分の2以上に要件が加重されます（定款で要件を加重することは可能、銀行法14条2項）。

3 本件の検討

本件は、取締役が銀行から借入れをするものですので、利率や返済

条件によっては取締役にとって有利、つまり銀行にとって不利な条件となる可能性があります。この場合、本件借入れは利益相反取引に該当し、取締役会の承認決議が必要となり、取引を行おうとする取締役は、重要な事実を説明しなければなりません。この承認決議には、定款で要件の加重がありませんので、定足数は過半数以上、賛成数は3分の2以上が必要となります。また、当該取締役は、本件借入れ後、遅滞なく、本件借入れについての重要な事実を取締役会に報告しなければなりません。

　本件借入れの取引条件については、一般顧客向けと同様の取引条件とする必要があります。

Q23 金融機関の報酬制度の傾向

各金融機関の報酬制度の傾向を教えてください。

ポイント・解説

　平成27年3月期ディスクロージャー誌（事業年度終了後4カ月以内に公開。銀行法施行規則19条の4第1項）の開示情報をもとに筆者らが作成した金融機関の報酬制度の傾向一覧（巻末資料2）をご覧ください。

　開示対象役員については、一部役員の除外を行っている銀行が137行（外国銀行支店を除いた141行のうち、インターネット上でディスクロージャー誌を確認できなかった4行を除く）中130行（94.9％）、銀行持株会社が17社中16社（94.1％）と、多数を占めています。

　銀行134行（外国銀行支店を除いた141行のうち、インターネット上でディスクロージャー誌を確認できなかった4行および変動報酬の割合を確認できなかった3行を除く）の変動報酬の報酬等総額に占める割合については、全体として10.8％ですが、40％を超えるところも3行あります。変動報酬の支給がある銀行は134行中86行（64.2％）です。86行のうち、10行（11.6％）が変動報酬としての基本報酬を、67行（77.9％）が賞与を、22行（25.6％）がそれら以外の変動報酬を支給しています（重複あり）。

　銀行持株会社16社（17社のうち、変動報酬の割合を確認できなかった1社を除く）では、変動報酬の報酬等総額に占める金額の割合は、平均は10.9％となっていますが、40％を超えるところが1社あります。変動報酬の支給がある銀行持株会社は16社中10社（62.5％）です。10

社のうち、1社（10.0％）が変動報酬としての基本報酬を、7社（70％）が賞与を、3社（30％）がそれら以外の変動報酬を支給しています（重複あり）。

　平成27年3月期に、支給した報酬がすべて固定報酬である銀行は、134行中33行（24.6％）、銀行持株会社は16社中5社（31.3％）となっています。

　平成27年3月期に、固定報酬として株式報酬型ストック・オプションの支給を行った銀行は137行（外国銀行支店を除いた141行のうち、インターネット上でディスクロージャー誌を確認できなかった4行を除く）中66行（48.2％）、銀行持株会社は17社中9社（52.9％）であり、同じく、退職慰労金の支給を行った銀行は137行中36行（26.3％）、銀行持株会社は17社中6社（35.3％）となっています。

　以上のとおり、株式報酬型ストック・オプションの導入は半数近くにのぼっており、なんらかの変動報酬を支給する金融機関の数は過半数に達しています。

　なお、巻末資料2のデータは、平成27年3月時点のものですが、それ以降、各金融機関において、コーポレートガバナンスコードをふまえた株式報酬型ストック・オプションの導入や業績連動報酬の導入を行っている例があり、上記でご説明した傾向は、今後変動することが予想されることに留意してください。

第2節 ◆ 手続規則

Q24 取締役の報酬の決定方法（監査役会設置会社の場合）

当行は監査役会設置会社です。取締役の報酬について業績連動報酬を導入しようと考えています。どのような決定方法が考えられますか。

ポイント

監査役会設置会社の場合、業績連動報酬の決定方法としては、株主総会で報酬総額の限度額のみを定め、その枠内での報酬体系の設計を取締役会に委ねる方法、または株主総会で取締役全員の報酬総額が最も高額となる算定式のみを定め、その枠内での運用を取締役会に委ねる方法が考えられます。

また、コーポレートガバナンス・コードに従い、新報酬体系について独立社外取締役の関与・助言も得るべきです。

解説

1 近年の傾向

近年、取締役の報酬について業績連動報酬やストック・オプション等を導入する銀行が増えてきています。コーポレートガバナンスコード原則4-2では、経営陣の報酬については、中長期的な会社の業績や潜在的リスクを反映させ、健全な起業家精神の発揮に資するようなインセンティブづけを行うべきとされており、今後もこのような傾向は増えると思われます（業績連動報酬導入の留意点についてはQ20参照）。

2　取締役報酬の決定方法

　会社法上、取締役の報酬について定款に定めがないときは、①金銭報酬のうち額が確定しているものについてはその額、②金銭報酬のうち額が確定していないものについてはその具体的な算定方法、③非金銭報酬についてはその具体的内容を株主総会の決議によって定めることとされています（会社法361条1項）。

　上記①については、株主総会で取締役全員の報酬の総額の限度額のみを定め、その枠内での各取締役への具体的な配分については取締役会の決定に委ねることも可能であり（最判昭60.3.26（判時1159号150頁））、実務上もかかる総額枠方式をとることが通常です。なお、取締役会は代表取締役等に当該決定を再一任することも可能です。

　したがって、業績連動報酬については、株主総会で報酬総額の限度額のみを定め、その枠内での報酬体系の設計を取締役会に委ねることが可能です。

　また、業績連動報酬については、上記②の不確定額報酬として、株主総会で額の算定方法を決議することによる方法もあります。この場合も、総額枠方式により、株主総会では取締役全員の報酬総額が最も高額となる算定式のみを定め、その枠内での運用を取締役会に委ねることも可能です。

3　主要行監督指針における要請

　主要行監督指針では、主要行等のグループの役職員の報酬体系について、「その状況を監視する委員会等その他報酬体系の適切な設計・運用を確保するために経営陣に対する必要なけん制機能を発揮できる機関その他の組織……を含めた適切な態勢を整備しているか」（主要行監督指針Ⅲ−2−3−5−2(1)①）という着眼点があげられています。

　主要行等については、かかる組織（報酬委員会等）を整備したうえ

で、その審議結果をふまえて取締役の報酬を決定すべきです。

4 コーポレートガバナンスコードにおける開示

コーポレートガバナンスコード原則3－1(ⅲ)では、上場会社は、取締役会が経営陣幹部・取締役の報酬を決定するにあたっての方針（報酬の総額や種類などの報酬体系）と手続について開示し、主体的な情報発信を行うべきとされています。

したがって、あらかじめ、これらの経営陣幹部・取締役の報酬決定方針と手続について決定し開示すべきです。

また、独立社外取締役が取締役会の過半数に達していない場合は、指名・報酬などの特に重要な事項の検討に際しては独立社外取締役の適切な関与・助言を得るべきであるとされています（コーポレートガバナンスコード補充原則4－10①）。この関係で、報酬の検討に関し独立社外取締役を構成員とする任意の諮問委員会を設置する金融機関の例も増えています。

Q25 取締役の報酬の決定方法（監査等委員会設置会社・指名委員会等設置会社の場合）

当行は監査等委員会設置会社です。監査役会設置会社の場合と比較すると取締役の報酬の決定方法はどのように異なりますか。また、指名委員会等設置会社の場合はどうですか。

ポイント 　監査等委員会設置会社における取締役の報酬の決定方法は監査役会設置会社における取締役の報酬の決定方法と基本的に同様ですが、監査等委員である取締役とそれ以外の取締役とを区別して報酬を決定する必要があります。

　他方、指名委員会等設置会社では、（定款または株主総会の決議ではなく）報酬委員会により取締役の個人別の報酬の内容を決定する必要があります。

解　説

1　監査等委員会設置会社

　監査等委員会設置会社の場合も、取締役の報酬について定款に定めがないときは株主総会の決議によりこれを定めなければならないことは監査役会設置会社の場合（Q24参照）と同様です（会社法361条1項）。

　もっとも、監査等委員会設置会社においては、監査等委員である取締役の独立性を確保するため、監査等委員である取締役とそれ以外の取締役とを区別して報酬に関する事項を決定する必要があります（同条2項）。

　また、監査等委員である取締役以外の取締役の報酬については、監

査役会設置会社の場合と同様、株主総会で総額の限度額のみを定め、その枠内での各取締役への具体的な配分については取締役会の決定に委ねることができ、さらに取締役会は代表取締役等にその決定を再一任することもできます。他方、監査等委員である取締役の報酬については、株主総会でその総額のみを定めた場合には、具体的な配分は監査等委員である取締役の協議によって定めることとされ、代表取締役等にその決定を再一任することはできません（同条3項）。この点は監査役の報酬と同様です。

なお、監査等委員会設置会社では、監査等委員である取締役は、その報酬等に関する意見を株主総会で述べることができます（同条5項）。また、監査等委員会が選定する監査等委員は、監査等委員である取締役以外の取締役の報酬等に関する監査等委員会の意見を株主総会で述べることができます（同条6項）。

2 指名委員会等設置会社

指名委員会等設置会社の場合、定款や株主総会ではなく、社外取締役が過半数を占める報酬委員会が取締役の個人別の報酬の内容を決定することとされています（会社法404条3項）。当該決定権限は報酬委員会に専属しているため、代表取締役等に決定を一任することはできません。

また、報酬委員会は、個人別の報酬の内容に係る決定に関する方針を定める必要があり（同法409条1項）、具体的な報酬決定は当該方針に従う必要があります（同条2項）。

3 コーポレートガバナンスコードの規定

取締役報酬の決定方針および手続に関するコーポレートガバナンスコードの規定については**Q24**の解説4を参照してください。

Q26 銀行役員・重要な使用人の報酬等の開示

当行の取締役に対する報酬は、基本報酬と株式報酬型ストック・オプションの2種類でしたが、昨年度、報酬制度の改定により、初めて、取締役（除く社外取締役）に対する当期純利益を基準とした業績連動報酬の支払がありました。これを、どのように開示すべきか、教えてください。

ポイント　報酬等に関する事項（解説2参照）はディスクロージャー誌で開示する必要があります。また、開示に際しては主要行監督指針Ⅲ－3－2－4－5の記載に留意してください。銀行の実情に応じて適切に開示すればよく、業績連動報酬の詳細を開示しなければならないわけではありません。個人の特定につながる情報の開示も求められていません。役職員の過度なリスクテイクを抑制し、銀行の経営の健全性を維持する等の観点から開示を求められていることに留意が必要です。

解　説

1　ディスクロージャー制度

銀行は、事業年度および中間事業年度の、業務および財産の状況を記載した説明書類（ディスクロージャー誌）を作成し、店舗に備え置かなければならず、これを自行のウェブサイトで公開することが一般的です。報酬等に関する事項は、このディスクロージャー誌の記載項目です。

2 報酬等に関する開示事項

概要は以下のとおりです。

① 対象役員および対象従業員等の報酬等の決定および報酬等の支払その他の報酬等に関する業務執行の監督を行う委員会その他の主要な機関等の名称、構成および職務に関する事項

② 対象役員および対象従業員等の報酬等の体系の設計および運用の適切性の評価に関する事項

③ 対象役員および対象従業員等の報酬等の体系とリスク管理の整合性ならびに対象役員および対象従業員等の報酬等と業績の連動に関する事項

④ 対象役員および対象従業員等の報酬等の種類、支払総額および支払方法に関する事項

⑤ その他、報酬等の体系に関し参考となるべき事項

3 開示の留意点

(1) 監督指針は、金融機関の規模、業務の複雑性、海外拠点の設置状況および国際的な雇用・報酬慣行の導入状況等に応じて、前記2①～⑤の事項について、適切な情報開示を求めています（主要行監督指針Ⅲ－3－2－4－5(1)、中小・地域監督指針Ⅲ－4－9－4－5)。監督指針は、個別の記載事項の留意点をあげているものの（主要行監督指針Ⅲ－3－2－4－5(2)）、これらは例示であり、業績連動報酬の詳細を開示しなければならないわけではありません。個人の特定につながる情報の開示も求められてはいません。役職員の過度なリスクテイクを抑制し、銀行等の経営の健全性を維持する等の観点から開示を求められていることに留意し（平成24年3月29日付金融庁パブリックコメント）、業績連動報酬にかかわるリスクを管理・限定できる報酬体系と運用が確保できていれば、それを適切に

説明することが相当です。以下、前記2②③について、若干補足説明します。

(2) 報酬等の体系の設計および運用の適切性の評価に関する事項（前記2②）については、全体的な報酬等の構成を示し、全体およびそれぞれの種類の報酬等の決定方針を説明する例が多く、業績連動報酬については金額の決定要素について説明する例があります。

(3) 報酬等の体系とリスク管理の整合性ならびに対象役員および対象従業員等の報酬等と業績の連動に関する事項（前記2③）については、報酬等の決定におけるリスクの勘案方法と、業績連動部分の2つに分けて記載する例があります。前者については、株主総会決議により報酬限度額が定められていることや予算措置を簡潔に記載する例が多く、後者については、当期純利益に連動するのであれば、業績連動枠の表を掲載する等して金額の決定要素の説明をしている例があります。

第3節 ◆ 信用金庫・信用組合

Q27 信用金庫・信用組合の役員報酬の内容および手続の特色

　私は、信用金庫の理事（または監事）に就任する予定です。信用金庫の理事（または監事）の報酬の内容や決定方法は、銀行とは異なりますか。また、信用組合の場合はどうですか。

ポイント　銀行と同様、信用金庫の理事（または監事）の職務執行の対価として支給される経済的利益は「報酬等」とされ、総（代）会の決議で決定されます。一方、銀行と異なり、報酬等の開示は努力義務であり、コーポレートガバナンスコードは適用されません。
　信用組合の理事（または監事）も信用金庫と同様です。

解　説

1　信用金庫の理事の報酬

(1)　報酬等の内容
　信金法35条の6が、理事について会社法361条を準用していることから、株式会社である銀行の取締役と同様、報酬、賞与、退職慰労金、ストック・オプション等の名称にかかわらず、理事の職務執行の対価として支給される経済的利益は、すべて「報酬等」とされます。

(2)　報酬等の決定方法
　会社法361条の準用により、報酬等は、定款か総（代）会の決議に

よって定めます。ただし、仮に報酬等を定款で定めれば、その変更には総（代）会の特別決議が必要となり煩雑であることから（信金法48条の3第1号）、通常は総（代）会の決議によって定めます。

決定すべき内容は、金銭報酬のうち確定額報酬についてはその額、非確定額報酬については額の算定方法、非金銭報酬のうち額が確定しているものはその額およびその内容、額が確定していないものは額の算定方法およびその内容です（会社法361条1項各号）。

(3) その他

報酬等の開示については、銀行と異なり、努力義務とされていますが（信金法施行規則135条3項）、金融機関の規模、業務の複雑性等に応じ、積極的な開示が望まれます（平成24年3月29日付金融庁パブリックコメント）。なお、信用金庫は非上場のため、コーポレートガバナンスコードの適用は受けません。

2 信用金庫の監事の報酬

(1) 報酬等の内容

信金法35条の7が、監事について会社法387条を準用していることから、株式会社である銀行の監査役と同様、名称にかかわらず、監事の職務執行の対価として支給される経済的利益は、すべて「報酬等」とされます。

(2) 報酬等の決定方法

監事の報酬等は、会社法387条の準用により、定款か総（代）会の決議によってその額を定めます。決定すべき内容が「その額」のみである点が、理事と異なります。

(3) その他

報酬等の開示が努力義務であり、コーポレートガバナンスコードの適用を受けないことは、理事と同様です。

3 本件の検討

信用金庫の理事（または監事）の報酬等の決定方法や内容は、銀行と異なりません。しかし、報酬等の開示については、銀行と異なり、努力義務とされています。コーポレートガバナンスコードの適用は受けません。

4 信用組合

(1) 信用組合の理事および監事の報酬等の内容

信金法と同様、協金法5条の5が、理事について会社法361条を準用し、協金法5条の6が、監事について会社法387条を準用していることから、名称にかかわらず、理事および監事の職務執行の対価として支給される経済的利益は、すべて「報酬等」とされます。

(2) 信用組合の理事および監事の報酬等の決定方法

会社法361条および387条の準用により、理事および監事の報酬等は、定款か総（代）会の決議によって定めます。定款変更手続は煩雑なため（中協法53条1号）、通常は総（代）会決議により定めます。

決定すべき内容も、信用金庫の理事および監事と同様です。

(3) その他

信用金庫と同様、報酬等の開示は、努力義務です（協金法施行規則72条2項）。なお、信用組合は非上場のためコーポレートガバナンスコードも適用されません。

第3章

金融機関役員の法的責任

第 1 節 ◆ 民事責任（実体）

Q28 金融機関役員の金融機関に対する民事責任

銀行の取締役および監査役が銀行に対して負う民事上の責任について教えてください。

ポイント

銀行の取締役および監査役は、法律上、銀行に対して善管注意義務を負います。役員としての業務遂行に関してこの善管注意義務に違反した場合は、銀行に対して、任務懈怠責任、具体的には損害賠償責任を負います。この責任は銀行から追及されない場合には株主から代表訴訟により追及されることもあります。

銀行の取締役および監査役には、特に銀行の固有業務に関して高い水準の注意義務が課せられており、事業会社の役員に比して、任務懈怠責任を問われる場合に義務違反が認められる可能性はより高いといえます。

なお、金融業務の複雑専門化・国際化、ITシステムの発達、社会的影響の大きさ、取引相手の多様化、取引金額の巨額化といった金融機関を取り巻く事業環境の特性上、銀行役員の任務懈怠責任が問われる場合には、事業会社の役員に比して、問われる損害賠償の額も多額になりうることにご注意ください。

解説

銀行は株式会社ですので（銀行法4条の2）、銀行の取締役および監

査役は、会社法に従い会社に対して責任を負います。

1 取締役の責任

　会社法上、取締役が会社に対し責任を負う場合としては、①任務懈怠、②株主の権利行使に関する利益供与、および③剰余金の配当等に関し分配可能額の超過または欠損が発生した場合等があげられます。

　上記のうち、実務上最も問題となるのは、上記①の任務懈怠の場合の損害賠償責任（会社法423条1項）です。具体的にいかなる行為が任務懈怠となるかについては、**Q45**以下で述べますが、銀行の取締役は、銀行法上、一定の知識および経験と十分な社会的信用が求められていることに加えて、銀行業務の公共性ゆえ、とりわけ融資業務（銀行の固有業務）に関しては高度の注意義務が課せられていること（**Q30**参照）に留意してください。

　また、上記②は株主の権利行使に関する利益の供与に関与した取締役は、会社に対し、供与した利益の価額に相当する額の支払義務を負うというものです（会社法120条1項・4項）。違反した場合には刑事責任（同法970条1項）も生じます。利益供与を要求することも違法です。近時、金融機関が政策保有株式の保有方針の見直しを進めていますが、取引先に対し、株式保有および議決権行使を条件に取引拡大を求めるなどの行為は利益供与の要求に該当するおそれがあるので、かかる見直しを進めるにあたっては、注意が必要です。

　そして、上記③は、大要、分配可能額を超過して配当等を行った場合または配当を行ったがその事業年度末に欠損が生じた場合に、関与した取締役が会社に対するてん補義務を負うというものです。銀行に関しては、会社法上の規制に加え、銀行法において準備金積立に関する規制があることにも留意が必要です（**Q79**参照）。

2　監査役の責任

会社法上、監査役も任務懈怠の場合に会社に対して損害賠償責任を負います（会社法423条1項）。銀行の監査役は、銀行法上、一定の知識および経験と十分な社会的信用が求められているため、特に銀行の固有業務に関しては事業会社の監査役よりも高い水準の注意義務が課せられており、取締役と同様、任務懈怠の有無については厳格に判断されることに留意してください。

3　株主代表訴訟（詳細は**Q38**参照）

銀行の取締役および監査役に任務懈怠があり、会社に対して損害賠償義務を負う場合で、会社がかかる責任追及をしない場合には、株主が銀行を代表して訴訟を提起することができます。なお、平成27年5月施行の改正会社法により、法定の要件を満たす場合には、銀行持株会社傘下の銀行の役員に対しても、当該持株会社の株主は代表訴訟を提起できることとされています（会社法847条の3）。

Q29 金融機関の執行役員の金融機関に対する民事責任

金融機関の執行役員は金融機関に対して民事上の責任を負うことがありますか。

ポイント　取締役を兼務していない執行役員は会社法上の責任は負いませんが、金融機関に損害を与えた場合には損害賠償責任を負う可能性があります。また、委任契約に基づき選任されている場合には契約終了となる可能性があり、雇用契約に基づき選任されている場合には懲戒処分を受ける可能性があります。

解説

執行役員は会社法上の機関ではなく（この点、指名委員会等設置会社における機関としての執行役とは異なる）、会社との委任契約または雇用契約により選任されるため、取締役を兼務しない執行役員は会社法上の責任を負いません。もっとも、通常は、金融機関ごとに執行役員規程においてその職責を規律しているため、執行役員は、規程を遵守する必要があり、これに違反した場合には、規程に定める処遇がなされることになります。

取締役は、主として、経営判断の過誤による忠実義務違反、他の取締役の業務執行に対する監視監督義務違反または法令違反の各場合に任務懈怠責任を問われますが、これらと同様の場面における執行役員の責任は以下のとおりです。

1　忠実義務

金融機関の執行役員の「忠実義務」が問題となるのは、たとえば、

上位の取締役から回収可能性の乏しい融資の指示を受けこれを実行したところ、融資先破綻により回収不能になったという場面が考えられます。

執行役員の会社に対する「忠実義務」は会社法上存在しませんので、その存否・内容は執行役員と金融機関の間の契約次第です。具体的には、当該執行役員が、専門的知見を期待され、委任契約により執行役員に就任した場合には、会社との委任契約上、専門的な見地から融資を審査すべき義務と責任を負うといえます。一方、雇用契約に基づく選任の場合は、取締役の指揮命令に従った業務執行が想定されているので、責任を負う場面はより限定的です。また、一般に、会社から従業員に対する損害賠償請求は信義則上一定の範囲に限られるので、雇用契約に基づく選任の場合には、金額の観点からは責任の範囲は限定されます。

2　監督義務

監督義務は、たとえば、海外拠点担当の執行役員について、担当する海外支店で従業員による不正が発覚し、金融機関に損害が生じた場合に問題となります。

取締役は原則として会社の業務執行の全般を監督する義務を負うのに対し、執行役員は、自己の担当業務の範囲の業務を監督する義務を負うことが通常ですので、自己の担当業務の範囲の業務に対する監督が不十分であった結果、不正・損害が生じたのであれば、執行役員は会社に対して契約上の債務不履行に基づく損害賠償責任を負います。なお、執行役員が、部下の選任監督を行っている場合には、部下の行為により生じた第三者の損害について、代理監督者（民法715条2項）として、使用者責任に基づく損害賠償義務を負担する可能性があることにも注意が必要です。

また、他の執行役員の業務執行を監督する義務を負うかも問題となりますが、特に執行役員間で序列があるなどの事情がない限り、かかる義務は通常はないでしょう。

3　法令違反

　執行役員が法令違反の行為により会社に損害を与えた場合、委任契約、雇用契約のいずれに基づき選任されたとしても、会社に対し、債務不履行を理由とした損害賠償義務を負います。

　上記1および2に関しても同様ですが、執行役員に債務不履行があれば、委任契約の場合には解除による契約終了の可能性があり、雇用契約の場合には懲戒解雇を含む懲戒処分を受ける可能性があります。

　金融機関の執行役員には、業務の公共性ゆえに、職務遂行にあたっては会社との関係で高度の注意義務が認められるという考え方もありえます。責務を果たすためには、部下からの報告連絡を密に受け、不正の兆候がないか素早く察知できる環境を整えることが肝要です。

Q30 役員の民事責任の原因となる任務懈怠の内容
——金融機関の特殊性

銀行の取締役は、その経営判断に際し、一般の事業会社よりも高度の注意義務を負いますか。

ポイント

銀行の取締役は、特に融資判断に関し、銀行法によって銀行に課された経営の健全性維持の要請に基づき、職務の執行に際し、一般の事業会社の取締役に比して、より慎重な判断とよりリスクを避けることが求められています。その結果、銀行の取締役の経営判断の裁量の幅は狭められており、高度の注意義務を負うことに留意が必要です。

解説

銀行の取締役の経営判断が問題となる具体的な場面についてはQ45以下で述べますが、以下では、典型的なケースといえる、融資判断が問題となった事例をもとに、銀行の取締役の注意義務の程度を解説します。

1 銀行の取締役の融資判断が問題となった裁判例

住友信託銀行事件（大阪地判平14.3.13（判時1792号137頁））は、銀行のした融資が回収不可能になったところ、融資を可とした取締役の善管注意義務違反が問題となった事案です。裁判所は、銀行法1条を根拠に、「銀行の取締役は、一般の事業会社の取締役と同様、経営の専門家として広い裁量権が与えられているけれども、貸出業務等の与信業務を行うに当たっては、信用リスクを適切に管理し、安全な資金

運用を行うことが求められているなど、銀行の取締役であるがゆえの違いがあることに留意しなければならない」とし、過去の与信業務における措置に関する善管注意義務違反の有無の判断にあたり、いわゆる経営判断の原則（Q31参照）を適用する際も、「企業経営者一般」を判断基準とするのではなく、「銀行の取締役」を判断基準とするとしました。

　他の裁判例（なみはや銀行事件（大阪地判平14.3.27（判タ1119号194頁））、幸福銀行事件（大阪地判平16.7.28（判タ1167号208頁））、拓銀エスコリース事件（札幌高判平18.3.2（判時1946号128頁））、拓銀カブトデコム事件（最判平20.1.28（判時1997号148頁））等）でも、融資判断に際しての銀行取締役の善管注意義務違反の有無は、企業経営者一般ではなく、銀行の取締役を判断基準としています（塩崎勤ら編『新・裁判実務大系　第29巻　銀行関係訴訟法〔補訂版〕』109、112頁（青林書院）参照）。

2　銀行の取締役の融資判断が問題となった最高裁判例等

　さらに、刑事事件の判例ですが、取締役が取引先に対し不適切な融資をしたことについて特別背任罪の成否が問題となった拓銀ソフィア特別背任事件（最三小決平21.11.9（刑集63巻9号1117頁））において、最高裁は、取締役の任務違背に関し、銀行取締役が負う注意義務について経営判断の原則が適用される余地を認めながら、「融資業務に際して要求される銀行の取締役の注意義務の程度は一般の株式会社取締役の場合に比べ高い水準のものであると解され、所論がいう経営判断の原則が適用される余地はそれだけ限定的なものにとどまるといわざるを得ない」としています。民事事件においても、当該最高裁判例を踏襲し、「融資業務に際して要求される注意義務の程度は、一般の株式会社における取締役の場合に比べて高い水準のものが要求される」

とする裁判例があります(東和銀行事件(東京高判平23.12.15(資料版商事法務334号83頁))の第1審である前橋地判平23.7.20(判時2127号105頁))。

3 銀行の取締役の注意義務の程度

以上の裁判例をふまえれば、銀行の取締役は、銀行の公共性の観点や経営の健全性維持の要請等に基づき、少なくとも融資判断に関しては、一般企業の取締役に比してより慎重な判断とよりリスクを避けることが求められ、職務執行における裁量の幅は一般の事業会社のそれより狭められており、高度の注意義務を負うことに留意が必要です。

また、かかる公共性や健全性維持の要請等は、融資以外の銀行の固有業務に関しても当てはまる可能性があることにも留意が必要です。

Q31 経営判断の原則・信頼の原則

経営判断の原則とは何ですか。金融機関の取締役についても経営判断の原則が適用されるのですか。また、経営判断に際しては取締役自らが判断の基礎となる情報を収集、分析する必要があるのですか。

ポイント　経営判断の原則とは、取締役の経営判断が善管注意義務違反となるためには、単に会社に損失が生じただけでなく経営判断上の裁量を逸脱したことを要するとする、司法上の判断枠組みです。金融機関の取締役にも適用がありますが、特に融資業務に関しては、その適用余地は限定的です。なお、経営判断に際しては、下部組織において収集、分析、検討がされた情報を基礎として意思決定をすれば足りるという信頼の原則が裁判例上認められています。

解　説

1　経営判断の原則

　経営判断の原則とは、取締役の経営判断に裁量があることを前提に、取締役の経営判断が善管注意義務違反となるためには、会社に損失をもたらしただけでなく、上記裁量を逸脱したことを要する、という司法上の判断枠組みです。具体的には、判断の前提となった事実の認識について不注意な誤りがあったかどうか、およびその事実の認識に基づく意思決定の過程・内容が会社経営者として著しく不合理なものであったかどうかという基準により取締役の善管注意義務違反の有

無を判断する裁判例が多く蓄積しています。最高裁も、非上場の子会社の株式を公正な価格よりも高額で取得したとして取締役の責任が追及されたアパマン事件（最判平22.7.15（判時2091号90頁））において上記の基準を採用していると評価されています。

2 金融機関の取締役について

　経営判断の原則は金融機関の取締役の善管注意義務違反の有無の判断にあたっても適用されますが、Q30で述べたとおり、刑事事件の最高裁決定（拓銀ソフィア特別背任事件（最三小決平21.11.9（刑集63巻9号1117頁）））において、銀行の取締役の融資判断に関し、経営判断の原則が適用される余地は限定的なものにとどまる旨指摘されていることには留意が必要です。銀行を含む金融機関の取締役としては、経営判断の原則の適用場面が限られることを念頭に置きつつ、まずは、経営判断のための十分な情報収集・分析、検討を行うことが肝要です。意思決定の過程・内容の合理性を担保するためには、弁護士等の外部専門家の意見を聴取することも有用です。

3 信頼の原則

　信頼の原則とは、取締役の経営判断に際して、下部組織において期待された水準の情報の収集、分析、検討等が誠実になされたとの前提に立って意思決定をすることが善管注意義務違反の有無の観点から許容されるという司法上の判断枠組みです。

　大和銀行事件（大阪地判平12.9.21（判時1721号3頁））および長銀初島事件（東京地判平14.4.25（判時1793号140頁））では、銀行の取締役の善管注意義務違反の有無の判断にあたってこの信頼の原則の考え方が認められ、下部組織が収集、分析、検討した情報に依拠して行動した取締役について、不祥事の発生または回収可能性に問題のある融資の実行についての責任が否定されました。

このような信頼の原則により、役員は、内部統制システムが機能している限り、自己の分掌業務以外に関して収集、分析、検討された情報については、特に疑うべき事情がなければ、これに依拠して他の取締役の職務執行の監視監督を行えば、善管注意義務の観点からは足りることになります。また、この原則を前提とすれば、コーポレートガバナンスコード補充原則4－3②に定めるように、銀行役員はリスク管理体制の適切な構築および運用の監督に重点を置くべきであり、個別の業務執行に拘泥すべきではないともいえます。

Q32 他の取締役の監視義務

当行において、利益を水増しするために不良債権の引当金過少計上による会計不正が行われていたことが発覚しました。私はITシステム担当の取締役ですが、このような管掌業務外の事項に関しても、善管注意義務違反の責任を負いますか。

ポイント　取締役会を構成する取締役は、取締役会に上程された事柄について監視・監督するにとどまらず、各取締役の職務執行一般につき、これを監視・監督する義務を負い、善良なる管理者の注意をもってかかる義務を果たす必要があります。取締役は内部統制システムを通じてかかる監視・監督義務を果たすことになるところ、同システム下で他の取締役が行った業務執行の内容について特に疑うべき特段の事情がなければ監視・監督義務に反することにはならず、管掌業務外の事項に関し、このような特段の事情が認められる場面は限定的であり、善管注意義務違反の責任を負う場面も限定的といえるでしょう。なお、虚偽の開示に関する金商法上の責任についてはQ99を参照してください。

解説

1　監視義務

取締役会は取締役の職務執行を監督する地位にあり、取締役会を構成する取締役は、取締役会に上程された事柄について監視・監督するにとどまらず、代表取締役の職務執行一般につき、これを監視し、必要があれば、取締役会を自ら招集し、あるいは招集することを求め、

取締役会を通じて職務執行が適正に行われるようにする職務を有します（最判昭48.5.22（民集27巻5号655頁））。

　もっとも、会社の規模が大きく、業務が多岐にわたるような場合、個々の取締役が会社の業務のすべてを監視・監督することは現実的でないため、取締役としては、内部統制システム（取締役の職務の執行が法令および定款に適合することを確保するための体制）を構築し、これを維持していれば、他の取締役・使用人が行った情報収集・調査・検討等について、特に疑うべき特段の事情がない限り、これを信頼してよいと考えられています（信頼の原則。詳細は Q31 参照）。

　各取締役は、内部統制システムを適切に構築するとともに、構築された内部統制システムが適切に機能しているか随時見直す義務を負い、システム自体に問題があればこれを修正すべき義務を負いますが、これらの義務を果たしている場合には、上記の「特に疑うべき特段の事情」の有無を精査すれば足ります。

　取締役は、いかなる業務の分掌を受けているかにより、得られる情報の範囲や内容に違いがありますので、上記の「特に疑うべき特段の事情」の有無は、取締役の置かれた立場によって異なるといえます。

2　本件の検討

　問題となっている事象が自己の管掌業務内である場合、当該取締役は、他の取締役と比較し多くの報告等を受けるのが通常と考えられ、それゆえに他の取締役よりも「特に疑うべき特段の事情」があると認められる可能性は高いといえます。

　たとえば、設問のように与信上の引当不足による会計上の不正が問題となったとすれば、主計、財務および与信担当取締役が、手元の報告書等に照らして判断すれば発見しえた不正を見逃した場合には、担当を異にする取締役と比べ、問題発生を「特に疑うべき特段の事情」

があったのにこれを防ぐべき注意義務を怠ったとして責任追及される可能性が高いといえます。一方、設問におけるITシステム担当の取締役のように、自己の管掌業務内の事項が問題となったのではない場合、他の取締役の報告や職務執行に不自然な点があるなど、特に疑うべき特段の事情が容易に発見しうる場合には、監視義務違反の責任を問われるおそれがあるものの、このような事情があるのは限られており、責任を負う場面も限定的といえます。

なお、設問のような会計不正に関しては、虚偽の開示に関する金商法上の責任も問題となりえます。この点については**Q99**を参照してください。

Q33 役員の属性に応じた注意義務の程度⑴——社外取締役

私は銀行の社外取締役であり、特に管掌業務があるわけではありません。私の注意義務の程度は業務執行取締役と比べ何か違いがありますか。

ポイント 　社外取締役も業務執行取締役と同様、他の取締役の職務の監視義務を負い、社外取締役であるからといってかかる監視義務が軽減されることはありませんが、社外取締役は業務執行取締役に比べ、社内の情報を得る機会が限定されるという点が、善管注意義務違反の有無の判断にあたって考慮される可能性があります。

　もっとも、コーポレートガバナンスコードのもとでは、監査役（会）との連携等により、積極的・能動的に情報収集のうえ、監督機能を発揮することが期待されていることに留意が必要です。

解　説

1　社外取締役の注意義務

　取締役は、他の取締役に対する監視義務を負っていること、また、このような監視義務を内部統制システムを通じて果たすべきことは**Q32**のとおりです。

　社外取締役も、社内取締役と同様に取締役会の一員であるため、会社に対して善管注意義務を負っていることに変わりはなく、これらの義務を果たすために必要な職務を行うべきことは社内取締役と同様で

す。判例（最判昭55.3.18（判時971号101頁））において、いわゆる社外重役として名目的に就任した取締役にも代表取締役の業務執行の全般についてこれを監視する職責があるとされていることからすれば、社外取締役にもこのような職責が認められます。

Q32のとおり、内部統制システムが適切に整備されている場合には、各取締役は、他の取締役・使用人が行った情報収集・調査・検討等について、「特に疑うべき特段の事情」がない限りこれを信頼してよいところ、社外取締役は、業務執行取締役に比べ社内の情報を得る機会が限定されるため、ここでいう「特に疑うべき特段の事情」が認められる場合は業務執行取締役に比べて限られており、善管注意義務違反が認められる場面も限定的といえるでしょう。

この点に関しては、社外取締役の監視義務について、コーポレート・ガバナンス・システムの在り方に関する研究会（平成27年7月、経済産業省）が、「内部統制システムが機能している場合において、社外取締役の監視義務の範囲は、内部統制システムを前提として考えるべきであり、内部統制システムの構築・運用を確認し、その過程で不正行為の端緒を発見した場合に限り適切な調査をすれば足りる」との解釈指針を示していることも参考になります。

2　コーポレートガバナンスコード下で期待される役割

コーポレートガバナンスコードにおいては、「独立社外取締役は、取締役会における議論に積極的に貢献するとの観点から、例えば、独立社外者のみを構成員とする会合を定期的に開催するなど、独立した客観的な立場に基づく情報交換・認識共有を図るべきである」（補充原則4-8①）とされ、また、「独立社外取締役は、例えば、互選により『筆頭独立社外取締役』を決定することなどにより、経営陣との連絡・調整や監査役または監査役会との連携に係る体制整備を図るべき

である」（補充原則4－8②）とされています。

　上記のとおり、社外取締役は、一般的に、業務執行取締役に比べ社内の情報を得る機会が限定されますが、コーポレートガバナンスコード下では、このような立場に安住することなく、むしろ、既存の情報に頼らずに独立した客観的な立場からの業務の監督が求められていることを自覚したうえで、自ら積極的・能動的に情報収集し、監督機能を発揮することが期待されているといえます。

Q34 役員の属性に応じた注意義務の程度(2)
——監査役、監査委員、監査等委員

私は、銀行の社外監査役ですが、社内監査役と比べ、職務上負う注意義務の内容・程度に違いはありますか。

また、当行は、指名委員会等設置会社または監査等委員会設置会社に移行することを検討していますが、仮に私が、監査委員または監査等委員に就任することになった場合、職務上負う注意義務の内容・程度に違いはありますか。

ポイント　社外監査役であることをもって一般に注意義務が軽減されることはありませんが、監査役の属性に応じて、要求される具体的な注意義務の内容は異なります。

監査委員または監査等委員は取締役であるため、職務権限はいわゆる適法性監査のみならず、いわゆる妥当性監査にまで及びます。もっとも、監査役といえども、取締役の職務執行の妥当性が著しく欠ける場合には取締役の善管注意義務違反（適法性）が問題となるため、監査委員または監査等委員と比べて注意義務の程度に実際上大きな差異はありません。

解　説

1　社内監査役と社外監査役

監査役にも善管注意義務が課せられているところ、銀行の監査役については、銀行法上、一定の経験および知識ならびに十分な社会的信用が求められており、一般の事業会社の監査役よりも高度の注意義務

をもって職務にあたる必要があります。

　監査役には、常勤監査役と非常勤監査役、社内監査役と社外監査役といった役職の類型がありますが、いずれも監査役である以上、役職の類型が異なることのみをもって注意義務が軽減されることはありません。

　もっとも、監査役の責任の有無は、個々の立場・役割をふまえて検討されるところ、監査役の属性は、会社経営実務の経験者のみならず、弁護士・公認会計士等の有資格者など経歴や知見もさまざまで、その属性に応じて要求される具体的な注意義務の内容も異なります。

　社外監査役については情報収集の機会が限られがちですが、コーポレートガバナンスコード上、社外監査役を含む監査役は、法令に基づく調査権限を行使することを含め、適切に情報入手を行うべきであるとされており（補充原則4－13①）、社外監査役の側からも積極的に情報収集を行うことが期待されているといえます。

2　監査役と監査委員または監査等委員

　金融機関のなかにも、ガバナンス強化のため、指名委員会等設置会社（旧称・委員会設置会社）に移行し、または、平成27年5月施行の改正会社法をふまえ、監査等委員会設置会社に移行する会社があります。指名委員会等設置会社における監査委員会または監査等委員会設置会社における監査等委員会においては、委員（3名以上）の過半数が社外取締役でなければならないところ、設問のように、従来の社外監査役がこれら委員に就任するケースもみられます。

　監査役の職務権限は、一般的には、取締役の職務執行が法令定款に反しないかという監査（いわゆる適法性監査）に限られ、職務執行の妥当性についての監査（いわゆる妥当性監査）には及ばないと考えられているのに対し、監査委員または監査等委員は取締役ですので、そ

の職務権限は、適法性監査はもちろんのこと、妥当性監査にまで及びます。この点で監査役と監査委員または監査等委員とは、職務内容および注意義務の範囲・程度に違いがあるとも思われますが、監査役といえども、取締役の職務執行の妥当性が著しく欠ける場合には取締役の善管注意義務違反（適法性）の問題となるため、結局のところ職務執行の妥当性が監査の対象から完全に外れるものではなく、監査業務を遂行するにあたって求められる注意義務の範囲・程度に実際上大きな差異はないというべきです。

Q35 金融機関役員の第三者に対する民事責任

金融機関の役員等が第三者に対して負う民事上の責任はどのようなものですか。

ポイント 　金融機関の役員等は、悪意・重過失の任務懈怠によって第三者に生じた損害を賠償する責任を負います。

また、計算書類・事業報告等や監査報告等に虚偽記載があった場合も、無過失でない限り、これによって第三者に生じた損害を賠償する責任を負いますので、計算書類・事業報告等や監査報告等については、虚偽記載がないかを慎重に確認することが必要です。

解　説

1　悪意・重過失による任務懈怠の責任
(1) 銀行の場合

銀行は株式会社ですので（銀行法4条の2）、銀行の役員等は、会社法の定めに従い第三者に対して責任を負います。

具体的には、役員等に任務懈怠があり、かつ、悪意・重過失があったときは、役員等は、これによって第三者に生じた損害を賠償する責任を負います（会社法429条1項）。

当該責任については、第三者保護の観点から民法上の不法行為責任とは別に定められた法的責任であり、かつ、任務懈怠と損害との間に相当因果関係があれば、①第三者が直接被った損害（直接損害）であるか、②一次的に会社が損害を被った結果として第三者が被った損害

第3章　金融機関役員の法的責任　117

（間接損害）であるかを問わず、責任追及の対象となると解されています（最判昭44.11.26（民集23巻11号2150頁））。

　たとえば、顧客の個人情報やマイナンバーが漏えいし、当該漏えいが役員等の悪意・重過失の任務懈怠によるような場合は、第三者が被った直接損害について責任追及をされる可能性があります。

　なお、役員等の任務懈怠により会社財産が減少し、その結果、株式価値が下落した場合については、かかる株主の間接損害は株主代表訴訟により救済されるべきであり、原則として会社法429条1項の責任の追及を認めるべきではないとするのが裁判例です（東京高判平17.1.18（金商1209号10頁等））。

(2) 信用金庫・信用組合の場合

　信用金庫の役員等や信用組合の役員についても、その職務を行うについて悪意・重過失があったときは、役員等は、これによって第三者に生じた損害を賠償する責任を負います（信金法39条の2第1項、中協法38条の3第1項）。

2　虚偽記載等の責任

(1) 銀行の場合

　取締役および執行役は、計算書類・事業報告等に記載すべき重要な事項について虚偽の記載をした場合、および虚偽の登記や虚偽の公告を行った場合等は、無過失でない限り、これによって第三者に生じた損害を賠償する責任を負います（会社法429条2項1号）。また、監査役、監査等委員および監査委員が監査報告に記載すべき重要な事項について虚偽の記載をした場合も同様です（同項3号）。

　上記に加え、上場会社である銀行の役員等については、有価証券報告書等（四半期報告書、臨時報告書、有価証券届出書等を含む）に不実記載があった場合には、「相当の注意」を用いたにもかかわらず不実

記載を知ることができなかった場合を除き、不実記載を知らずに有価証券を取得した者に対して損害賠償責任を負います（金商法24条の4、22条1項、21条1項1号。詳細は**Q99**参照）。

(2) **信用金庫・信用組合の場合**

信用金庫や信用組合の理事および監事も、銀行の役員等と同様に、計算書類または決算関係書類・事業報告等の虚偽記載（理事の場合）や、監査報告の虚偽記載（監事の場合）等を行った場合、無過失でない限り、これによって第三者に生じた損害を賠償する責任を負います（信金法39条の2第2項、中協法38条の3第2項）。

Q36 競業取引・利益相反取引の規制

　金融機関の役員は競業取引・利益相反取引についてどのような規制を受けますか。

ポイント　競業取引・利益相反取引を行う場合、取締役会の事前承認・事後報告が必要です。利益相反取引については会社に損害が生じた場合、決議に賛成した取締役等も任務懈怠が推定されますので、取締役会に上程された利益相反取引により銀行に損害が生じないかについて慎重に判断を行う必要があり、確信が得られない場合には反対票を投じることも検討すべきです。

　また、利益相反取引のうち信用供与取引については、取締役会の承認の要件が加重され取引条件も制限されます。

解　説

1　事前承認・事後報告

(1)　銀行の場合

　銀行は株式会社ですので（銀行法4条の2）、銀行の役員の競業取引・利益相反取引については会社法上の規制が適用されます。

　会社法上、取締役会設置会社の取締役または指名委員会等設置会社の執行役が、自己または第三者のために競業取引を行う場合または利益相反取引を行う場合には、あらかじめ取締役会において当該取引につき重要な事実を開示しその承認を受けなければならず、かつ、当該取引後遅滞なく当該取引についての重要な事実を取締役会に報告しなければなりません（会社法365条、356条1項、419条2項）。該当取締役

は特別利害関係を有するため取締役会の審議・決議には参加できません（**Q13**参照）。

なお、100％親子会社間の取引については利害の対立がないため上記規制は及びません。

取締役等が上記規制違反の取引を行った場合、会社に対し任務懈怠に基づく損害賠償責任を負い（同法423条1項）、競業取引については自己または第三者が得た利益の額が会社の損害額と推定されます（同条2項）。

また、利益相反取引については、仮に取締役会の承認を得ていたとしても、会社に損害が生じた場合には当該取締役等、取締役会承認決議に賛成した取締役等は任務を懈怠したものと推定されます（同条3項）。ただし、監査等委員会設置会社において、監査等委員ではない取締役が監査等委員会の承認を受けた場合は、当該規定は適用されません（同条4項）。

さらに、利益相反取引のうち、取締役等が自己のために行った直接取引については、役員等に帰責事由がない場合でも役員等は会社に対する任務懈怠責任を免れることはできず、かつ、株主総会の特別決議、取締役会決議、責任限定契約締結によっても任務懈怠責任を一部免除（**Q40**参照）することはできません（同法428条）。

(2) **信用金庫、信用組合の場合**

信用金庫の理事および信用組合の理事も、利益相反取引を行う場合、あらかじめ理事会において当該取引につき重要な事実を開示し、その承認を受けなければならず、かつ、当該取引後遅滞なく当該取引についての重要な事実を理事会に報告しなければなりません（信金法35条の5第1項・第3項、中協法38条1項・3項）。該当理事は理事会の審議・決議には参加できません（信金法37条2項、中協法36条の6第2

項)。

2　信用供与規制

　利益相反取引のうち、銀行の取締役または執行役が当該銀行から信用を受ける取引については、銀行法14条により、取締役会の承認において必要な賛成数が過半数から3分の2以上に加重され、かつ、その取引の条件は、当該銀行の信用の供与の通常の条件に照らして当該銀行に不利益を与えるものであってはならないとされています(詳細はQ22参照)。

　当該規制は信用金庫、信用組合についても準用されています(信金法89条1項、協金法6条1項)。

Q37 取締役会における審議内容における留意点

取締役会の出席・審議に関する留意点を教えてください。

ポイント　取締役会の出席にあたっては、付議事項を事前に把握することが重要です。審議に際しては、不明な点や不合理・不自然な点を明らかにしつつ、議論が十分尽くされたか、前提事実の誤りや意思決定の不合理がないかについて考慮のうえで賛否を明確にし、議事録の記載にも注意を払うべきです。

解　説

1　付議事項の把握

　取締役会は会社の業務執行の決定を行います（会社法362条2項1号）が、具体的な取締役会への付議については、付議基準に基づき各部門が担当取締役に上申し、上程されることが通常です。

　取締役としては、まず、付議事項について事前に十分に内容を把握する必要があります。通常はあらかじめ経営会議等で議論されており、社内取締役は事前に内容を理解している場合が多いですが、そのような機会のない社外取締役は、事前に説明と資料の提供を受け、不明な点があれば、説明を求める必要があります。金融機関においては付議事項が広汎かつ特殊専門的であることも多く、資料が大部にわたることもありますので、要約を依頼することも検討すべきです。

　取締役の善管注意義務との関係では、自身が担当取締役でなくとも、担当取締役等の説明に不十分・不自然な事項があるにもかかわらずそのような情報に依拠して意思決定を行った場合には、善管注意義

務（同法330条、民法644条）違反が生じることがあります。その結果、任務懈怠責任（会社法423条1項）を負い、株主代表訴訟（同法847条1項）を提起されることになりかねません。自らに対する法的責任追及を回避する意味でも付議事項を事前に十分に把握することは重要です。

2 審議の過程

審議にあたっては、「経営判断の原則」との関係で、①経営判断の前提となる事実認識の過程（情報収集とその分析・検討）における不合理さの有無、②事実認識に基づく意思決定の推論過程および内容の著しい不合理さの有無（東京地判平14.4.25（判タ1098号84頁等）、**Q31**参照）について意識する必要があります。

取締役としては、審議の過程で、担当取締役等の説明に不明、不合理、不自然な点がある場合は、これらを解消するよう説明を求めます。取締役会で議論を尽くすことでは解消されない問題であれば、継続審議を求め、継続審議がなされない場合には反対の意見を述べることも考えられます。取締役会で議論を尽くすことでは問題が解消されない例としては、事業や経営に大きな影響を及ぼす可能性のある企業再編や業務提携に係る事項および会計・税務・法令遵守に関する事項について、専門家からの意見聴取や各種調査を必要とする場合が考えられます。

取締役会決議に参加した取締役で異議をとどめないものは賛成したものと推定される（会社法369条5項）ため、異議がある場合には、継続審議を求め、または反対意見を述べる必要があります。

3 取締役会議事録

取締役会議事録に署名または記名押印をするにあたっても、議事の経過の要領およびその結果（会社法施行規則101条3項4号）について、

記載の誤りや不十分な点がないか留意する必要があり、具体的には、異議をとどめた場合でその旨の記載がない場合には、賛成したものと推定されることになるため、その記載を求める必要があります。前提付きで賛成し、または重要な前提事実を確認したにもかかわらず記載がない場合など、重要な事項の記載がない場合にも、その修正を求めます。

　当局が、取締役会の審議の充実という観点から取締役会議事録を確認することもあります。取締役は、充実した審議となるように意見を述べることが求められています。

第2節 ◆ 株主代表訴訟

Q38 金融機関役員に対する株主代表訴訟

私は銀行持株会社の100％子会社である銀行の社外取締役に就任することになりました。多重代表訴訟という制度が創設されたと聞いたのですが、どのような場合に訴訟を提起されえますか。

ポイント　銀行の株式の帳簿価額が銀行持株会社の資産総額の5分の1を超える場合、銀行の役員等は、持株会社の株主（ただし、1％以上の株式を保有する株主）から「多重代表訴訟」を提起される可能性がありますので、特に慎重に職務執行を行う必要があります。また、責任限定契約の締結や役員賠償責任保険への加入等についても検討すべきです。

なお、銀行持株会社の傘下ではない銀行の役員等は、銀行の株主から通常の代表訴訟を提起される可能性があります。

解説

1　通常の株主代表訴訟

銀行は株式会社ですので（銀行法4条の2）、役員等については会社法上の株主代表訴訟の規定が適用されます。

会社法上、6カ月前から（ただし、公開会社の場合）株式を有する株主は、会社に対し、役員等の責任追及等の訴えを提訴するよう請求することができ、会社が60日以内に訴えを提起しない場合には、自ら訴えを提起することができます（株主代表訴訟。会社法847条）。ただ

し、図利加害目的がある場合、かかる請求・提訴は認められません。

他業種と比べると金融機関の役員等が株主代表訴訟を提起される例は比較的多く、不正融資の実施、内部統制システム構築義務違反、不祥事対応等について株主から責任を追及される例が典型です。実際に元役員等が会社に対し多額の和解金を支払った例もあります（金融機関の役員の金融機関に対する民事責任についてはQ28参照）。

2 多重代表訴訟

従前は、持株会社の株主が子会社の役員等に対して株主代表訴訟を提起することはできませんでした。

そこで、平成27年5月施行の改正会社法により、最終完全親会社等（完全親会社等であって、完全親会社等をもたない会社をいう）の株主のために、いわゆる多重代表訴訟制度が創設されました。

具体的には、①6カ月前から（ただし、公開会社の場合）、対象会社の最終完全親会社等の議決権または発行済株式の1％以上の株式を保有する株主は、②対象会社の株式の帳簿価額が最終完全親会社等の資産総額の5分の1を超える場合には、対象会社に対し、役員等の責任追及等の訴えを提訴するよう請求することができ、対象会社が60日以内に訴えを提起しない場合には、自ら訴えを提起することができるようになりました（会社法847条の3）。ただし、③図利加害目的がある場合、または、④最終完全親会社等に損害が生じていない場合には、かかる請求・提訴は認められません。

銀行の場合、銀行持株会社との関係で上記②の5分の1要件を満たす可能性が高いと思われます。銀行持株会社との取引や銀行持株会社の100％子会社との取引であれば、銀行持株会社には損害が生じませんが（上記④）、それ以外の場合は、役員等は特に慎重に職務執行を行う必要があります。また、責任限定契約の締結や会社役員賠償責任

保険の加入等についても検討すべきです（**Q40**、**Q41**参照）。

3　提訴請求への対応

　監査役会設置会社では、株主から提訴請求がなされた場合は監査役が役員等に対する提訴を行うか否かの判断をします（会社法386条2項1号）。提訴請求を受けた場合に監査役がどのような調査、検討等を行うべきかについては、日本監査役協会の株主代表訴訟制度問題研究会による平成27年3月付「株主代表訴訟への対応指針―監査役実務の視点から―」が参考となります。

　また、監査等委員会設置会社の場合や指名委員会等設置会社の場合は代表取締役等が当該判断をします（同法353条、364条）。

Q39 信用金庫・信用組合の代表訴訟

信用金庫・信用組合に関する代表訴訟制度はどのようなものですか。また、会員・組合員から代表訴訟を提訴するよう通知を受けた場合や、代表訴訟が提訴された場合にはどのような対応が必要ですか。

ポイント　信用金庫、信用組合のいずれにおいても、6カ月前から引き続き会員・組合員である者は、信用金庫・信用組合に対し、役員等の責任追及等の訴えを提訴するよう請求できます。

この請求を行った者は、請求を受けた信用金庫・信用組合が、60日以内に当該訴えを提起しない場合には、自ら当該訴えを提起できます。

解説

1　代表訴訟制度

信用金庫・信用組合（以下「信金・信組」という）の理事、監事または会計監査人（以下「役員等」という）がその任務を怠り、信金・信組に損害を与えた場合には、当該役員等は、信金・信組に対し、これによって生じた損害を賠償する責任を負います（信金法39条1項、中協法38条の2第1項、40条の2第4項）。

しかし、信金・信組が、常に役員等に対し適切に損害賠償請求を行うとは限らず、これにより、信金・信組の財産が害されるおそれがあります。そのため、信金法・中協法は、信金・信組が、役員等に対し

て適切に損害賠償請求権を行使しない場合には、6カ月前から引き続き会員・組合員である者（会員資格は**Q76**参照）は、信金・信組に対し、役員等の責任追及等の訴えを提起するよう請求することができ（提訴請求。ただし、図利加害目的がある場合、かかる請求は認められない）、信金・信組が60日以内に当該訴えを提起しない場合には、自ら当該訴えを提起できます。当該訴えは、信用金庫については「会員代表訴訟」、信用組合については「組合員代表訴訟」と呼ばれます（以下、まとめて「代表訴訟」という。信金法39条の4および中協法39条が準用する会社法847条1項・3項）。

なお、**Q38**で取り上げた「多重代表訴訟」（会社法847条の3）は、信金・信組には適用がありません（信金法39条の4、中協法39条）。

2 提訴通知を受け取った場合や代表訴訟が提訴された場合の対応

信金・信組に対して会員・組合員から提訴請求がなされた場合には、監事が役員等に対する提訴を行うか否かの判断を行います。そして、会員・組合員から代表訴訟を提訴された場合には、当該訴訟について監事が信金・信組を代表します（信金法35条の7および中協法36条の3第3項が準用する会社法386条2項1号）。

また、会員・組合員または信金・信組は、共同訴訟人としてまたは当事者の一方を補助するため、代表訴訟に参加できますので、信金・信組は、当該訴訟への参加を検討する必要があります（信金法39条の4および中協法39条が準用する会社法849条1項本文）。

提訴請求を受けた信金・信組は、請求の日から60日以内に責任追及の訴えを提起しない場合において、提訴請求をした会員・組合員または請求の対象となった役員等から請求を受けたときには、当該会員・組合員または当該役員等に対して、遅滞なく、責任追及の訴えを提起

しない理由を書面等で通知しなければなりません（不提訴理由通知。信金法39条の4および中協法39条が準用する会社法847条4項）。

　被告となった役員等は、代表訴訟の提起が悪意によるものであることを疎明して、裁判所に、原告となった会員・組合員に対して担保を立てることを命ずるよう申し立てることができます（信金法39条の4および中協法39条が準用する会社法847条の4第2項・第3項）。

第3節 ◆ 民事責任の制限

Q40 社外取締役・社外監査役の任務懈怠責任の免除・限定

　当行ではこの度初めて社外取締役を選任することになりました。社外取締役の銀行に対する任務懈怠責任はどのような場合に免除・限定することができますか。社外監査役とは違いがありますか。

ポイント　社外取締役の銀行に対する任務懈怠責任を全部免除するためには総株主の同意が必要です。責任の一部免除・限定の方法としては、株主総会の特別決議、取締役会決議、責任限定契約締結があり、責任限定契約は実務上広く採用されています。社外監査役も基本的には同様です。

解　説

　平成27年5月施行の改正会社法やコーポレートガバナンスコードの制定を受け、銀行でも社外取締役を新たに選任・増員する動きが強まっています（社外取締役選任状況についてはQ4参照）。社外取締役・社外監査役に適格な人材を確保するため、社外取締役等の任務懈怠責任を適切に免除・限定できる体制を整えることも重要です。

1　任務懈怠責任の免除・限定

(1)　全部免除

　社外取締役に限らず役員等の銀行に対する任務懈怠責任（会社法

423条1項）は、総株主（および最終完全親会社等がある場合において特定責任を免除するときは最終完全親会社等の総株主）の同意によりその全部を免除できます（同法424条、847条の3第10項）。

(2) **一部免除・限定**

社外取締役がその職務を行うにつき善意無重過失であることを前提として、①株主総会（および最終完全親会社等がある場合において特定責任を一部免除するときは最終完全親会社等の株主総会）の特別決議（会社法425条1項、309条2項8号）、②取締役会の決議（同法426条1項）、または③責任限定契約締結（同法427条1項）により、その任務懈怠責任を一部免除・限定することができます（なお、①②は社外取締役のみならず広く役員等について、③は社外取締役を含む非業務執行取締役について適用される）。

ただし、上記①および②の場合、「最低責任限度額」（社外取締役の場合、2年分の報酬額に、有利発行として引き受けた新株予約権の実現利益を加えた金額をいう。会社法425条1項、同施行規則113条・114条）を免除することはできません。また、上記③の場合、定款で定めた額の範囲内であらかじめ銀行が定めた額と「最低責任限度額」とのいずれか高い額を責任の限度とする契約を締結することになります。

以上に加えて、上記②の方法による一部免除を行うためには、銀行は、定款であらかじめその旨を規定するとともに、取締役会の決議後に公告または通知を行い（会社法426条3項・4項）、3％以上の議決権を有する株主（および最終完全親会社等がある場合において特定責任を一部免除するときは最終完全親会社等の3％以上の議決権を有する株主）が期間内に異議を述べないことが必要となります（同法426条7項）。

また、上記③の方法による限定を行うためには、銀行は、定款であらかじめその旨を規定するとともに、任務懈怠により損害を受けたこ

とを知ったときはその後の最初の株主総会（および最終完全親会社等がある場合において特定責任を限定するときは最終完全親会社等のその後の最初の株主総会）において一定の事項を開示する必要があります（同法427条4項）。

さらに、いずれの方法も、定款変更の議案を提出する場合等一定の場合には、監査役、監査等委員（監査等委員会設置会社の場合）または監査委員（指名委員会等設置会社の場合）の全同意が必要です（同法425条3項、426条2項、427条3項）。

2 社外監査役との比較

任務懈怠責任の免除・限定については社外取締役と社外監査役で特段異なる点はありません。

Q41 会社役員の賠償責任保険

会社役員の賠償責任保険（D&O保険）とは何ですか。加入に際しての留意点および「株主代表訴訟担保特約」の保険料の負担主体についても教えてください。

ポイント

会社役員賠償責任保険は、役員が会社または第三者に対する民事責任を追及された際の役員の争訟費用と損害賠償責任を一定の範囲・要件のもとに補償する任意保険です。契約により自由に内容を定めることができます。

保険の内容については、補償内容（株主代表訴訟による損害賠償責任をカバーする「株主代表訴訟担保特約」を付するかなど）、支払限度額の定め、および、保険会社の免責事由（犯罪行為や法令違反認識行為に関しては保険会社免責）に留意してください。

「株主代表訴訟担保特約」の保険料は役員個人負担というのが実務ですが、一定の手続を経たうえで会社が負担してよいという有力な解釈も示されています。

解　説

1　会社役員賠償責任保険

会社役員が行った会社の業務に関する行為に起因して会社以外の第三者からまたは株主代表訴訟によって損害賠償請求を受けた場合に、会社役員が被る損害を保険金として支払う任意保険を会社役員賠償責任保険（directors and officers liability insurance、D&O保険）といいます。

2 会社役員賠償責任保険の補償範囲

通常の会社役員賠償責任保険の標準プランの補償範囲の一例は、図表7のとおりです。

標準プランにおいては、原則として、①株主から代表訴訟により対会社責任を追及されて勝訴した役員の争訟費用と、②役員の対第三者責任に基づく損害賠償責任と訴訟費用とを補償するものが一般的です。

会社から役員に対して行われる請求、および、株主代表訴訟により対会社責任を追及されて敗訴した役員の損害賠償責任については、保険会社免責が通常です。しかし、株主代表訴訟に関する補償を内容とする「株主代表訴訟担保特約」が普及しており、仮にかかる特約を付す場合には、株主代表訴訟の損害賠償金も補償対象となります。

3 会社役員賠償責任保険のその他の留意点

会社役員賠償責任保険の補償額には限度額があります。また、通常は限度額が被保険者である複数の役員で共通であることから、特定の被保険者に対して保険補償が行われた場合、他の被保険者が保険補償を受けられなくなる事態も生じます。限度額を別建てにするなどの検

図表7　会社役員賠償責任保険標準プランの補償範囲例

請求形態	損害賠償請求権者	標準プランで支払われる保険金	
		役員勝訴時（責任なし）	役員敗訴時（責任あり）
役員の対会社損害賠償請求	会社	なし	なし
	株主（株主代表訴訟）	争訟費用	なし（ただし特約は可）
役員の対第三者損害賠償請求	第三者（取引先等）	争訟費用	争訟費用＋損害賠償金

討が必要でしょう。

　また、犯罪行為や、法令違反を認識しながら行った行為に関しては保険会社免責とされるのが通常です。会社役員賠償責任保険の付保にかかわらず、適法な職務遂行が必要です。

4　株主代表訴訟担保特約の保険料負担

　「株主代表訴訟担保特約」に関しては、役員が会社に対して責任を負う場合にまで会社が保険料を負担することは違法との見解から、当該特約部分の保険料は役員個人が支払い、会社がこれを支払う場合には、役員の報酬として処理するのが通常です。

　もっとも、取締役会の承認および社外取締役による同意（社外取締役が過半数の構成員である任意の委員会の同意または社外取締役全員の同意）を得ることを条件として、会社が株主代表訴訟担保特約の支払を負担してよいとする会社法上の有力な解釈論が近時示されており（平成27年7月、コーポレート・ガバナンス・システムの在り方に関する研究会（経済産業省））、この点は今後の議論および実務の動向を注視する必要があります。

第4節 ◆ 行政責任

Q42 役員に対する行政上の責任

役員が行政上の責任を負うことはありますか。

ポイント 役員自身が金融当局からの行政処分の対象となることはありませんが、金融機関に対して、役員の解任命令がなされる可能性はあります。そのほか、金融機関が行政処分を受けたことを理由として、関係役員等が引責辞任や報酬減額という方法で責任をとるケースは枚挙に暇がありません。

解　説

1　役員自身に対する行政処分

まず、銀行法等において金融当局の監督の対象とされ、行政処分の客体となりうるのは、監督を受けている金融機関自身であって、役員ではないことから、役員自身が金融当局からの行政処分の対象となることはありません。

2　解任命令

しかしながら、金融当局は、金融機関が法令、定款等に違反したり、公益を害する行為をしたときは、当該金融機関に対して役員の解任を命じることができるものとされております（銀行法27条等）。かかる解任命令がされた場合、金融機関は株主総会を招集し、当該役員を解任することが義務づけられることとなります。

もっとも、解任命令がされたケースは公表されているもので過去3

件（平成27年9月30日時点）しかなく、かつ、そのいずれも同時に登録取消処分がなされたという特殊なケースです。解任命令が問題となりうるような重大な不祥事等が発生した場合、関係役員は自ら引責辞任するケースが大半であると考えられ、実際上解任命令を発する必要性が乏しいことが影響しているものと思われます。

3 金融機関が行政処分を受けたことを理由とする役員の引責辞任等

　金融機関が行政処分を受けたことを理由に、関係役員等が引責辞任や報酬減額という方法で責任をとるケースというのは枚挙に暇がありません。いわゆるメガバンクの例をとってみても、①支社における異例な取引を認識しながら長期間にわたり問題解決に向けた具体的対策をとっていなかったこと等を理由とする業務停止命令等の行政処分に関し、役員が3～6カ月間、月額報酬の10～50％を減額したという事例、②融資契約上の優越的地位を濫用して金利スワップを販売していたこと等を理由とする業務停止命令等の行政処分に関し、役員が3～6カ月間、月額報酬の5～40％を減額したという事例、③反社会的勢力排除に関する態勢不備やガバナンスの機能不全等を理由とする業務停止命令等の行政処分に関し、会長および関係役員が辞任し、かつ、役員が1～12カ月間、月額報酬の5～100％（なお、頭取は12カ月間100％）を減額したという事例が存在します。

　行政処分を受けた場合は、金融機関は、業務改善計画の提出を求められることとなりますが、業務改善の前提として不祥事等に対する経営責任の明確化が必要であると判断されていることが多いために、上記状況となっているものと推測されます。

　したがって、実質的には、行政処分により役員としての業務継続等が困難となることがありうるといえます。

第3章　金融機関役員の法的責任 | 139

第5節 ◆ 刑事責任

Q43 金融機関の役員に対する刑事責任(1)
──不正融資に係る刑事責任

銀行の取締役が不正融資に係る刑事責任を問われるのはどのような場合ですか。実質破綻状態にある会社に対する救済融資は常に刑事責任を問われますか。

ポイント　融資業務に関する銀行取締役の注意義務は高い水準が要求されます。銀行の取締役が融資実行を判断する場合、融資先の経営状態、資産状態等を調査し、安全性を確認し、回収懸念が残る場合には原則として確実な担保を徴求する義務を負います。かかる義務を懈怠した場合、特別背任罪に問われる可能性があります。

実質破綻状態にある会社に対する融資が常に刑事責任を伴うものではありませんが、保全措置も含めた融資判断の合理性が必要です。

解説

1　不正融資の場合に問題になる犯罪

不正融資の場合に主に問題になる犯罪は背任罪（刑法247条）です。株式会社の取締役、監査役または執行役等の場合には特別背任罪（会社法960条）の問題になり、法定刑が加重されます（背任罪は5年以下の懲役または50万円以下の罰金。特別背任罪は10年以下の懲役もしくは1,000万円以下の罰金または10年以下の懲役と1,000万円以下の罰金の併

科)。銀行は株式会社(銀行法4条の2)の形態をとりますので、銀行取締役の不正融資は特別背任罪が問題となり、一方、信用金庫・信用組合は株式会社組織ではないため、背任罪が問題となります。

2 背任罪および特別背任罪の要件

背任罪の成立要件は、
① 他人のためにその事務を処理する者が、
② 自己もしくは第三者の利益を図りまたは本人に損害を加える目的で、
③ その任務に背く行為をし、
④ 本人に財産上の損害を加えたとき

です(特別背任罪の場合は、株式会社の取締役、監査役または執行役等であれば①の要件を満たす)。

このうち、重要であるのが③「任務に背く行為」の要件です。

3 金融機関役員の義務と「任務に背く行為」

「任務に背く行為」とは、その事務の担当者として当該事情のもとで信義則上当然することを期待される行為をしなかったことをいいます。

拓銀ソフィア特別背任事件(最決平21.11.9(刑集63巻9号1117頁))は、銀行業が免許事業であること、銀行の取締役が金融取引の専門家であること、銀行経営が破綻した場合に社会一般に広範かつ深刻な混乱を生じさせること等から、融資業務に際して要求される銀行の取締役の注意義務の程度は一般の株式会社取締役の場合に比べ高い水準であるとしたうえで、銀行の取締役は、融資を実施する場合、融資先の経営状態、資産状態等を調査し、その安全性を確認して貸付を決定し、原則として確実な担保を徴求するなど、相当な措置をとる義務を有する旨を判示しました。

銀行の取締役がかかる義務を果たさずに、実質破綻状態にある会社などに無担保で融資をすることは、「任務に背く行為」として特別背任罪が成立する可能性があります。

4 実質破綻状態にある会社への融資

実質破綻状態にある会社への救済融資が常に許されないわけではありません。

実質破綻状態にある会社に対して、無担保または不十分な担保で追加融資をすることが刑事上の違法性を有しないためには、客観性をもった再建・整理計画とこれを確実に実行する金融機関本体の強い経営体質を必要とするなど、その融資判断が合理的である必要があり、かつ、金融機関内部での計画策定とその正式承認が必要と考えられています（前記拓銀元役員特別背任事件参照）。

前記のとおり、融資業務に際して要求される銀行の取締役の注意義務の程度は高い水準のものが求められますから、融資判断の合理性という要件に対しても、厳しい認定がされるものと考えられます。

Q44 金融機関の役員に対する刑事責任(2)
──不正融資以外に係る刑事責任

不正融資以外の事案で、金融機関の役員が刑事責任に問われるケースは、どのようなものがありますか。

ポイント　粉飾決算をめぐる犯罪（虚偽記載有価証券報告書等提出、違法配当、特別背任）、検査忌避、インサイダー、利益供与が典型的です。

解説

1　粉飾決算をめぐる刑事責任

　粉飾決算とは、会社が公正な会計基準に従わず、故意に財務諸表の内容を歪曲し、利益または損失を過大もしくは過小に開示することをいいます。

　粉飾決算をめぐる役員の刑事責任としては、①虚偽記載有価証券報告書等提出罪（金商法違反）、②違法配当罪（会社法違反）、③特別背任罪（会社法違反）があげられます。

(1)　虚偽記載有価証券報告書等提出罪

　金商法は、上場会社等について、「重要な事項につき虚偽の記載」のある有価証券報告書を提出した行為に関して、「虚偽記載有価証券報告書等提出罪」を定めています。

　行為者についての法定刑は、10年以下の懲役もしくは1,000万円以下の罰金です（金商法197条1項1号、207条1項1号、24条）。

　また、非上場会社であっても、銀行であれば虚偽業務報告書等提出

第3章　金融機関役員の法的責任　143

罪が銀行法で定められており、法定刑は、1年以下の懲役または300万円以下の罰金です（銀行法63条1号、19条）（貸借対照表等の公告やディスクロージャー誌の公衆縦覧についても同20条、21条により同様）。信用金庫・信用組合でも業務報告書およびディスクロージャー誌に関する同様の規定が置かれています（信金法90条の3第1号・第1号の2、協金法10条1号・1号の2、銀行法19条、21条（信金法89条、協金法6条で準用））。

事業会社の事例では、役員が、このような虚偽記載有価証券報告書等提出で有罪になる場合は、役員が経理担当者等に対し売上高や在庫の評価に関して粉飾決算を指示するのが典型的な例ですが、金融機関による決算書類の虚偽記載の例の多くは、個別の貸付金に関する貸倒引当金や、繰延税金資産の計上額といった、将来の債権回収額などの事実に関して一定の評価が必要とされる勘定科目に関する記載が中心です。

なお、同罪に関する裁判例としては、長銀最高裁無罪事件（最判平20.7.18（刑集62巻7号2101頁））、日債銀差戻し審無罪事件（東京高判平23.8.30（判時2134号127頁））が著名です。

(2) 違法配当罪

会社法は、株式会社において、取締役、監査役、執行役等の役員が、配当可能な財産がないにもかかわらず、違法な剰余金の配当を行う場合につき、違法配当罪を規定しています。法定刑は、5年以下の懲役もしくは500万円以下の罰金（またはこれらの併科）です（会社法963条5項2号・1項）。

したがって、銀行（銀行法4条の2によりすべて株式会社）の取締役等が違法配当を行った場合は、同罪が成立します。

なお、信用金庫・信用組合については違法配当をした役員は100万

円以下の過料（刑事罰ではなく行政罰）に処せられます（信金法91条1項20号、57条、中協法115条1項25号、59条）。

(3) 特別背任罪

　金融機関の取締役は、真実の貸借対照表、損益計算書等の計算書類を株主総会等の意思決定機関に提出する義務を負っており、剰余金配当を行おうとする場合には、適正な計算書類を前提とした剰余金配当議案を株主総会に提案する必要があります。粉飾決算に基づく貸借対照表等の計算書類を提出し、剰余金配当議案を提案する行為は任務違背行為です。その結果、配当すべきでない配当が行われた場合は、当該金融機関に損害を与えたことになります。

　そして、株式会社である金融機関（銀行）の場合、取締役が、自らや他の株主に配当を得させる目的、役員としての信用維持・地位保全の目的で、当該行為に及んだ場合は、特別背任罪が成立します。法定刑は懲役10年以下または1,000万円以下の罰金です（会社法960条）。信用金庫・信用組合は株式会社ではないため、会社法上の特別背任罪の適用はありませんが、刑法上の背任罪（刑法247条。5年以下の懲役または50万円以下の罰金）の適用がありえます。

2　検査忌避をめぐる刑事責任

　銀行法は、銀行本体のみならず、その子法人等、銀行から業務委託を受けた者、銀行議決権大量保有者、銀行主要株主、銀行持株会社およびその子法人等もしくは銀行持株会社から業務委託を受けた者、ならびに銀行代理業者に対して、検査受任義務を課しています（銀行法25条1項・2項、52条の8第1項、52条の12第1項、52条の32第1項・第2項、52条の54第1項）。そして、金融当局の職員による検査に際しての質問に答弁をせず、もしくは虚偽の答弁をし、またはこれらの規定による検査を拒み、妨げ、もしくは忌避した者は検査忌避罪として刑

事責任を問われます。法定刑は、1年以下の懲役または300万円以下の罰金です（同法63条3号）。信用金庫・信用組合についても同様の検査忌避罪が定められています（信金法90条の3第3号、協金法10条3号。法定刑はいずれも1年以下の懲役または300万円以下の罰金）。

　金融機関の役員が、同罪に問われるケースとしては、部下に指示をして、大口融資先に関する内部資料を破棄または隠匿させたりするケースが典型的ですが、検査前に、資料を別の場所に移動させたケースが有罪となった事例もあります（東京地判平17.4.15（判例集未登載））。

　検査受任義務が検査忌避罪という刑事罰をもってその履行が担保されていること、過去にも検査忌避によって銀行役員が刑事訴追され当該銀行の経営に多大な影響を与えたことがあることからも、金融当局による検査を受けるに際しては、検査忌避に問われないよう細心の注意が必要です。

3　インサイダー取引

　インサイダー取引とは、投資判断に影響を及ぼすような上場会社等の重要な未公開情報（重要事実）を一定の立場ゆえに知った者が、その会社の株式等の有価証券の売買を行うことをいいます。

　金商法は、①当該上場会社等の役員その他従業員が職務に関し、当該会社の業務に関する重要事実を知ったとき（金商法166条1項1号）、②当該上場会社等と契約を締結している者または締結の交渉をしている者（その者が法人であるときは役員等。当該上場会社等の役員等以外の者）が当該契約の締結もしくはその交渉または履行に関し、重要事実を知ったとき（同項4号）、③同項4号等が法人である場合、その役員等が職務に関し、当該企業の業務に関する重要事実を知ったとき（同項5号）、④会社関係者や元会社関係者から重要事実の伝達を受け

たとき（金商法166条3項）等の場合でインサイダー取引を行ったときは、5年以下の懲役および500万円以下の罰金が科されます（同法197条の2第13号）。

したがって、金融機関の役員が、その金融機関（上場会社に該当する場合）の重要事実はもちろん、融資先やアドバイザリー契約を締結した取引先の業務に関する重要事実について、部下から報告を受け、あるいはイントラネットのサーバにアクセスする等して知り、株式等の売買を行う場合等は処罰の対象となります。

4 利益供与

上記のほか、大手都市銀行の元頭取らが、総会屋に対し多額の利益供与を行い、利益供与罪（当時の商法違反。現会社法970条1項）の執行猶予付懲役刑を受けた事案が著名です（東京地判平11.9.8（判タ1042号285頁））。

第6節 ◆ 事　　例

Q45 金融機関の役員責任が問題となった主な事例(1)
──民事1（融資判断）

金融機関の取締役の融資判断が問題となった事例を教えてください。

ポイント　最高裁の判例として、(1)拓銀栄木不動産事件、(2)拓銀カブトデコム事件、(3)四国銀行事件があります。判例の傾向として、銀行の取締役の融資判断が合理的といえるためには、必要な情報を収集・検討のうえで回収可能性が認められることが前提とされています。この判断にあたっては、融資による既存貸付も含めた全体回収額の極大化といった事情も考慮可能ですが、回収可能性に疑義が残る場合には確実な保全措置が必要です。

解説

銀行の取締役の融資判断につき善管注意義務違反の有無が問題となった事例の多くは、特にバブル崩壊後に整理回収機構により提訴された事例です（以下の最高裁判例のうち(1)および(2)の事件）。もっとも、今後は、(3)の事件のように、株主代表訴訟のかたちで取締役の責任を追及する訴訟が増加するでしょう。

1　事　　例

(1)　**拓銀栄木不動産事件（最判平20.1.28（判時1997号143頁））**

本件は、銀行が、不動産会社（以下、この会社を含め、各事例におけ

る融資先を「当社」という）に対し、いわゆる当日他券過振りの方法により無担保で仕手戦の資金を提供していたところ、与信額が累計約48億円に達したことから銀行の取締役が当社の代表者に担保提供を求めたのに対し、同代表者が担保提供の条件として追加融資を要請したためこれに応じ20億円を追加融資したが回収不能となった事案です。

　最高裁は、当社は資金繰りも悪化して近日中に不渡りを出すことが危ぶまれる状況にあり、健全な投資先とは到底認められないことから、新たな貸出リスクを生じさせる追加融資の提案は原則として受け入れてはならなかったと判示したうえ、本件追加融資に応じる判断に合理性があるとすれば、担保として提供される不動産につき確実な担保余力が認められる場合に限られるが、本件において取締役がかかる確実な担保余力について客観的な判断資料に基づき慎重に検討した形跡はなく、短期間のうちに対処方針および追加融資の諾否を決定しなければならなかったという時間的制約を考慮しても、追加融資に応じた判断は著しく不合理といわざるをえないとして、取締役の責任を認めました。

(2)　**拓銀カブトデコム事件（最判平20.1.28（判時1997号148頁））**

　本件は、銀行が、積極支援していたリゾート開発業者である当社に対し、当社による第三者割当増資の引受先であった当社の関連企業に対し引受代金相当額約200億円の融資を実行し（第1融資）、また、当社が地価急落や販売不振等により業績悪化が表面化した状況のもと約540億円の追加融資を実行し（第2融資）、さらに当社の存続は不可能という認識のもとで、当社を延命させるために約410億円の追加融資（第3融資）を行ったところ、当社が倒産し、融資債権が回収不能となった事案です。第2融資については、高裁で取締役の忠実義務、善管注意義務違反が認められましたが、第1融資および第3融資につい

ては責任が否定されたため、最高裁の判断が示されることとなりました。

　最高裁は、第１融資に関しては、銀行が融資先の関連企業の業績および株価のみに依存するかたちで巨額の融資を行うことは、そのリスクの高さにかんがみ、特に慎重な検討を要するとしたうえで、融資先が担保株式をいっせいに売却することによる株価暴落の危険性およびそれを回避する方策等を検討した形跡がない、融資先の財務内容が良好とはいえないなどの報告がされていたなどの事情のもとでは、銀行が当時採用していた企業育成路線の対象として当社を選択した判断自体に疑問があるといわざるをえないし、あえてリスクの高い融資を行って支援するとの判断に合理性があったとは言いがたいとして取締役の責任を認めました。第３融資に関しては、当該融資を実行して事業を完成させ、その収益から回収することにより短期的には損失を計上しても中長期的には銀行にとって利益になるとの判断もあながち不合理なものとはいえないが、事業の採算性について大きな疑問があり、中長期的にも、第３融資に見合う額の債権の回収が期待できないし、第３融資を実行して当社を延命させたとしても、それにより関連企業の連鎖倒産や当社に多額の融資を行っていた信用組合からの支援要請を回避できたとも考えがたいから、関連企業の連鎖倒産のおそれや、多額の融資をしていた信用組合の破綻により銀行にその支援要請がくるおそれがあったことをもって、第３融資を行うとの判断に合理性があるということはできないなどとして、取締役の責任を認めました。

　(3)　**四国銀行事件**（最判平21.11.27（判時2063号138頁））

　本件は、銀行が、県の要請により、県による当社に対する再建資金の融資（以下「県融資」という）が実行されるまでのつなぎ融資を実

行したところ、県融資は実際には実行されないままとなり、銀行は当社からの要請に応じて3回にわたり追加融資を実行したが、これらの追加融資が回収不能となったことに関し、株主代表訴訟が提起された事案です。

　最高裁は、当社の経営状態は劣悪で危機的状況に陥っていたとしつつ、追加融資を実行しなければ破綻する可能性は高く、そうなれば県融資からの改修を見込んでいたつなぎ融資分までもが回収不能となるおそれがあったという状況のもとでは、融資実行の判断に合理性が認められるのは、つなぎ融資の融資金の回収原資をもたらす県融資が実行される相当程度の確実性があり、これが実行されるまで当社の破綻、倒産を回避して、これを存続させるために追加融資を実行したほうが、追加融資分それ自体が回収不能となる危険性を考慮しても、全体の回収不能額を小さくすることができると判断することに合理性が認められる場合に限られると判示しました。かかる判断枠組みのもと、県融資の実行可能性が乏しいことが明らかになり、行内の資産査定上も破綻懸念先に変更された状況下でなされた追加融資については、それ以前の追加融資と異なり、取締役の回収見込判断が著しく不合理といわざるをえないとして、取締役の責任を認めました。

2　判例をふまえた対応

　上記判例は、いずれも事件ごとに特有の事実関係を重視した司法判断ですが、融資判断の合理性の判断にあたって、第一義的には、融資の回収可能性の有無（ないし保全の有無）を問題にしています。(2)において、短期的には損失を計上しても中長期的には銀行にとって利益になるとの判断もあながち不合理なものとはいえないとされていることや、(3)において、追加融資分それ自体が回収不能となる危険性を考慮しても、全体の回収不能額を小さくすることができると判断するこ

とに合理性が認められる場合があるとされていることから、融資実行により期待される利益も融資判断の考慮要素に含めてよいでしょう。もっとも、融資の回収可能性が乏しいことがあらかじめ判明している場合に融資実行の判断の合理性が認められるのは例外的な場面ですので、かかる場面においては特に保全措置を万全にする必要があります。

3　銀行以外の金融機関

　東京地判平18.7.6（判時1949号154頁）は、信用組合の理事の裁量の幅が銀行の取締役と比較して、より広範であると解すべき理由はないと判示しており、銀行の取締役について以上に述べた内容が当てはまります。信用金庫の理事も同様に考えられます。

Q46 金融機関の役員責任が問題となった主な事例(2)
──民事2（内部統制システム構築義務違反）

金融機関の取締役の内部統制システム構築義務違反が問題となった事例にはどのようなものがありますか。

ポイント

銀行の取締役につき内部統制システム構築義務違反が認められた裁判例として、銀行内のリスク管理態勢不備が認定され、巨額の損害賠償が命じられた大和銀行事件（(1)事件）があります。金融機関の取締役の責任が問題となった事件ではありませんが、日本システム技術事件（(2)事件）は、以前に同様の手法による従業員の不正行為がなく代表取締役は当該不正行為の発生を予見できなかったことなどを理由に取締役の責任を否定しています。もっとも、金融機関の役員には特に融資業務に関し高度の注意義務が課せられていること、金融機関を取り巻く経営環境は時々刻々と推移していることからすれば、(2)事件における最高裁の判断が金融機関の役員の責任についても当てはまるかは明らかではないため、金融機関の役員としては過去に発生した不正のみならず広く合理的に想定しうる不正態様をカバーできる万全の内部統制システム構築を目指すべきでしょう。

解説

銀行を含む株式会社の取締役は、会社に対して善管注意義務を負いますが、善管注意義務には、取締役の職務の執行が法令および定款に適合することを確保するための体制その他株式会社の業務の適正を確

保するための体制を整備する義務（内部統制システム構築義務）が含まれます。取締役につきこの内部統制システム構築義務に違反したかどうかが問題となった裁判例は以下のとおりです。

1 事　例
　(1)　大和銀行事件（大阪地平12.9.20（判時1721号3頁））
ａ　事　案
　本件は、大和銀行 NY 支店において、行員が同行に無断かつ簿外で米国財務省証券の取引を行って約11億ドルの損失を出し、その損失を隠ぺいするために顧客と銀行とが保有する米国財務省証券を無断で売却して銀行に損害を与えたこと、約11億ドルの損害が発生したことを同行が米国当局に秘匿していたことなどを理由として同行が米国において刑事訴追を受けて罰金3億4,000万ドルを支払ったことについて、株主が会社を代表して銀行の取締役および監査役に対して任務懈怠に基づく損害賠償を求めたものです。

ｂ　判　決
　原告による損害賠償の主張・理由には、①取締役の内部統制システム構築義務違反を理由とするものと、②取締役の米国法令違反とそれについての監視義務違反を理由とするものの2つに分かれますが、このうちの①に関して、裁判所は、取締役は、善管注意義務および忠実義務の内容として、取締役の構成員として、また、代表取締役または業務担当取締役として、リスク管理体制を構築すべき義務を負い、さらに、代表取締役および業務担当取締役がかかる義務を履行しているか否かを監視する義務を負うとしたうえで、どのような内容の内部統制システムを整備するかは経営判断の問題であり、取締役に広い裁量が与えられている旨判示しました。
　そのうえで、裁判所は、本件においては、リスク管理体制が整備さ

れていなかったとまではいえないが、NY 支店における米国財務省証券の保管残高の確認方法は著しく適切さを欠いており、この点でリスク管理体制は実質的に機能していなかったとして、当時 NY 支店長の地位にあった取締役について①の内部統制システム構築義務理由とする任務懈怠責任を認めました（損害賠償額5億3,000万ドル）。

　一方、頭取や副頭取、検査部や NY 支店の指揮系統に属さない取締役については、NY 支店における米国財務省証券の保管残高の確認方法について疑念を差し挟むべき特段の事情がない限り、不適切な検査方法を採用したことについて、取締役としての監視義務違反を認めることはできないとしたうえで、本件では、かかる特段の事情の立証がないとして①の内部統制システム構築義務に係る責任を否定しました（なお、②の米国法令違反理由とする責任については11人の被告取締役に対して2億4,500万ドルの損害について連帯責任が認められた）。

(2)　**日本システム技術事件（最判平21.7.9（判時2055号147頁））**

a　事　案

　本件は、ソフトウェアの開発および販売等を業とする上場会社のある事業部において、部長が、高い業績を達成して自らの立場を維持するため、後日注文が獲得できる可能性の高い取引案件について、正式な注文がない段階で注文書を偽造するなどして実際に注文があったかのように装い、売上げとして架空計上することを指示していたところ、後日これが発覚して会社が業績予想を修正し、その結果、同社株式は監理ポストに割り当てられることとなり、さらに同事実が報道されたことにより、同社の株価が大幅に下落し、株主が損害を被ったとして、当該会社の株主が会社法350条に基づき、代表取締役の行為により損害を被ったとして当該会社に対して損害賠償を求めた事案です。

b　判　　決

　最高裁は、会社は、通常想定される架空売上げの計上等の不正行為を防止しうる程度の管理体制は整えていたということができ、本件不正行為は、通常容易に想定しがたい方法によるものであったこと、本件以前に同様の手法による不正行為が行われることがあったなど会社の代表取締役が本件不正行為の発生を予見すべきであったという特別の理由も見当たらないこと、その他監査法人が会社の財務諸表につき適正意見を表明していたことなどから、本件不正行為を防止するためのリスク管理体制を構築すべき義務に違反した過失があるということはできないとして、株主の請求を棄却しました。

2　裁判例をふまえた対応

　金融機関の取締役は、事業の種類、性質等に応じて生じる各種のリスク、たとえば、信用リスク、市場リスク、事務リスク、システムリスク等の状況を正確に把握し、適切に制御することが求められています。リスク管理体制の具体的な内容は経営判断の問題であり、取締役に広い裁量がありますが、取締役の善管注意義務違反の有無の判断においては、問題事象が発生した時点において、一般的な金融機関の経営者の判断として、合理的といえる程度に高い水準の内部統制システムを構築しリスクを適切に管理できる体制を備えていたかどうかという点がポイントになります。

　1で紹介したいずれの裁判例も、通常想定しがたいリスクを含むいかなるリスクをも完全に排除できる管理体制を整備すべきことまでを取締役に求めるものではありません。

　しかし、金融機関の取締役にはその業務の公共性から、特に融資業務に関しては一般の事業会社の取締役に比して高度の注意義務が求められていること、金融機関を取り巻く経営環境は時々刻々と推移して

いることからすれば、(2)事件（日本システム技術事件）における最高裁の判断が金融機関の役員の責任についても当てはまるかどうかは明らかでなく、金融機関の役員としては、自社において過去に発生した不正のみならず、業界動向・他社事例もふまえて、広く合理的に想定しうる不正態様をカバーできる万全の内部統制システム構築を目指し、一度構築した内部統制システムについても、随時適切に更新していくことが必要でしょう。

Q47 金融機関の役員責任が問題となった主な事例(3)
──民事3（その他法令違反）

金融機関の取締役の法令違反等に関して善管注意義務違反が問題となった事例にはどのようなものがありますか。

ポイント　いわゆる経営判断原則は取締役の違法行為には適用されず、違法行為は取締役の善管注意義務違反を構成します。

(1)事件（渡島信用金庫事件）では、従業員に対し無効な懲戒解雇処分を行った結果、労務提供を受けることなく賃金相当額を支払うという損害を信用金庫に生じさせたことにつき理事の責任が認められました。

一方、証券会社が独占禁止法違反の損失補償を行ったことにつき取締役の責任が問題となった(2)事件（野村證券事件）では、取締役において損失補償が独占禁止法違反となることの認識を欠いていたことに過失があったとはいえないとして責任が否定されていますが、この事件は特殊事情下の例外的な判例であることを認識のうえ、役員としては日頃から業務執行が法令に違反することのないよう、必要に応じ外部の専門家に相談するなどして徹底する必要があります。

解説

取締役に善管注意義務違反があるか否かを判断するにおいては、いわゆる経営判断の原則を適用するのが下級審裁判例および学説上の趨勢ですが（**Q31**参照）、経営判断につき法令違反がある場合には、違

法行為を行う決定が取締役の裁量の範囲内と解することは不適切であるため経営判断の原則は適用されず、取締役は免責されません。

　金融機関の役員の経営判断につき法令違反があった場合に役員の責任が問題となった裁判例は以下のとおりです。

1　事　　例
　(1)　渡島信用金庫事件（札幌高判平16.9.29（労判885号32頁））
　a　事　　案
　本件は、信用金庫の労働組合の委員長ほかの役職を歴任していた従業員に対し信用金庫が2回にわたり懲戒解雇処分を行ったのに対し、北海道地労委が当該従業員の申立てを認めて復職等を命じる救済命令を出し（行政訴訟上も確定）、また、民事訴訟上も、地位保全等の仮処分命令が出され、かつ本案訴訟においても解雇が無効と確定したにもかかわらず、信用金庫が賃金等相当額を支払ったにとどまり、仮処分命令以後も同従業員の就労を拒否し続けたという事案に関し、当該従業員を懲戒処分したこと、仮処分命令および救済命令に従って就労させなかったことについて、信用金庫の代表理事らが、善管注意義務、忠実義務に違反して、これによって当該従業員を就労させないままその賃金等相当額の損害を信用金庫に与えたとして、信用金庫の会員が会員代表訴訟（株式会社における株主代表訴訟に相当するもの）を提起したものです。
　b　判　　決
　裁判所は、懲戒解雇は不当労働行為に当たり、無効と判断したうえ、懲戒解雇が無効であることが最終的に確定した場合には、懲戒解雇をすることが当時の客観的事情からやむをえないといえる特段の事情がない限り、善管注意義務違反および忠実義務違反があると述べて、本件ではその特段の事情があるとはいえないことから、信用金庫

の代表理事らの善管注意義務・忠実義務違反を認め、賃金相当額および遅延損害金を支払う責任があると判示しました。

(2) 野村證券事件（最判平12.7.7（民集54巻6号1767頁））

a 事　　案

本件は、証券会社が、顧客との間で、いわゆる営業特金による取引（形式上は顧客が自ら運用を信託銀行に指示しているものとし、実際上は運用が証券会社に一任されている取引）を行っていたところ、株式市況が急激に悪化するなかで大蔵省通達（事後的な損失補てん等を厳に慎むことを内容とするもの。ただし、証券業界では同通達の主眼は営業特金の早期解消にあると理解されていた）が出されたこともふまえ、顧客との関係を良好に維持しつつ営業特金の解消を進めていくために顧客に対して損失補てん（以下「本件損失補てん」という）を実施し、営業特金を解約したのに対し、本件損失補てんが、法律違反のものであり、取締役の善管注意義務・忠実義務に違反するなどとして、補てん相当額の損害賠償を求める株主代表訴訟が提起されたものです。

b 判　　決

最高裁は、取締役が会社をして会社が遵守すべき規定に違反させることになる行為をしたときは、旧商法で責任原因として規定されていた法令違反行為を行ったものとして会社に対して任務懈怠の責任を負うことになるとし、証券会社が、一部の顧客に対して損失補てんする行為は、独占禁止法違反の法令違反行為に該当するとしましたが、取締役が法令違反行為をしたことにより損害賠償責任を負うには、その違反行為につき故意または過失があることが必要である旨述べたうえ、本件においては、大蔵省により損失補てんが独占禁止法に違反するかの問題が取り上げられたのが本件損失補てんの1年半余り後であったことや、公正取引委員会も、当時損失補てんが独占禁止法に違

反するとの見解をとっていなかったこと等の事情からすれば、取締役らにおいて独占禁止法違反の認識を欠いた点につき過失があったとはいえないとして、責任を否定しました。

2 裁判例をふまえた対応

　経営判断につき法令違反がある場合、経営判断の原則は適用されず、取締役は善管注意義務違反の責任を免れないのが原則であり、上記(1)事件のように、取締役（信用金庫の場合には理事）は損害賠償義務を負担します。この点、(2)事件は、法令違反の行為であっても、さらに取締役に故意または過失がなければ損害賠償責任を負わないとしましたが、本件で取締役が法令違反の認識を欠くことにつき過失があったとはいえないとされたのは、大蔵省や公正取引委員会といった公的機関が損失補てんを独占禁止法違反の違法な行為であると認識・指摘しておらず、独占禁止法違反との認識を有するに至らなかったことにやむをえない事情があったというきわめて例外的な状況であったことには留意が必要です。なお、現在は、金商法上、金融商品取引業者による損失補てんの申込みや約束は禁止され、かつ、これらを事後に実行に移すことも禁止されており（金商法39条）、これらの規制は業界内の共通認識になっているため、証券会社を含む金融商品取引業者が損失補てんを行った場合に取締役の善管注意義務違反が成立することはいうまでもありません。

　金融機関の役員としては、日頃から業務執行が違法・無効なものでないことにつき十分な内部検証を行うとともに、法令違反の可能性が懸念される事案については、法務・コンプライアンス部門とも協議のうえ、外部専門家の意見を求める、行政当局に確認するなどの対応をとることが肝要です。

Q48 金融機関の役員責任が問題となった主な事例(4)
──刑事

金融機関の取締役の刑事責任が問題となった事例にはどのようなものがありますか。

ポイント　金融機関の取締役の刑事責任が問題となった著名な事例としては、不正融資に関するものとして拓銀元役員特別背任事件、粉飾決算に関するものとして長銀最高裁無罪事件と日債銀差戻し審無罪事件、検査忌避に関するものとして日本振興銀行検査妨害事件、総会屋に対する利益供与に関するものとして第一勧銀利益供与事件があります。

解　説

1　拓銀ソフィア特別背任事件（最決平21.11.9（刑集63巻9号1117頁））

北海道拓殖銀行の頭取らが、実質破綻状態にある会社3社に対し、十分な担保を徴求することなく追加融資して同行に約85億円の損害を与えたことについて、特別背任罪（旧商法486条1項、現会社法960条1項）に問われた事案で、頭取らは懲役2年6月の実刑判決（執行猶予のない判決）を受けました。

最高裁判決の内容については、**Q43**を参照してください。

2　長銀最高裁無罪事件（最判平20.7.18（刑集62巻7号2101頁））

日本長期信用銀行の頭取および副頭取が、平成10年3月期の決算処理に際し、多額の不良債権を隠ぺいするため、不良債権を過少に積算

した内容虚偽の有価証券報告書を作成して大蔵省に提出したこと等について、虚偽記載有価証券報告書提出罪等（証券取引法197条1項、現金商法197条1項）に問われた事案です。

一審および控訴審は、平成9年に発出された資産査定通達等の基準が「公正なる会計慣行」（旧商法32条2項）であり、同通達等を逸脱したとして同罪等の成立を認めましたが、最高裁は、前記通達等の基準は、新たな基準として直ちに適用するには明確性に乏しく、従前の基準を排除して厳格に新たな基準に従うべきことも明確ではなかったとしたうえで、頭取らがこれまで「公正なる会計慣行」として行われていた従前の基準に従ったことは直ちに違法とはいえないとして、無罪としました。

虚偽記載有価証券報告書提出罪については、**Q44**、**Q100**も参照してください。

3 日債銀差戻し審無罪事件（東京高判平23.8.30（判時2134号127頁））

日本債券信用銀行の会長、頭取および副頭取が、前記2の事件と同様に、不良債権を過少に積算した内容虚偽の有価証券報告書を作成して大蔵省に提出したこと等について、虚偽記載有価証券報告書提出罪に問われた事案で、最高裁が同罪等の成立を認めた高裁判決（差戻し前）を破棄し、差戻し後の高裁判決で無罪となりました。

4 日本振興銀行検査妨害事件（東京地判平24.3.16（LL／DB判例秘書登載））

日本振興銀行の会長らが、金融庁の立入検査に際し、検査官から提出を求められた電子メールのデータを削除させるなどしたことについて、検査忌避による銀行法違反（銀行法63条3項）に問われた事案で、会長が懲役1年の判決（3年間執行猶予）を受けました。このほか、

銀行、社長、担当の取締役、実際にメールを削除した取締役が刑事罰を受けています。

5　第一勧銀利益供与事件（東京地判平11.9.8（判タ1042号285頁））

　第一勧業銀行の元頭取らが、総会屋に対して株主総会での議事の進行への協力を求める趣旨で迂回融資の方法により、117億円余りを融資して利益供与を行ったとして、利益供与罪（旧商法497条1項、現会社法970条1項）に問われた事案で、元頭取が懲役9月の判決（5年間執行猶予）を受けました。このほか、担当取締役や幹部行員も刑事罰を受けています。

　株主に対する利益供与については、Q64を参照してください。

第 **4** 章

金融機関役員の職責1
——内部統制システムの確立

Q49 ガバナンス態勢・内部統制システム確立の重要性と役員への期待（総論）

銀行の取締役は、ガバナンス態勢・内部統制システム確立に関し何を期待されていますか。

ポイント

銀行の取締役は、ガバナンス態勢・内部統制システムの構築を、取締役会決議を経て定める会社法上の義務があります。ただし、内容について一律の解があるわけではないため、自社にとってのベストプラクティスとするために、経営ビジョンにさかのぼって導かれる事業リスクをふまえて、経営方針との一貫性のある態勢整備を、積極的・主体的に行うことが肝要です。

解　説

1　会社法による規律等

　会社法上、ガバナンス態勢・内部統制システムの確立に関しては、内部統制に関する事項を重要な業務執行の決定として取締役会で決議する必要があります（会社法362条 4 項 6 号・ 5 項）。内部統制の決議は会社管理に関する根幹を決議するものであり、これに基づきガバナンス・内部統制を実施するための社内規定が構築される根幹であるため、重要度が高いものです。

2　金融機関の経営ビジョンに基づく態勢整備

　ガバナンス態勢・内部統制システムの具体的な内容は、一律の解が法令上用意されているわけではなく、会社ごとに適切な態勢を確立する必要があります。自社にとってどのようにするのが適切かというべ

ストプラクティスを求め、かつ確立後も、継続的にモニタリングする必要があります。

　金融機関であれば、①まず経営陣による「どのような銀行にしたいか」という大きな経営ビジョンを策定し、②かかる経営ビジョンを具体化した経営方針・計画を確定し、そのうえで、③経営方針・計画に示された当該金融機関の規模、営業地域、取引先、注力する事業分野等をふまえて事業リスクを特定して洗い出し、④かかるリスクをふまえた内部統制システムの個別策定、という順序で内部統制システムを確立することが望まれます。ガバナンス態勢の確立の考え方も同様です。なお、リスクを過度に強調すると適正な収益の観点がおろそかになり銀行経営の健全性の観点からも問題があるため、リスクを過度に排斥する態勢ではなく、適切なリスクテイクを許容したうえで、そのリスクを適切にコントロールする態勢・システムとすべき点に配慮が必要です。

3　金融監督上の要請

　金融監督上もガバナンス・内部統制システムの重要性が説かれています。詳細はQ2やQ50以下に述べるとおりですが、大事なポイントは、上記のとおり経営陣により策定された経営方針にさかのぼったうえでの事業リスクの特定とそれに応じた個別の体制構築と見直しです。そのためにはガバナンス・内部統制システムの構築を単なる事務上の作業ではなく、経営方針そのものが問われる重要なものと経営陣が位置づけ、役職員全員を巻き込んで積極的・主導的に進める必要があります。役員については、各人それぞれに法令上・監督指針上期待された役割（Q2など）を果たすことになりますが、そのなかでも、相互けん制を働かせることが特に重要です。銀行役員が内部で相互けん制を発揮することは、長年の人間関係や過去の上司部下の関係など

もあり実際上は困難であるがゆえに、個々の役員の高い意識と覚悟が求められます。

4　コーポレートガバナンスコードの考慮

　コーポレートガバナンスコード原則3では財務情報や、ガバナンスに係る情報等の非財務情報の主体的な開示、同4では株主に対する受託者責任・説明責任をふまえた、企業戦略の提示、適切なリスクテイクのための環境整備、取締役に対する実効性の高い監督を求めています。経営管理態勢の整備・確立に関してはこれらの観点も考慮に入れるべきです。

Q50 経営管理態勢の整備・確立

経営管理態勢の整備・確立について銀行の取締役にはどのような取組みが求められますか。

ポイント　銀行は、経営管理態勢の整備・確立において、経営方針の策定、組織体制の整備ならびにその後のモニタリングおよび見直しを行う必要があります。銀行の取締役としては、その重要性を認識したうえで、取締役会等において実質的議論を行う等、善管注意義務・忠実義務を十分果たす必要があります。

解説

1　経営方針の策定

経営の健全性の維持・向上のため、経営に対する規律づけの機能と、適切な経営管理（ガバナンス）が必要となり、そのためには、その組織の構成要素がそれぞれ本来求められる役割を果たしていることが必要となります。銀行は、経営管理態勢の整備・確立において、経営方針の策定、組織体制の整備ならびにその後のモニタリングおよび見直しを行う必要があります。

経営方針の策定に関しては、①企業倫理の構築、②目標の達成に向けた経営方針・経営計画の整備・周知、③業務の健全性・適切性を確保するための態勢の整備に係る基本方針の整備とその周知、④金融機関全体および各業務分野の戦略目標の整備とその周知、⑤統合的リスク管理方針および各リスク管理方針の整合性・一貫性の確認を行う必要があります。

2　組織体制等の整備・モニタリング

　これをふまえた組織体制等の整備としては、①金融機関の業務およびリスクの管理が全体として適切かつ実効的に機能する組織体制、②財務情報その他の情報を適正かつ適時に開示するための態勢、③金融機関全体の情報の集約および分析・検討等を行う態勢、④新規商品等審査に関する態勢、⑤子会社等の業務の規模・特性に応じた管理態勢、⑥金融円滑化、法令等遵守、顧客保護等、リスク管理等を重視する具体的方策、⑦危機管理態勢を整備することになります。

3　取締役の責務

　代表取締役としては、①法令等遵守のための態勢構築、②リスク管理部門の重視、③企業情報の適切な開示のための内部管理態勢の構築、④内部監査の重要性の認識と態勢構築、有効性の検証、⑤監査役監査の重要性・有用性の認識と監査役の円滑な監査活動の保障、⑥反社会的勢力との関係の遮断と基本方針の策定・宣言を行うことが必要となります（主要行監督指針Ⅲ－1－2－1(1)）。

　取締役、取締役会は、①業務執行取締役等の独断専行のけん制・抑止、取締役会における業務執行の意思決定と監督への積極的な参加、②経営上の重要な意思決定等に際しての外部有識者の活用等による妥当性・公正性の確保、③経営方針の策定・周知・見直し、④法令等遵守に関する誠実かつ率先垂範した取組み、⑤リスク管理部門の重視、⑥リスク管理方針を策定・周知・見直し、⑦経営管理の重要性を強調・明示する風土の組織内での醸成、⑧内部監査・監査役監査の重要性の認識、機能発揮のための態勢構築、⑨内部統制システム構築が取締役の善管注意義務および忠実義務の内容を構成することを理解したうえでの義務の履践、⑩反社会的勢力による被害の防止の内部統制システムへの組み込み、⑪銀行の常務に従事する取締役の選任議案の決

定プロセス等における適格性の確保が必要となります（主要行監督指針Ⅲ－1－2－1(2)）。

　指名委員会等設置会社の取締役、取締役会においては、以上のほか、①執行役の職務の執行が法令等に適合することを確保するための体制や業務の適正を確保するために必要な体制等の整備・有効性の検証、②監査委員会の職務の遂行のための体制整備、③各委員会の活用と連携が必要となります（主要行監督指針Ⅲ－1－2－2(1)）。

Q51 内部監査態勢の整備・確立

銀行に求められる内部監査態勢を教えてください。

ポイント

監督指針が示すポイントは、①独立性および情報収集態勢・能力を備えた監査実施態勢・能力、②リスクの種類・程度に応じた内部監査計画の立案・見直しおよびそれに基づく監査実施、ならびに③内部監査指摘事項の経営者および取締役会への報告および改善状況の把握です。

コーポレートガバナンスコードに示された、内部監査部門と他の機関との連携の要請にも留意が必要です。

解　説

1　内部監査部門に関する監督指針上の要請

内部監査とは、被監査部門から独立した内部監査部門（業務監査部等）が、被監査部門等における内部管理態勢の適切性、有効性を検証するプロセスをいいます。このプロセスは、被監査部門等における事務過誤の指摘のみならず、内部管理態勢の評価および問題点の改善方法の提言も含みます。

主要行監督指針Ⅲ－1－2－1(5)は、内部監査部門の着眼点として、以下の3点を示します。

① 被監査部門へのけん制機能のための独立性、業務状況に関する情報収集態勢・能力を備えた実効性ある内部監査態勢および能力
② リスクの種類・程度に応じた効率的・実効的な内部監査計画の立案・見直しおよびそれに基づく監査実施

③ 内部監査指摘事項の取締役会等への遅滞なき報告および改善状況の把握

2 内部監査態勢の整備・確立

内部監査態勢の整備・確立のため、銀行の取締役会は、内部監査に係る方針の策定、規程・組織体制の整備、フォローアップ、内部監査の評価・改善の４つのステップに分けて望ましい監査態勢の確立を行うことになります。

(1) **方針の策定**

規模・特性、適用法令等の内容およびリスクに応じた実効性ある内部監査態勢の整備が必要です。取締役会はこの点について認識し、適正な内部監査態勢の整備・確立に向けた方針および具体的な方策を検討する必要があります。そして、経営方針および内部管理基本方針にのっとり、内部監査の実効性の確保に向けた内部監査方針を定め、組織全体に周知します。

(2) **規程・組織体制の整備**

取締役会は、内部監査に関する規程、実施要領および計画を内部監査部門に策定させ、内部監査方針に合致することを確認したうえで、これらを承認します。この際、規程には、特に、内部監査の目的および実施体制、ならびに、内部監査部門の独立性、業務・権限および責任の範囲、情報等の入手および報告体制を規定します。実施要領は、被監査部門の業務の実態を反映し、業務の内容に見合った実効的な監査のために適切なものとし、計画は、必要に応じて随時追加的な監査が可能なものとします。整備された方針および規程等にのっとり、内部管理態勢の適切性・有効性を検証する内部監査部門を設置し、その機能が十分発揮される態勢を整備します。

(3) **フォローアップ**

取締役会は、内部監査部門からの内部監査報告書の提出または報告を受け、経営に重大な影響を与える問題、被監査部門等のみで対応できない問題について、すみやかに適切な措置を講じます。

(4) **評価・改善**

取締役会は、内部監査の有効性の分析・評価を行い、内部監査の状況に関する報告・調査結果等をふまえ、定期的にまたは必要に応じて随時、分析・評価プロセスの有効性を検証し、適時にこれを見直します。この検証結果に基づき、必要に応じて改善計画を策定・実施し、適時に当該問題点および弱点の改善を実施します。

3 コーポレートガバナンスコードの考慮

コーポレートガバナンスコード補充原則3-2②(iii)・4-13③は、外部会計監査人と監査役、内部監査部門や社外取締役との十分な連携の確保、および、内部監査部門と取締役・監査役との連携を要請します。内部監査態勢の整備・確立に関してはこの観点も考慮に入れるべきです。

Q52 監査役・監査役会による監査態勢の整備・確立

監査役監査の実効性確保のために、監査役・監査役会はいかなる監査態勢を確保すべきですか。

ポイント 　日本監査役協会が定める監査役監査基準を参酌して監査体制や監査役による使用人からの情報収集に関する体制等を整備するとともに、金融検査マニュアルが求める監査役の監査環境の整備を行う必要があります。また、監査業務の遂行に際しては監督指針上の要請も斟酌する必要があります。

解　説

1　監査役監査の実効性を確保するための体制

　監査役は、取締役の職務執行を監査し、その監査結果に基づき監査報告を作成する会社法上の機関です（会社法381条）。監査役の監査対象は、取締役が善良な管理者の注意をもって法令・定款および総会決議を遵守するとともに、会社のために忠実にその職務を遂行しているか否かであるところ、平成27年5月施行の改正会社法および改正会社法施行規則では、監査役の監査体制に関する規程について、監査体制や監査役による使用人からの情報収集に関する体制に係る規程の充実・具体化が図られました（会社法施行規則100条3項）。上記改正会社法等の施行およびコーポレートガバナンスコードをふまえて日本監査役協会が定めた監査役監査基準（平成27年7月23日改正）は、監査役は、監査の実効性を高め、かつ、監査職務を円滑に執行するための体制の確保に努める義務を負うことを明らかにしました（監査役監査

第4章　金融機関役員の職責1――内部統制システムの確立　175

基準17条１項)。監査役・監査役会は、監査役監査基準が求める下記①～⑦の事項を決定し、当該体制の整備を取締役または取締役会に対して要請し、監査役監査の監査態勢の整備・確立に努めるべきです。
① 監査役の職務を補助すべき使用人(補助使用人)の設置および当該補助使用人に関する事項
② 補助使用人の取締役からの独立性に関する事項
③ 補助使用人に対する指示の実行性の確保に対する事項
④ 次に掲げる体制その他の監査役への報告に関する事項
　イ　取締役および使用人が監査役に報告をするための体制
　ロ　子会社の取締役、監査役および使用人またはこれらの者から報告を受けた者が監査役に報告をするための体制
⑤ 上記④の報告をした者が当該報告をしたことを理由として不利な取扱いを受けないことを確保するための体制
⑥ 監査役の職務の執行について生ずる費用の前払いまたは償還の手続その他の当該職務の執行について生ずる費用または債務の処理に係る方針に関する事項
⑦ その他監査役の監査が実効的に行われることを確保するための体制

2　金融機関の監査役会として求められる監査態勢

　金融機関を含む株式会社が確立することが望ましい監査態勢は上記1のとおりですが、金融機関の業務の健全性および適切性を確保するためには、適切な経営管理(ガバナンス)が有効に機能している必要があるため、金融機関の監査役会としては、監査役の監査環境の整備として金融検査マニュアルが求める基本的要素(①監査環境の整備、②監査役会の機能、③監査業務の補佐態勢、④独立性の確保)についても適切に対応すべきです。

3 監督指針上の要請

　さらに、監督指針（主要行監督指針Ⅲ－1－2－1(3)）では、監査役・監査役会の留意点として、各監査役が独任制の機関であることを自覚して積極的な監査を行うこと、銀行監査役の職責には業務監査も含み、とりわけ、取締役が内部統制システム構築を行っているかを監査する職責が監査役の善管注意義務を構成することを理解し職務を行うこと、および、株主総会における監査役選任議案への同意に関して銀行法上の監査役適格（**Q8**参照）を勘案して検討すること、とされており、監査業務を遂行するうえではこれらも斟酌すべきです。

Q53 外部監査の態勢の整備・確立

外部監査の実効性確保のためにはどのように監査態勢を整備すればよいですか。

ポイント コーポレートガバナンスコード、金融検査マニュアルおよび監査役監査基準が金融機関に求める対応を参酌して、外部監査態勢を整備・確立する必要があります。

解説

1　金融機関における外部監査

　金融機関の経営管理（ガバナンス）が有効に機能するためには、実効性のある外部監査が不可欠であるため、銀行は外部監査が有効に機能しているかを定期的に検証するとともに、外部監査の結果等について適切な措置を講じなければなりません（主要行監督指針Ⅲ－1－2－1(6)）。金融機関における外部監査として、制度上義務づけられている会計監査人による財務諸表監査およびその監査手続の一環として実施される内部管理体制の有効性等の検証のほか、弁護士等によって任意に実施される外部監査もあわせて行う場合には、これらを総合的に検証して外部監査の実効性等が検証されます。

　外部監査の実効性確保のための対応は、下記2のとおり、コーポレートガバナンスコード、金融検査マニュアルおよび日本監査役協会が定める監査役監査基準がそれぞれ指針を示していますので、これらを十分に参酌して外部監査態勢を整備・確立します。

2 外部監査の実効性を確保するための態勢

(1) コーポレートガバナンスコードが求める対応

コーポレートガバナンスコード補充原則3-2①は、監査役会に対し、少なくとも、会計監査人候補を適切に選定し会計監査人を適切に評価するための基準を策定し、会計監査人に求められる独立性と専門性についての確認を求めています。また、コーポレートガバナンスコード補充原則3-2②は、取締役会および監査役会に対し、少なくとも下記①～④の対応を求めています。

① 高品質な監査を可能とする十分な監査時間の確保
② 会計監査人からCEO・CFO等の経営陣幹部へのアクセス（面談等）の確保
③ 会計監査人と監査役（監査役会への出席を含む）、内部監査部門や社外取締役との十分な連携の確保
④ 会計監査人が不正を発見し適切な対応を求めた場合や、不備・問題点を指摘した場合の会社側の対応体制の確立

(2) 金融検査マニュアルが求める対応

金融検査マニュアルは、外部監査の実効性を確認する観点から、①会計監査人、弁護士等による内部管理態勢に対する外部監査の実施状況、②実効的な外部監査のための協力態勢、③外部監査の有効性の分析・評価態勢、④指摘事項に対する改善およびフォローアップ態勢を検証するとしています。

(3) 監査役監査基準が求める対応

a 会計監査人の職務遂行が適正に行われることを確保する体制の確認

監査役監査基準は、監査役会は、会計監査人の職務の遂行が適正に行われていることを確保するため、下記①～③の事項について会計監査人から通知を受け、会計監査人が会計監査を適正に行うために必要

な品質管理の基準を遵守しているかどうか、会計監査人に対して適宜説明を求め確認を行う必要があるとしています（監査役監査基準31条）。
① 独立性に関する事項その他監査に関する法令および規程の遵守に関する事項
② 監査、監査に準ずる業務およびこれらに関する業務の契約の受任および継続の方針に関する事項
③ 会計監査人の職務の遂行が適正に行われることを確保するための体制に関するその他の事項

b 会計監査人との連携

　監査役監査基準は、監査役会は、監査役監査および会計監査人監査が実効的かつ効率的に実施されるために、会計監査人と定期的に会合をもち、必要に応じて監査役会への出席を求めるほか、会計監査人から監査に関する報告を適時かつ随時に受領し、積極的に意見および情報の交換を行うなどの体制の整備に努めなければならないとしています（監査役監査基準47条）。

Q54 金融機関のグループ子会社管理と役員の責任

　金融機関におけるグループ子会社の管理に関しては、どのような点に留意すべきですか。銀行持株会社について留意すべき点はありますか。

ポイント

　グループ子会社を含めた企業集団に係る内部統制システム構築は取締役の善管注意義務の内容を構成します。会社法上は株式会社の役員が「子会社の管理・監督義務」を当然に負うとは考えられていませんが、グループ子会社の役員との兼任等の具体的事情により、金融機関の役員が子会社の業務執行等に関して民事責任を追及される可能性は否定できません。

　銀行持株会社については、法律上、その業務範囲が、子会社である銀行および他の子会社の経営管理に限定されていること等から、銀行持株会社の役員はグループ子会社の経営管理責任をより問われやすいといえます。なお、金融グループにおける経営管理のあり方との観点から、銀行持株会社に求められる機能や金融グループのガバナンスについての法改正が、早ければ平成28年中にも行われる可能性もあり、今後の立法動向に注意が必要です。

　グループ内証券子会社との情報授受にはファイアーウォール規制が及ぶことにも注意が必要です。

解　説

1　金商法

　金商法は、金融商品取引所に上場されている有価証券の発行者は、

事業年度ごとに、内部統制報告書を有価証券報告書とあわせて内閣総理大臣に提出し（金商法24条の4第1項）、さらに内部統制について公認会計士または監査法人による監査証明書を提出しなければならないと規定します（同法193条の2第2項）。発行株式を上場している金融機関は内部統制報告書を作成したうえでその監査を受けなければなりません。

内部統制報告書には、子会社を含む企業集団の財務計算に関する書類等の情報の適正性を確保するための体制についての評価を記載します。その前提として、報告の対象となる会社は、グループ全体の財務計算に関する書類等の情報の適正性を確保するための体制を整備しておかなければなりません。

2 会 社 法

金商法による内部統制は主として財務内容に関するものですが、平成27年5月施行の改正会社法では、従前には会社法施行規則で定めていた子会社に関する内部統制に関する体制整備義務を法律に明記しました。具体的には、取締役会は「取締役の職務の執行が法令及び定款に適合することを確保するための体制その他株式会社の業務並びに当該株式会社及びその子会社から成る企業集団の業務の適正を確保するために必要なものとして法務省令で定める体制の整備」を決定しなければならないと明記され（会社法362条4項6号・5項）、施行規則のレベルでも、子会社の体制整備義務の内容が詳細に明文化されました（会社法施行規則100条1項5号等）。

銀行は株式会社であって取締役会の設置が法律上強制されているため（銀行法4条の2）、上記の会社法の適用を受けます。すなわち、グループ子会社を含めた企業集団における業務遂行の適正を確保する体制の整備は銀行の取締役の善管注意義務の内容を構成します。なお、

事業報告においても、内部統制システムの運用状況の概要を開示します（会社法施行規則118条2号）。

3　いわゆる「子会社の管理・監督義務」

　銀行など金融機関のグループ子会社の管理は、役員の兼務などを手段として行われている例が多いと思われます。これにより金融機関の役員が子会社の業務執行等に関する情報を入手して適切な子会社の経営管理態勢を構築することは望ましいことではありますが、これによって、当該金融機関の役員が、子会社の業務執行等について民事責任を追及される可能性がありますので適切な管理監督を行うことに留意が必要です。

　この点、裁判例では、事業会社の事例ですが、不良在庫を抱えて経営破綻した子会社に対する監視を懈怠し、子会社の経営状況を調査しないままに子会社に対する高額の融資等を行ったことについて、親会社（ただし、子会社の取締役を兼務）の取締役の善管注意義務違反を認めた事例（福岡魚市場事件・福岡高判平24.4.13（金商1399号24頁）、最判平26.1.30（民集246号69頁））や、子会社による不動産購入がグループ全体の業務といえる実態があったとの前提のもとで子会社の意思決定に参加していることを理由に親会社の取締役の責任が追及された事例（東京地判平23.11.24（判時2153号109頁）、結論として取締役の責任は否定）が参考になります。

　なお、平成27年5月施行の改正会社法の検討過程では、株式会社の取締役がその子会社の業務を管理・監督しなければならないといういわゆる「子会社の管理・監督義務」を明文で規定することは、義務の範囲が不明確である等の根強い反対意見をふまえ見送られた経緯があります。したがって、会社法上は、一般的抽象的に、「子会社の管理・監督義務」という概念を媒介として親会社取締役が子会社の業務

執行について当然に責任を負うという考えは採用されていません。上記で紹介した裁判例も、具体的な事案をふまえた判断であり一般的な「子会社の管理・監督義務」の存在を前提としているとは解されていません。もっとも、上記2の平成27年5月施行の改正会社法により、子会社における業務執行等に関して、親会社取締役の善管注意義務違反が問われやすくなっている社会経済的背景があることには留意してください。

4 銀行持株会社による経営管理

　銀行持株会社とは、銀行を子会社とする持株会社であって、内閣総理大臣の認可を受けた株式会社です（銀行法52条の17、52条の18第2項）。

　銀行持株会社の業務範囲は、銀行法上、子会社である銀行および他の子会社の「経営管理及びこれに付帯する業務」と明記されています（**Q68**参照）。また、銀行持株会社は、子会社との役員の兼務や子会社との間の経営管理契約締結（重要案件の報告・承認等）により、傘下子会社と密接な関係にあると評価しうる例もみられるため、かかる事情次第ですが、銀行持株会社の役員はそのグループ子会社の経営管理に係る監督責任をより問われやすい立場にあるといえます。

　なお、銀行持株会社に認められている「経営管理及びこれに付帯する業務」は法令上の定義規定がなく、また、銀行法上、銀行持株会社は銀行主要株主の、いわば延長線上に位置づけられており、金融グループ全体の経営管理という観点からは銀行持株会社の役割は銀行法上は必ずしも明確とはいえません。かかる問題意識を背景として、金融審議会において、平成27年5月より、「金融グループを巡る制度のあり方に関するワーキング・グループ」が、金融グループ全体の経営管理に係る持株会社の機能・業務範囲・ガバナンス等の制度の見直し

について検討を行い、同年12月にかかる検討に基づく報告案が公表されました。同報告案においては、金融グループに求められる経営管理機能の内容を法令上明確化することや、子銀行役員に対する持株会社の指揮命令制度の創設といった、会社法の規律とは異なるガバナンス上の規律を金融グループに及ぼすことについて検討を深めることが適当とされています。報道によれば、この報告案の方向性に沿って、銀行法などの関連法の改正案が、早ければ平成28年の通常国会に提出される見込みとのことです。したがって、今後の立法動向に注意が必要です。

5　ファイアーウォール規制上の留意点

　グループ内に証券子会社が存在する場合、ファイアーウォール規制により、持株会社は経営管理目的で証券子会社から顧客の非公開情報を受領することができますが（ただし、内部の管理および運営に関する業務を行う部門から非公開情報が漏えいしない措置が的確に講じられている場合に限ります）、逆に持株会社からの情報の提供は禁じられています。実際の経営管理にあたっては、これらの規制にも留意すべき必要があります（金商業等府令153条1項7号リ）。

Q55 海外拠点の管理と内部統制システム

当行の海外拠点管理にあたって、内部統制システムの構築・運用の観点から、どのようなことに留意すべきですか。

ポイント　取締役としては、善管注意義務の内容として、海外拠点の従業員が国内外の関係法令を遵守し、不正行為の発生を防止するためのリスク管理体制を構築する義務があるとされている点に留意してください。また、監査役は、その業務監査の一環として、取締役がリスク管理体制の構築を行っているか否かを監査すべき義務を負う点に留意してください。

構築するリスク管理体制の内容については、「リスクベース・アプローチ」の考え方が参考になると思われます。

解説

取締役は、善管注意義務の内容として、従業員により通常想定しうる不正行為については、それを回避するための内部統制システムを構築する義務を負っているものと解されております。

仮に海外拠点に駐在する従業員および／または海外現地採用の従業員による不正行為が発生した場合、取締役として個別具体的な不正行為自体の認識可能性がなくとも、不正行為を防止しうるリスク管理体制構築を怠っていたことによって当該不正行為が発生したと認められる場合には、取締役は、内部統制システム構築義務違反による会社および／または第三者に対する責任を負うこととなる可能性があります（会社法423条1項、429条1項）。

また、監査役は、その業務監査の一環として、取締役がリスク管理体制の構築を行っているか否かを監査すべき義務を負う点に留意してください。

　なお、海外拠点が、支店や駐在員事務所ではなく、現地法人であり、親会社とは法人格が異なる場合であっても、企業集団の内部統制システムの整備を行うことは、親会社取締役の善管注意義務の内容に含まれるため、親会社取締役は、海外現地法人を含めて、国内外の関連法令遵守のためのリスク管理体制を構築する義務を負っているとされうる点にも注意してください。

　構築するリスク管理体制の内容については、取締役の広い裁量に委ねられている部分が大きいのですが、具体的な事業実態に応じ、どのような態様の不正行為が、どの地域で発生するリスクが高いかといった観点をふまえて検討する必要があります。

　経済産業省が平成27年7月30日に公表した「外国公務員贈賄防止指針」では、会社の内部統制システム構築の一環として、外国公務員に対する贈賄防止のための体制を構築する必要がある旨述べられています。同指針では、贈賄リスクが高い地域・業務部門・行為類型については、高リスク行為に対する承認ルールの制定・実施、従業員に対する教育活動や内部監査といった対策を重点的に実施してリスク低減を図る一方、リスクが低い類型についてはより簡素化された措置を行うという、リスクの高低に応じてルールを策定するいわゆる「リスクベース・アプローチ」が推奨されています。

　必要に応じて弁護士等の外部専門家に相談のうえ、国内外の他金融機関における水準や海外当局発行のガイドライン等も参考にしつつ、上記「リスクベース・アプローチ」の考え方もふまえてメリハリをつけたリスク管理体制の構築を行っていくことを検討してください。

第4章　金融機関役員の職責1──内部統制システムの確立

第 5 章

金融機関役員の職責2
——法令遵守態勢の確立

Q56 法令遵守態勢の確立の重要性と金融機関役員への期待

銀行の取締役は、法令等遵守態勢の確立に関しどのような期待がされていますか。

ポイント

銀行は公共的使命を有しており、法令等遵守態勢の確立にあたっては、法令の背景にある倫理・社会規範を踏襲し、単に法令違反をしないというだけでなく、法令違反を生じさせることのないような業務体制の確立と、法令違反と疑われやすい行為自体を規制することが肝要です。銀行の取締役は、法令等遵守態勢の確立のため、自社の状況に即した適切な基本方針・遵守基準を策定し、内部規程・組織体制を整備し、またそれらについて評価改善を継続する必要があります。

解 説

1 銀行の公共的使命と法令等遵守態勢の整備・確立

銀行は、金融という社会インフラを担うという点で公共的使命を有しているものであり、法令等遵守態勢の整備・確立は、金融機関の業務の健全性および適切性を確保するための最重要課題の1つと位置づけられます。そして、取締役等の経営陣には、法令等遵守態勢の整備・確立のため、法令等遵守に係る基本方針を決定し、組織体制の整備を行う等、金融機関の業務の全般にわたる法令等遵守態勢の整備・確立を自ら率先して行う役割と責任があります（金融検査マニュアル）。

銀行において法令等遵守がなされていないと考えられる事態が生じ

ると、金融資産を預かり、あるいは適切な貸付を行う企業としては不適切であるとみられかねないことになります。よって、銀行においては、法令の遵守に際し、単に法令を守ればよいというものではなく、その背景にある倫理・社会規範を遵守する必要があり、これにより、形式的に法令に違反しているか否かという側面だけでなく、実質的な問題がないかという観点から行動がなされるようになり、法令違反が生じるおそれを低減させることになると考えられます。

2 内部規程の整備

　法令等遵守態勢の確立にあたっては、上記のような倫理・社会規範という実質的な考え方の浸透を図るとともに、法令違反を生じさせることのないような組織・業務体制の確立と、法令違反ではなくとも法令違反と疑われやすい行為自体を内部規程により規制することも重要です。たとえば、インサイダー取引に関しては、インサイダー取引に該当する株式等の取引をしないということのみならず、インサイダー情報の入手者を管理することによりインサイダー取引が生じることのないような抑止力を発揮させ、あるいはそもそも一定の業務を取り扱う者の株式等の取引自体を規制することの検討が必要となります。

3 基本方針等の策定と評価・改善

　法令等遵守態勢の確立の際には、その基本方針と遵守基準（ガイドライン）を策定することとなり、また、それをふまえた内部規程・組織体制を整備する必要があります。それらは、業務のカテゴリーごとに固有のリスクを洗い出したうえで、監督指針や金融検査マニュアルとの整合性をとりつつ策定することになります。具体的にはトップダウンでこれを進める方法や各部門の策定を中心とする方法、それを組み合わせた方法が考えられますが、どのような方法で進めるかは、自社の経営陣や経営管理セクション、業務統括部署の体制等によって判

断することになります。他社事例を参考にするということはあってもどのような方針を定めればよいという解はなく、自社の状況や体制に適合する態勢を確立する必要があります。

そして、取締役は、継続的にそれらを評価・改善していく必要があります。

Q57 金融機関の経営に際して参照されるわが国の主な法令・行政指針

金融機関の経営に際して参照される日本の主な法令・行政指針について教えてください。

ポイント 　金融機関の経営においては、設立・上場関連法令等のほか、業務規制・監督に関する法律、これを遵守するための監督指針や、民法をはじめとする取引関係法令などが参照されることになります。

解　説

金融機関の業務の公共性、多様性ゆえに、多数の法令等を参照する必要があります。そのうち重要性が高いと思われる日本の法令等の例は以下のとおりです。

1　設立・上場関連法令等

金融機関の経営に際しては、以下のとおりその法人の根拠法が参照されます。

・会社法（銀行・信託銀行）
・信金法（信用金庫）
・中協法、協金法等（信用協同組合）

また、金融機関の上場に関しては、以下の法令等が参照されます（施行令・施行規則を含む、以下同様）。

・金商法・有価証券上場規程・コーポレートガバナンスコード

さらに、法人であることとの関連で、以下の法令が参照されます。

- 労働基準法・労働契約法・労働組合法・男女雇用機会均等法
- 法人税法・租税特別措置法

2　業務規制・監督に関する法令等

　金融機関の業務規制・監督に関しては、以下の法令・行政指針が参照されます。

- 銀行法・兼営法・信託業法・金商法
- 主要行監督指針・信託会社監督指針・中小・地域監督指針・金融検査マニュアル
- 独占禁止法
- 個人情報保護法・金融分野における個人情報保護に関するガイドライン
- 弁護士法

3　取引関係法令

　金融機関が行う取引に関しては、以下の法令が参照されます。

(1) 取引全般に関するもの

- 民法・同施行法・商法
- 民保法・民訴法・民執法・滞調法
- 法適用通則法

(2) 主に預金・金融商品販売・為替に関するもの

- 金販法
- 偽造盗難カード預金者保護法・犯罪収益移転防止法・振り込め詐欺救済法
- 導入預金取締法
- 財形法
- 外為法

(3) **主に貸出に関するもの**
・出資法・利息制限法・特定融資枠契約に関する法律
・割賦販売法
・借地借家法・建物保護法
・区分所有法
・仮登記担保法
・振替法
・動産・債権譲渡特例法
・手形法・小切手法
・特定調停法
・破産法・民再法・会更法

(4) **主に信託に関するもの**
・信託法・投信法・担保付社債信託法
・資産流動化法・不動産特定共同事業法・宅建業法

Q58 反マネーロンダリング対応

反マネーロンダリング対策について金融機関に求められる態勢はどのようなものですか。

ポイント

国際的な反マネーロンダリング対策の強化を背景に、日本における法規制も厳格化の傾向にあります。犯罪収益移転防止法は金融機関に取引時確認および疑わしい取引の届出義務を課しているところ、かかる義務の違反は、単なる事務手続の過誤にとどまらず、重大な法令遵守違反となり、ひいては、国際的に十分な反マネーロンダリング対応をとっていない金融機関と認識され、コルレス契約の解除等の不利益を被るおそれもあります。金融機関としてはかかる重要性を認識のうえで、適時適切な義務履行態勢を整備することが肝要です。主要行監督指針において態勢整備に係る金融監督上の着眼点が具体的に示されており、これに沿って態勢整備を進める必要があります。

解説

1 マネーロンダリング

マネーロンダリングとは、資金洗浄（Money Laundering）を意味し、具体的には、犯罪等の違法行為によって得られた資金・収益の出所や帰属を隠し、合法的な経済活動の結果得られた資金・収益にみせかけるプロセスなどを指します。たとえば、振り込め詐欺や麻薬などの違法薬物の売買代金を偽名や他人名義で開設した金融機関口座に預け入れる行為等がこれに当たると考えられます。

2 FATF勧告とわが国の規制の流れ
(1) 国際的な規制の流れ

マネーロンダリング等に対しては、Financial Action Task Force on Money Laundering（以下「FATF」という）が国際的な対策をリードしてきました。FATFは、マネーロンダリング、テロ資金供与対策における国際協力を推進する政府間会合のことをいい、平成27年9月現在、わが国を含む34の国・地域および2国際機関が参加しています。FATF勧告はマネーロンダリング、テロ資金供与対策における国際基準となっています。

FATF勧告としては、平成2年に「40の勧告」が策定されました。「40の勧告」は、犯罪収益の剥奪への対策のために各国がとるべき措置をまとめたものであり、本人確認や疑わしい取引の届出の義務づけ等を内容としています。同勧告は、1990年代における組織犯罪の国際的な広がりを受け、平成8年に改訂され（前提犯罪（不法な収益を生み出す犯罪であって、その収益がマネーロンダリングの対象となるもの）を薬物犯罪から重大犯罪までに拡大する等）、そして、マネーロンダリングの態様の変化（金融機関以外の業態の利用等）を受け平成15年に再改訂されています（非金融業者、職業専門家への勧告の適用等）。

また、「9の特別勧告」は、平成13年9月の米国同時多発テロ事件を受け、テロ資金供与対策として各国がとるべき対応をまとめています。

これら2つの勧告は、大量破壊兵器の拡散や、公務員に係る贈収賄等の腐敗などの脅威への対応等も目的として平成24年のFATF勧告の全面改訂により統合され、双方の対策をカバーする40の勧告にまとめられました。全面改訂の主なポイントは、リスク・ベース・アプローチの強化、法人・信託、および電信送金システムに関する透明性

の向上、剥奪およびテロ資金供与対策のための当局の機能および国際協力体制の強化、新たな脅威への対応（PEPs（Politically Exposed Persons、重要な公的地位を有する者）の定義の拡大等）です。

(2) **わが国の規制の流れ**

わが国では、FATF勧告の内容をふまえつつ、マネーロンダリング等に対して、規制を厳格化してきました。

平成2年6月、顧客の本人確認実施を要請する旨の金融団体に対する通達が出されました。平成4年7月には「国際的な協力の下に規制薬物に係る不正行為を助長する行為等の防止を図るための麻薬及び向精神薬取締法等の特例等に関する法律」が施行され、薬物犯罪に係るマネーロンダリングが犯罪化されるとともに、「40の勧告」に対応して金融機関等による薬物犯罪収益に係る疑わしい取引の届出制度が創設されました。

平成8年6月の「40の勧告」の一部改訂をふまえ、平成12年2月に組織的犯罪処罰法が施行され、マネーロンダリングの前提犯罪が薬物犯罪だけでなく重大犯罪まで拡大され、疑わしい取引の届出の対象犯罪も拡大されました。

そして、平成13年9月の米国同時多発テロ事件後の平成14年7月、「公衆等脅迫目的の犯罪行為のための資金の提供等の処罰に関する法律」が施行され、テロ資金提供・収集行為が犯罪化されました。同法の制定に伴い組織的犯罪処罰法の一部が改正され、テロ資金提供・収集罪が前提犯罪に追加され、テロ資金の疑いのある財産に係る取引も疑わしい取引の届出対象に含まれることになりました。

平成15年1月には「金融機関等による顧客等の本人確認等に関する法律」が施行され、「40の勧告」等に係る本人確認等の措置が法制化され、平成16年12月に同法は「金融機関等による顧客等の本人確認等

及び預金口座等の不正な利用の防止に関する法律」となり、それに伴い、預貯金通帳等の譲受け・譲渡やその勧誘・誘引行為等が処罰対象となりました。

平成19年3月には犯罪収益移転防止法が成立し、平成23年4月には、特定事業者の取引時の確認事項の追加、電話転送サービス事業者の特定事業者への追加、取引時確認等を的確に行うための措置の追加、預貯金通帳等の不正譲渡等に係る罰則の強化等を内容とする同法の改正が行われました（同法については平成26年10月に、疑わしい取引の判断方法の明確化、コルレス契約締結時の厳格な確認等を内容とする改正案が同年11月に成立し公布されました（平成28年10月1日の施行目標））。

3　態勢の整備

上記のとおり、マネーロンダリング等の規制は厳格化されており、このような規制の流れをふまえ、主要行監督指針において、主な着眼点として、マネーロンダリング等を防止するために金融機関が整備すべき態勢が記載されています。具体的には、以下のとおりです。

① 取引時確認や疑わしい取引の届出を的確に行うための法務問題に関する一元的な管理態勢（適切な人材の配置やコルレス契約について体制整備等）

② 疑わしい取引の届出を行うにあたって、顧客の属性、取引時の状況その他金融機関の保有する当該取引の具体的な情報を総合的に勘案する等適切な検討・判断が行われる態勢

③ 高リスク取引における厳格な顧客管理など犯罪収益移転防止法上必要となる取引確認を行う態勢

④ 口座の不正利用等を防止するために、適切な口座管理を実施するための内部管理態勢

⑤ 振り込め詐欺救済法に規定する犯罪利用預金口座等に係る預金等

債権の消滅手続や振込利用犯罪行為の被害者に対する被害回復分配金の支払手続等につき円滑かつすみやかに処理するための態勢
⑥　預金口座の不正利用に関する裁判所からの調査嘱託や弁護士法に基づく照会に対して適切な判断を行う態勢
⑦　盗難通帳・偽造印鑑等による預金の不正払戻しを防止するために、必要な窓口対応を行う態勢

　加えて、上記監督指針では、上記着眼点に照らして、内部管理態勢に問題がある場合には業務改善命令の発出等の処分がなされうることが言及されています。

　なお、海外の金融機関は、その締結するコルレス契約の相手方である金融機関が十分な反マネーロンダリング対応を行っているかを重視し、これをモニタリングしています。したがって、仮に、わが国のある金融機関の反マネーロンダリング対応が不十分であると評価される事態になった場合、コルレス契約の相手方の海外金融機関からそれを理由としてコルレス契約を解除され、外国為替業務に重大な支障が生じるというリスクがあります。この観点からも反マネーロンダリング対応は重要です。

Q59 反社会的勢力への対応

反社会的勢力との関係遮断へ向けてどのように対応すればよいですか。また、関係遮断を怠った場合の制裁にはどのようなものがありますか。

ポイント　金融機関はその公共性ゆえに、反社会的勢力との関係遮断が強く求められています。主要行監督指針が金融機関がとるべき対応を具体的に列挙しており、経営陣の関与のもと、組織をあげた反社会的勢力との関係遮断に向けた取組みが求められています。

関係遮断への取組みの懈怠は、監督官庁からの行政処分の対象となるほか、役員等の善管注意義務違反を構成する可能性があります。

解説

1　反社会的勢力排除の重要性

反社会的勢力を社会から排除することは、社会の秩序や安全を確保するうえできわめて重要な課題であり、反社会的勢力との関係の遮断に取り組むことは、企業にとって社会的責任を果たす観点から必要かつ重要です。平成19年には犯罪対策閣僚会議幹事会申合せとして「企業が反社会的勢力による被害を防止するための指針について」が公表され、このことが企業一般の責務として認知されました。特に、公共性を有し、経済的に重要な機能を営む金融機関においては、金融機関自身や役職員のみならず、顧客等のさまざまなステークホルダーの被害を防止するため、反社会的勢力を金融取引から排除することがいっ

そう強く求められます。

2 反社会的勢力排除に係る金融監督上の要請

金融機関における反社会的勢力の排除の重要性から、主要行監督指針では、「反社会的勢力による被害の防止」の項目における主な着眼点として、要旨、以下の項目をあげています。かかる観点をふまえ、経営陣主導のもと、反社会的勢力との関係排除へ向けた態勢整備・構築を進めるべきです。

① 担当者や担当部署だけに反社会的勢力対応を任せることなく取締役等の経営陣が適切に関与し、組織として対応することとしているか

② 反社会的勢力対応部署を整備し、反社会的勢力による被害を防止するための一元的な管理態勢が構築され、機能しているか

③ 反社会的勢力との取引を未然に防止するため、反社会的勢力に関する情報等を活用して適切な事前審査を実施したり、契約書等への暴力団排除条項の導入を徹底するなど、反社会的勢力が取引先となることを防止しているか

④ 反社会的勢力との関係遮断を徹底する観点から既存の契約等の適切な事後検証を行うための態勢が整備されているか

⑤ 反社会的勢力であることを知らずに関係を有してしまった場合について、相手方が反社会的勢力であると判明した時点で可能な限りすみやかに関係を解消できるような取組みを行うこととしているか

⑥ 反社会的勢力からの不当要求に対処する態勢を有しているか

⑦ 定期的に株主の属性情報等を確認するなど株主情報の管理を適切に行っているか

3 反社会的勢力の排除懈怠の制裁

(1) 行政処分

主要行監督指針は、当局の監督手法・対応として、反社会的勢力との関係を断絶するための態勢に問題があると認められる場合には、必要に応じて以下の対応をとることを明記しています。

① 銀行法24条に基づき報告を求め、当該報告を検証した結果、業務の健全性・適切性の観点から重大な問題があると認められる場合等には、同法26条に基づく業務改善命令の発出を検討

② 反社会的勢力との不適切な取引関係を認識しているのに関係解消に向けた適切な対応が図られないなど、内部管理態勢がきわめて脆弱であり、その内部管理態勢の改善等への専念が必要と認められたときは、同条に基づく業務改善に要する一定期間に限った業務の一部停止命令の発出を検討

③ 反社会的勢力であることを認識しながら組織的に資金提供や不適切な取引関係を反復・継続するなど、重大性・悪質性が認められる法令違反または公益を害する行為などに対しては、同法27条に基づく厳正な処分（業務停止、役員解任、免許取消し）を検討

過去にも、関連信販会社による提携ローンの顧客が反社認定先であることが判明した後、2年以上、反社認定先への融資を未然に防止するための銀行基準での「入り口チェック」を行っていなかった事案で、金融庁が銀行に対して業務改善命令を発出した例があります。

(2) 取締役の善管注意義務違反

金融機関の取締役会は、反社会的勢力による被害の防止を内部統制システムに明確に位置づけ、平素よりそれを整備する義務を負います。

加えて、事業会社の取締役の善管注意義務違反が問われた事例です

が、最判平18.4.10（判時1936号27頁、蛇の目ミシン事件）は、取締役に対し、善管注意義務として、反社会的勢力への適切な対応義務を課したことなどを考慮すると、取締役は、単に漠然と内部統制システムの整備につき取締役会決議をしたというだけでは足りず、反社会的勢力からの被害防止の体制を内部統制システムの1つとして明確に位置づけ、有事の際に具体的かつ適切な対応ができるようなシステムを整備する義務を負っていると考えられます。

4 金融機関に求められる対応

上記をふまえると、金融機関が反社会的勢力に対応する際には以下の点が重要です。

金融機関は、経済活動にとって不可欠な資金決済・仲介機能を有し、特に決済機能を有する唯一の存在であるがゆえ、反社会的勢力による資金獲得活動を水際で食い止める役割を有します。そのため、反社会的勢力の排除に対する強い意識をもち、金融機関の代表自身が、断固たる態度で反社会的勢力との関係を遮断し排除していくことを内外に示すことが重要です。

そのうえで、それを実現するための体制整備、職員の安全確保等の必要な体制を構築し定期的にその有効性を検証すること、さらに、取締役会の責任としても、反社会的勢力による被害の防止を内部統制システムに明確に位置づけることが求められます。

また、金融機関は、反社会的勢力との金融取引等に係る契約の締結を拒絶するため、反社会的勢力との取引を未然に防止するための適切な事前審査を実施し、契約書や取引約款等に暴力団排除条項を導入するなどの具体的な防止方法を講じることも重要です。

そして、万が一、意図せず反社会的勢力との取引を開始してしまった場合、すみやかに金融取引を解消することが必要です。

反社会的勢力に係る問題は、内部だけで対処させることがむずかしい側面も多く、外部機関と積極的に意思疎通を行うことも重要です。

Q60 銀行における第三者割当増資

銀行における第三者割当増資の留意点を教えてください。

ポイント 　銀行の増資が第三者割当増資である場合には、「資本充実の原則」との関係や「優越的な地位の濫用」の防止等に留意する必要があります。銀行の第三者割当増資に際しては適切な開示と、勧誘の際の顧客に対する適切な説明の必要があり、さらに、増資を中止すべき義務が認められる場合もあります。

解　説

1　銀行における第三者割当増資

　銀行の増資が第三者割当増資である場合には、「資本充実の原則」との関係や「優越的な地位の濫用」の防止に特に注意する必要があります。第三者割当増資は恒常的に行われるものではないことから、コンプライアンス態勢がつど、取締役会の責任において、全行的に構築され、行内に徹底される必要があり、健全性や誠実さ等の観点から、特に十分な経営努力を払うべきです（主要行監督指針Ⅲ－3－1－5－1(2)）。

　銀行が取締役会で第三者割当増資を行う方針を決議したときは、すみやかに当局への届出（銀行法53条1項4号）を行うとともに、金商法を遵守するための措置を講じます。また、第三者割当増資終了後においても、6カ月間法令等遵守に関する内部管理態勢の事後点検を行い、その結果について、当局宛届出を行います（主要行監督指針Ⅲ－3－1－5－2(5)①）。

2 資本充実の原則等

　増資に際しては、会社法の「資本充実の原則」の遵守および「銀行の自己資本としての健全性（安定性・適格性）」の確保が必要です。少なくとも、①返済能力や意思のない先に、直接または迂回して融資等の信用供与を行い、その融資等の信用供与による資金で増資払込みを行わせたり、②増資引受先の株式保有リスクをなんらかのかたちで銀行または銀行グループが肩代わりしたりすることは問題となります（主要行監督指針Ⅲ－3－1－5－2(2)②イ）。

　銀行が、株式引受者に迂回融資を行い、当該融資金により払込みがされた場合、その実質において資本の増加はありません。株式引受者に債務弁済する能力がなければ銀行の貸金債権を実質的な資産と評価できず、当該払込みは無効であり、銀行の取締役は引受担保責任を負います（東京地判平18.5.25（判タ1241号198頁））。この場合、商業登記簿の原本である電磁的記録に増資の記載をさせた行為について電磁的公正証書原本不実記載罪が成立しえます（最判平17.12.13（刑集59巻10号1938頁））。

3 不公正な取引の防止

　銀行が第三者割当増資をするにあたっては、優越的な地位の濫用等の不公正な取引方法や、インサイダー取引、有利買付け等の表示の禁止等に該当する行為の発生を防止する必要があります（主要行監督指針Ⅲ－3－1－5－2(2)②ロ）。

4 開示・説明義務と中止義務

　銀行の第三者割当増資に際しては適切な開示と、勧誘の際の顧客に対する適切な説明の必要があります（主要行監督指針Ⅲ－3－1－5－2(2)②ハ・ニ）。

　さらに、増資後早晩に銀行が破綻し、増資の引受者等の財産的損害

の発生を予見しうる場合、取締役は、増資を差し控え、損害の発生を回避すべき注意義務を負います（石川銀行事件・名古屋高金沢支判平23.4.27）。

　この増資中止義務に関し、銀行の危機時に第三者割当増資を行うような場合には、引受者に対して銀行の状況が理解できるような十分な資料提供と説明を行うことが重要です。取締役としては、そのような説明を行わないで増資を行おうとしている場合には、取締役会の決議で反対の意向表明をすべきです。

Q61 インサイダー取引防止態勢と善管注意義務

金融機関の役員は、インサイダー取引の防止につき、どのような義務がありますか。また、取締役の善管注意義務との関係はどのように考えたらよいですか。

ポイント

金融機関はインサイダー情報を入手する機会が多く、金融機関の業務としてか役職員の個人的な行為としてかを問わず、インサイダー取引実施のリスクが高い業種です。そのため、金融機関には、法令や監督指針によりインサイダー取引防止態勢の構築義務が課されており、これは取締役の善管注意義務の内容を構成します。

また、金融機関の役職員によるインサイダー取引発生の場合には、金融機関は、両罰規定による刑事処分および業務改善命令等の行政処分の対象となります。

解説

1 インサイダー取引のリスク

金融機関は、取引先等のインサイダー情報を入手する機会が多く、金融機関の業務としてかその役職員の個人的な行為としてかを問わず、金商法上禁止されているインサイダー取引（金商法166条、167条）のリスクが高い業種といえます。

実際、銀行の行員が、取引先等のインサイダー情報を知ってインサイダー取引に及び、刑事処分を受けた事例が複数存在します。インサイダー取引の罰則には両罰規定もあり（同法207条1項2号、197条の2

第5章 金融機関役員の職責2——法令遵守態勢の確立 | 209

第13号)、行員が銀行の業務に関して行ったインサイダー取引について、銀行も起訴され、罰金刑が科された例もあります。

また、従業員によりインサイダー取引が行われた金融商品取引業者において、不公正取引の未然防止態勢が不十分であったなどとして、行政処分が発せられた例も存在します。銀行等の他の金融機関においても、役職員がインサイダー取引に及んだ場合、インサイダー取引防止態勢に不備があれば、当局から行政処分を受ける可能性があります。

2 防止態勢の構築義務と取締役の善管注意義務

金融機関には、インサイダー取引等の不公正取引の防止に必要な内部管理態勢の構築が求められます(主要行監督指針Ⅲ-3-3-3-2(3)、中小・地域監督指針Ⅱ-3-2-3-2(3)、金商業者監督指針Ⅲ-2-4(3))。また、登録金融機関や金融商品取引業者は、法人関係情報(業府令1条4項14条号)に基づいた有価証券取引も禁止されます(金商法38条8号、業府令117条1項16号)。

事業会社の事例ですが、従業員のインサイダー取引に関し、取締役にインサイダー取引を防止する任務懈怠があったとして、株主代表訴訟が提起された例があります(東地判平21.10.22(判時2064号139頁))。同事案の判決で、裁判所は、当該社の業種等から、その従業員は秘密性のある情報や未公表情報などのインサイダー情報に接する機会が多いとしたうえで、当該社の取締役は、「一般的に予見できる従業員によるインサイダー取引を防止し得る程度の管理体制を構築し、また、その職責や必要の限度において、従業員によるインサイダー取引を防止するために指導監督すべき善管注意義務を負うものと解される」と判示しました。この判決の趣旨は、インサイダー情報に接する機会の多い金融機関にも妥当することから、金融機関の取締役は、その善管

注意義務の内容として、インサイダー取引防止態勢の構築義務を負うと考えられます。

したがって、金融機関の取締役等としては、インサイダー取引の発生を防止するため、インサイダー取引防止規程等の行内規程の策定・周知、研修の徹底、一定範囲の役職員の株式売買を許可制とする、チャイニーズウォール（部門・チーム間の情報隔壁）を整備するなどの態勢整備を行う必要があります。

特に、一般的に部門・部署を超えた情報共有が広く行われる傾向のある銀行に所属する役職員がその証券子会社に出向・転籍等する場合には、インサイダー取引の発生を未然に防止するという観点から、インサイダー情報を含む情報全般の慎重な取扱いについて、当該役職員に対する研修の必要性は高いといえます。

Q62 当局検査忌避の防止

当局検査の忌避が問われる場合、銀行や取締役はどのような責任を負いますか。

ポイント　関与した役職員は検査忌避罪に問われ刑事責任の対象となります。また民事上の損害賠償義務を負う可能性があります。銀行も両罰規定により刑事責任（罰金）を負い、業務改善命令等の行政処分の対象となります。過去にも複数の処分例があるため、検査対象資料は電子データも含め改ざん・隠ぺいできない態勢を構築するなど、細心の注意が必要です。

解　説

1　検査忌避と刑事・行政責任

(1)　刑事責任

　当局は、銀行、その子法人等、銀行から業務委託を受けた者、銀行議決権大量保有者、銀行主要株主、銀行持株会社およびその子法人等もしくは銀行持株会社から業務委託を受けた者、ならびに銀行代理業者に対して、立入検査をすることができます（銀行法25条1項・2項、52条の8第1項、52条の12第1項、52条の32第1項・第2項、52条の54第1項）。この検査に対し、答弁をせずもしくは虚偽の答弁をし、または検査を拒み、妨げ、もしくは忌避した者は、1年以下の懲役または300万円以下の罰金に処せられ（同法63条3号）、その場合、銀行に対しても2億円以下の罰金刑が科されます（同法64条1項2号）。信用金庫・信用組合も同様の検査忌避罪が定められています（信金法90条の

3第3号、90条の7第1項2号、協金法10条3号、11条1項2号。法定刑は行為者および法人のいずれも銀行法と同様）。

(2) 行政責任

行政処分として、銀行の業務もしくは財産または銀行およびその子会社等の財産の状況に照らして、当該銀行の業務の健全かつ適切な運営を確保するため必要があると認められたときは、業務改善命令、業務停止命令等の措置がとられます（銀行法26条1項）。

さらに、取締役は、民事責任として、善管注意義務（会社法330条、民法644条）違反・任務懈怠（会社法423条1項）による損害賠償義務を負う可能性があります。

2 過去の事例

(1) UFJ銀行検査忌避事件

検査忌避に関し、UFJ銀行に対する行政処分（平成16年6月18日）では、以下の行為等が組織的に行われた事実が認められたことにかんがみ、再発防止の確保、内部管理体制等の確立・充実・強化、改善計画の策定と実施状況の報告を内容とする行政処分が行われ、さらに、銀行と当時の副頭取ら3名が、銀行法違反の罪に問われ刑事責任を負いました。

① 重要な資料を執務室以外の場所へ移動・隠ぺいする行為が行われ、同様の重要なデータ等を廃止された部署のサーバに移動し、さらに、事実上その存在が探知できない状態に置くなどの行為が行われたこと。これに関する検査官の質問に虚偽回答をし、資料の破損等が行われたこと。

② 経営陣等による審査の際の議事録について多数の改ざん行為が行われ、立入検査において、改ざん後の議事録等が真正なものとして検査官に提出されたこと。

③　個別債務者の業容や財務状況に関して、検査官に対し虚偽の説明が行われたこと。

(2)　**日本振興銀行検査妨害事件**

検査忌避に関し、日本振興銀行に対する行政処分（平成22年5月27日）では、検査資料として検査官に業務メールを提出するに際し、特定の電子メールを意図的に削除したこと等が認められたことなどから、一部業務の約3カ月の停止、再発防止の確保、適切な受検態勢の確立、経営管理体制の抜本的再構築、役職員の責任・経営責任の明確化、業務改善計画の提出と実施状況の報告等を内容とする行政処分が行われ、さらに、役員全員が解任され、銀行と当時の会長・社長を含む役員4名が、銀行法違反の罪に問われ刑事責任を負いました。

Q63 優越的地位の濫用

当行では、顧客から変動金利での借入れの問合せを受けた場合、あわせて金利スワップを紹介する取扱いにしています。この場合、金利スワップを購入された顧客に対して、金利を優遇することにしたいのですが、問題ないですか。

ポイント　設問のような金利スワップの提案・販売を行う場合には、優越的地位の濫用に当たると評価されることのないように、自行と顧客との取引関係を慎重に考慮したうえで、その可否を判断し、顧客による購入の意思決定に際しては、十分に説明を尽くし自由意思を尊重するように留意する必要があります。

また、課徴金制度の導入以降、優越的地位の濫用をめぐってさまざまな法的論点が提起されており、今後の公正取引委員会の審決や裁判所の判断の動向も注視すべきです。

行内の販売体制は、上記の留意点をふまえたうえで優越的地位の濫用を予防できるよう適切に構築される必要があり、具体的には、内部監査時における検査項目の設定、市場性商品販売マニュアルの整備、販売資料における顧客向け注意事項の明記、ならびに、与信等の稟議に際してのチェックシートの作成・添付の義務づけといった販売経緯および顧客の属性管理等に関する適切な記録化が予防ないし対応策として有効であると考えられます。

> 解　説

1　優越的地位の濫用

　優越的地位の濫用とは、自己の取引上の地位が相手方に対して優越していること（以下「優越的地位」という）を利用して、正常な商慣習に照らして不当に、商品を購入させたり、金銭その他の経済上の利益を提供させる、などといった一定の濫用行為を行うことをいいます（独占禁止法2条8項5号）。

　従来、この優越的地位の濫用に対する制裁は、公正取引委員会による排除措置命令（同法20条）のみでしたが、平成21年の法改正によって、取引の相手方に対して濫用行為をした日から濫用行為がなくなる日までの期間の取引金額の1％に相当する課徴金が課されることになりました（同法20条の6）。

2　金利スワップに関する先例

　設問においては、金利スワップを購入した顧客に対して借入金利の優遇を検討しているとのことですが、見方を変えれば、金利スワップを購入しない顧客を相対的に不利に取り扱っているとも言いうるため、このような提案・販売が優越的地位の濫用に該当しないかについては慎重に判断する必要があります。この点については、主要行監督指針Ⅲ－3－3－1－2⑵①gや中小・地域監督指針Ⅱ－3－2－1－2⑵①gにおいても、銀行によるデリバティブ商品の提案・販売が顧客の立場からは優越的地位の濫用とみられる可能性があることを注意するよう求められています。

　実例としても、メガバンクが、顧客に対して、金利スワップの購入が融資の条件である旨や、金利スワップを購入しなければ融資に関して不利な取扱いをする旨を明示・示唆することにより、金利スワップ

の購入を余儀なくさせたとして、公正取引委員会から勧告審決を受けたこともあります（三井住友銀行事件。勧告審決平17.12.26（公正取引委員会審決集52巻436頁））。

3　優越的地位の該当性

　公正取引委員会は、平成22年11月30日付で「優越的地位の濫用に関する独占禁止法上の考え方」と題するガイドライン（以下「優越的地位ガイドライン」という）を公表するとともに、優越的地位の濫用を含む金融機関による不公正な取引方法について、平成16年12月1日付で「金融機関の業態区分の緩和及び業務範囲の拡大に伴う不公正な取引方法について」を公表しています。

　優越的地位ガイドラインによれば、「優越的地位」とは、取引の相手方（乙）にとって自社（甲）との取引の継続が困難になることが乙の事業経営上大きな支障をきたすため、甲が乙にとって著しく不利益な要請等を行っても、乙がこれを受け入れざるをえないような場合を意味すると解釈されています（優越的地位ガイドライン第2の1）。また、「優越的地位」の該当性判断にあたっては、①乙の甲に対する取引依存度、②甲の市場における地位、③乙にとっての取引先変更の可能性、および④その他甲と取引することの必要性を示す具体的事実を総合的に考慮するものとされています（同第2の2）。

　したがって、設問のような提案・販売の可否を判断するにあたっては、上記①～④の観点から、自行との関係で顧客が提案された金利スワップの購入を受け入れざるをえないような立場にあるかを慎重に検討する必要があります。

4　濫用行為の該当性

　優越的地位ガイドラインは、前記2にて紹介した勧告審決の先例をふまえて、①金利スワップの購入が融資の条件である旨や、購入しな

ければ融資に関して通常設定される融資の条件よりも不利な取扱いをする旨を明示する、または、②担当者に管理職である上司を帯同させて重ねて購入を要請するなどにより、それらの旨を示唆する、といった提案・販売の態様を優越的地位の濫用の具体例としてあげています（優越的地位ガイドライン第4の1）。

したがって、設問のような提案・販売をするに際しては、上記①または②のような態様で行われることがないように、顧客の自由意思を尊重して購入の意思決定をしてもらえるよう留意する必要があります。

5　公正取引委員会における近時の動向

前記1にて述べたとおり、近年、優越的地位の濫用規制において課徴金制度が設けられました。そのため、平成24年以降、公正取引委員会による排除措置命令および課徴金納付命令に対して、事業者が不服申立て（審判請求）を行うケースが増えており（平成27年12月時点において5件）、さまざまな法的論点が提起されています。

このような審判請求に対する公正取引委員会の最初の判断（審決）が、日本トイザらス事件（公正取引委員会審決平成27年6月4日公正取引委員会ホームページ掲載）です。この審決では「優越的地位」と「濫用行為」の具体的な認定手法等が争われました。そして、「優越的地位」の認定にあたり、前記3の①～④にあげた事情のほか、「甲による行為が濫用行為に該当するか否か、濫用行為の内容、乙がこれを受け入れたことについての特段の事情の有無」が考慮要素とされること、また、「濫用行為」に関して、買取取引における返品および減額は、一定の例外事由がある場合を除き、当該取引の相手方にあらかじめ計算できない不利益を与えるものと推認され、濫用行為に当たることがそれぞれ明らかにされています。濫用行為に該当する事実があっ

たことそれ自体を優越的地位の認定根拠としている点や、事例判断ではあるものの、優越的地位ガイドラインにおいて具体例とされた返品と減額が濫用行為に当たらないと評価される例外を限定的に解釈した点において、事業者にとっては厳しい方向での判断が下されたといえます。

　なお、排除措置命令および課徴金納付命令に先立つ公正取引委員会の審査段階においては、上記に紹介した審決以上に事業者に対して厳しい態度で臨む担当官（審査官）がしばしばみられるところです。また、仮にこれらの命令に至らずとも、公正取引委員会の審査によって生じる人的・時間的負担等の経済的不利益やレピュテーション上の不利益は事業者にとって甚大です。リスク予防の観点からは、優越的地位ガイドラインで示されている考え方や日本トイザらス事件の審決で下された判断をより保守的に受け止めることが適切でしょう。

Q64 株主に対する利益供与

株主に対する利益供与について、銀行の取締役・執行役はどのような点に注意すべきですか。

ポイント 株主の権利等の行使に関して利益供与をした場合、当該利益供与に関与した銀行の取締役・執行役は、民事責任および刑事責任の対象となります。過去に迂回融資の方法による利益供与により銀行経営者の刑事責任が問われた例もあることから、利益供与に該当するおそれのある行為は行わないよう、株主と接する場面では細心の注意を払うべきです。

解　説

1　株主に対する利益供与

銀行および銀行持株会社は銀行法上、株式会社の形態をとります（銀行法4条の2、52条の18第2項）。そして、株式会社は、当該会社やその最終完全親会社等の株主の権利、当該会社の旧株主の提訴請求権等の行使に関し、財産上の利益を供与してはならず（会社法120条1項）、これを行った取締役・執行役は、民事責任および刑事責任の対象となります。

株式会社が特定の株主に対して無償または著しく少ない対価で財産上の利益を供与した場合は株主の権利の行使に関して財産上の利益を供与したと推定されること（同条2項）、利益供与の相手方は株主である必要はなく、株主の親族や関係する会社に対する利益供与も本罪を構成することに特に留意が必要です（旧商法における刑事責任に関す

る裁判例として、東京地判平10.10.19（判時1663号150頁）、東京地判平11.9.8（判タ1042号285頁）等）。

2　民事上の責任

株式会社が、株主の権利等の行使に関し財産上の利益を供与したとき、当該利益供与に関与した取締役・執行役は、原則として当該会社に対して、連帯して、供与した利益の価額に相当する額を支払う義務を負います（会社法120条4項）。

当該利益の供与をすることに関与した取締役・執行役には、①利益供与を行った取締役および執行役、②利益供与に関する取締役会決議に賛成した取締役、その議案を提案した取締役および執行役、③利益供与に関する株主総会決議の議案を提案した取締役、議案提案の決定に同意し、あるいはかかる取締役会決議に賛成した取締役、当該総会で利益供与に関する事項の説明をした取締役および執行役を含みます（会社法施行規則21条）。

3　刑事責任

会社の取締役等の役職員が、当該会社やその最終完全親会社等株主の権利、当該会社の旧株主の提訴請求権等の行使に関し、当該会社またはその子会社の計算において財産上の利益を供与したときは、3年以下の懲役または300万円以下の罰金に処せられます（会社法970条1項）。

4　注意点

大手都市銀行の経営者が、総会屋に対して株主総会での議事進行協力を求める趣旨で迂回融資により多額の利益供与を行ったとして懲役刑（執行猶予付き）が言い渡された例（第一勧銀利益供与事件・東京地判平11.9.8（判タ1042号285頁））もありますが、総会屋はその後大幅に減少しています。一方で、いわゆるアクティビストと呼ばれる株主

が、株主の権利の行使として、経営陣との対話・交渉、株主提案権の行使、委任状勧誘等を行うケースがあり、株主との建設的な対話を要請するコーポレートガバナンスコードのもとでは、株主との行き過ぎた対話が違法な利益供与を誘発する可能性があります。また、提訴請求や株主代表訴訟に関する利益供与も違法になるほか、近時は、会社が議決権行使株主にQuoカード500円相当を交付したことが利益供与と判断される（東京地判平19.12.6（金商1281号37頁））など、さまざまな場で注意が必要です。

　銀行役員としては、利益供与に該当するおそれのある行為は行わないよう、株主と接する場面では細心の注意を払い、業務執行や取締役会での意見表明をする必要があります。

Q65 法令遵守のための役員研修の必要性

現在、当行では役員向けに法令遵守を目的とした研修を実施していますが、法令遵守をより徹底するために見直しを検討しています。見直しにあたってのポイントを教えてください。

ポイント　役員研修は、定期的に繰り返し実施することに加え、その対象者や時々の状況に応じた研修を実施することも、定期的な研修を補うものとして重要です。また、弁護士などの外部専門家の協力を得ることも効果的です。

このような研修の効果を高めるためには、そのフォローアップの制度や、適切なタイミングでの見直しも重要です。

解　説

1　役員研修の重要性

金融機関には、その社会的な役割・使命から、一般の事業会社と比較してより厳しい法令遵守体制が求められます。そして、法令遵守体制を徹底させるためには、さまざまな施策を有機的に実施することが必要ですが、役職員に対する研修も、その有効な方法の1つです。特に、経営の中核を担う役員が研修により正しい法令遵守の知識・意識をもち、その実践を通じて職員への浸透を図ることが重要です。

このような役員に対する研修の重要性については、金融検査マニュアルにおいても指摘されていますが、コーポレートガバナンスコードも、役員に対して、必要な知識の習得・更新等を求め、また、上場会社に対しては、トレーニングの機会の提供・あっせんやその費用の支

援を求めています（原則4－14）。このように、近時では、研修をはじめとする役員のトレーニングの重要性がより強く意識されています。

2　研修内容の見直しのポイント

それでは、役員研修の内容を見直すにあたっては、具体的にどのような点に留意すればよいのでしょうか。

まず、役員研修の実施のタイミングですが、一度きりではなく、定期的に実施することが重要です。繰り返し研修を実施することにより、法令遵守の知識を定着させ、遵法意識をより高めることがねらいです。

また、新任役員に対する就任時の特別研修、法令・制度が新設・改正された場合や社会的事件・不祥事が発生した場合の臨時研修等、その対象者や時々の状況に応じた研修を実施することも、定期的な研修を補うものとして重要です。

なお、役員研修の実施にあたっては、社内の役職員に限らず、弁護士をはじめとする外部専門家の協力を得ることも効果的です。具体的には、資料の作成や講師役を外部専門家に依頼することが考えられますが、そのような外部専門家の専門性を活用することにより、研修内容の充実化が期待できます。

3　研修後のフォローアップ等

さらに、このような研修の効果を高めるためには、そのフォローアップの制度も重要です。研修後のテストの実施、いわゆるe-learningを通じた継続的な教育、イントラネットにおける情報提供等は、その具体例の1つです。また、やむをえない理由により研修を受講できなかった役員のために、再受講（ビデオ受講）の機会や代替手段（たとえば、社外セミナーのあっせん等）を提供することも有益です。

加えて、遵守すべき法令・社内規程等の解説や、違法行為・不正行為を発見した場合の対処方法等をまとめたコンプライアンス・マニュアルを作成し、研修の副教材として活用するとともに、その習熟度を定期的にチェックすることも有効でしょう。

　以上のような研修が効果的なものであり続けるには、その内容を定期的に、かつタイムリーに見直すことが重要です。そのためには、研修担当者は、法令・制度の新設・改正や社会情勢の動向に注意を払うとともに、研修後に受講者を対象としたアンケートを実施し、受講者の意見を研修内容に反映するなどして、研修の内容を見直していくこと等が効果的です。

Q66 金融庁行政処分事例の傾向

近時、金融機関に対して、どのような行政処分がなされておりますか。金融機関の種別ごとにその傾向について教えてください。

ポイント

不適切な金融商品販売、反社・マネーロンダリング対応の不備、融資審査体制の不備、システム障害の発生等を理由とする行政処分については、業態を問わず多数発せられている傾向にあります。なお、地域金融機関においては、職員の横領を理由とする行政処分が最も多い状況です。

また、業務停止命令といった厳格な処分は、地域金融機関よりも、主要行等・外国銀行支店等に対して多く発せられている傾向にあります。

解　説

金融庁長官等は、金融機関の業務もしくは財産等に照らして、金融機関の業務の健全かつ適切な運営を確保するため必要があると認めるときは、当該金融機関に対し業務改善命令を発することができ、また、業務停止命令を発することもできます（銀行法26条1項等）。

以下では、いわゆる主要行等（メガバンク等およびその関連金融機関等）、その他銀行（新形態銀行等）、外国銀行支店等、地域銀行等および信用金庫・信用組合に分けて、平成18年度以降に発せられた行政処分（金融機能の早期健全化のための緊急措置に関する法律に関するものなど、金融機関の財務状況を理由とする行政処分を除く）を概観し、その

傾向について説明します。

1　主要行等

　平成18年度以降、平成27年9月30日までの間、のべ20件の行政処分がされています。うち、業務停止命令が6件、業務改善命令が14件です。

　行政処分の理由については、金融商品販売関連のものが3件あり、①融資契約上の優越的地位を濫用して金利スワップを販売していたとするもの、②投資信託販売業務上の事務ミスに係る損失補てん対応が顧客によって異なるなど、不公平な取扱いがされていたとするもの、③販売したい投資信託にあわせて回答を示唆・誘導するなどしてリスクプロファイリングの手続を形骸化させ、適合性の原則に違反する販売を行っていたとするものがあります。

　また、反社会的勢力との関係遮断やマネーロンダリング防止に係る態勢の不備等を理由とするものが2件あり、両方とも業務停止命令を含む厳格な処分がされております。

　そのほかには、①職員による顧客情報の不正持出し、②支社における異例取引の長期放置、③職員による預金の横領、④海外業務における複数の現地法令違反および多数の不祥事件の発生、⑤不動産受託審査体制の不備、⑥システム障害の発生等を理由とするものがあります。

　主要行等は、一般的に高度な内部管理態勢を構築しているものと考えられますが、後述する地域金融機関と比較して、業務停止命令といった厳格な処分を受けることが多い傾向にあるように思われます。これは、主要行等が、資産規模が大きく幅広い顧客基盤を有しているため、その活動が顧客に与える影響が大きく、また、日本の経済や市場、ひいてはグローバルな金融システムに影響を与えうる存在である

ことも考慮されているものと考えられます。

2　その他銀行

　平成18年度以降、平成27年9月30日までの間、のべ3件の行政処分がされています。うち、業務停止命令が1件、業務改善命令が2件です。うち2件については、すでに解散した日本振興銀行に係るものであり、その理由も、検査忌避といった特殊なものであって、いまだ傾向を分析するには事例の集積が不足しています。しかし、新たな形態の銀行については業容が拡大傾向にあるとされていることから、それに応じて当局の監督も厳格なものとなっていく可能性はありますし、これまでの形態の銀行にはなかった新たなリスクが顕在化し、それを理由に行政処分がなされるおそれもあることから、今後の動向に注意が必要です。

3　外国銀行支店等

　平成18年度以降、平成27年9月30日までの間、のべ16件の行政処分がされています。うち、業務停止命令が5件、業務改善命令が11件です。

　行政処分の理由については、支店長自らが不正融資等に関与していたこと等を理由とするものが一部の非G－SIFIsの銀行において多く見受けられるほかは、①融資審査や不動産受託審査体制の不備、②一部業務の無認可営業や年金信託業務に係る業法違反等、③システム障害の発生、④円TIBOR・LIBOR不正操作への関与等を理由とするものがあります。

　外国銀行支店等については、規模や陣容の制約から拠点内で職務の兼務者を置いている先や、内部監査人が配置されていない先など、強固な内部統制環境を整備することがむずかしい先も多いとされておりますが、本店との適切な連携等を通じ、本邦の規制に対応した適切な

内部管理態勢を整備することが重要であると考えられます。

4 地域銀行等

平成18年度以降、平成27年9月30日までの間、のべ19件の行政処分がされています。そのすべてが業務改善命令です。

行政処分の理由については、①職員による横領が圧倒的に多く、そのほかには、②不祥事件届出書の未提出、③個人情報の漏えい、④法令等遵守態勢等の不備、⑤反社会的勢力の審査体制の不備、⑥融資審査体制の不備、⑦分配可能額を超える配当の実施、⑧為替デリバティブ取扱いに係る内部規則違反等を理由とするものがあります。

職員の横領を理由とする行政処分が圧倒的に多い状況であり、また、その他の行政処分も比較的シンプルな法令違反等を理由とするものが多い状況ですが、主要行等その他の金融機関における議論や行政処分の内容等が、地域銀行等にも波及しないとも限らないことから、注意が必要です。

5 信用金庫・信用組合

平成18年度以降、平成27年9月30日までの間、のべ60件の行政処分がされています。そのすべてが業務改善命令です。

行政処分の理由については、①職員による横領が圧倒的に多く、そのほかには、②反社会的勢力に対する融資、③職員による浮貸し、④不祥事件届出書の未提出、⑤振込手数料の二重徴収、⑥法令等遵守態勢の不備、⑦融資審査体制の不備等を理由とするものがあります。

地域銀行等と同様の状況にあるといえますが、やはり主要行等その他の金融機関における議論や行政処分の内容等が、信用金庫・信用組合にも波及しないとも限らないことから、注意が必要です。

第 6 章

金融機関役員の職責3
──業務範囲規制のポイント

Q67 銀行の他業禁止規制・趣旨・違反の効果

銀行の他業禁止の趣旨や、他業禁止規制に抵触するかどうかの判断基準を教えてください。また、他業禁止規制に触れた場合の取引の効果やこれに付随して生じる法的な問題点について教えてください。

ポイント

他業禁止規制は、銀行は、銀行法および他の法律により営むことができるとされた業務以外の業務を行ってはならないとの規制です。これは銀行の健全性を確保する等の趣旨によるものです。営もうとする業務が他業禁止規制に違反するかについては、特に銀行法に例示列挙されていない業務に関しては、監督指針に示された4つの要件に照らして慎重に検討する必要があります。万一他業禁止規制に違反した場合は、個々の取引の有効性に関する民事上の紛争が発生する可能性があります。また、違反の内容・程度にもよりますが、当局からの行政処分が行われる可能性があります。

解　説

1　他業禁止規制の趣旨

銀行は、銀行法および他の法律により営むことができるとされた業務以外の業務を行ってはならないとの規制に服します（銀行法12条）。この規制を他業禁止規制と呼びます。他業禁止規制の趣旨は、銀行が銀行業以外の業務を営むことにより異種のリスクを抱え込むことを防止すること、銀行を銀行業務に専念させることにより銀行業務の効率

性を損なわないようにすること、利益相反取引の防止等にあります。銀行は預金や為替、融資等の経済活動の根幹を支える業務を行い、それゆえに免許を得て営業を行うという点で公益的な性質が他の業種よりも強いといえます。他業禁止規制は、このような銀行業務の公益性の1つの現れです。

2　他業禁止規制の具体的な内容

　銀行は、①預金または定期積金等の受入れ、②資金の貸付または手形の割引、③為替取引の業務を営むことができます（銀行法10条1項）。この3つの業務を固有業務と呼びます。また、それ以外にも、銀行業に付随する業務として、債務の保証や手形の引受け、一定の範囲での有価証券の売買等、国債等の引受けおよび募集の取扱い等、銀行法10条2項に列挙された業務を営むことができます（具体的な内容は**Q68**参照）。これらの業務は、条文に列挙されている付随業務という意味で、例示付随業務と呼ばれています。さらに、固有業務の遂行を妨げない限度において、投資助言業務や登録金融機関業務等の証券業務を行うことができます（同法11条）。これらの業務は、他業証券業務と呼ばれています（**Q68**参照）。

　以上に述べた固有業務、例示付随業務、他業証券業務は、許容されている業務が銀行法上に列挙されており、その意味内容も定義規定等によって明らかにされていますから、他業禁止規制抵触の有無の検討が比較的容易です。

　一方、銀行法10条2項は、例示付随業務を列挙するに先立って「銀行は、前項各号に掲げる業務のほか、次に掲げる業務・その他の銀行業・に付随する業務・を営むことができる」と定めています。銀行法に列挙されていない業務を営む場合であっても、その業務が「その他の銀行業に付随する業務」といえるのであれば、他業禁止規制には抵触しな

いことになります。このように、銀行法には個別に列挙されていないものの、付随業務として営むことが許されている業務を「非例示付随業務」と呼んでいます。

3　非例示付随業務の該当性判断

銀行法に列挙されていない業務を非例示付随業務として営むことができるかについては、①当該業務が銀行法10条1項各号および2項各号に掲げる業務に準ずるか（業務の類似性）、②当該業務の規模が、その業務が付随する固有業務の規模に比して過大なものとなっていないか（非過大性）、③当該業務について、銀行業務との機能的な親近性やリスクの同質性が認められるか（リスクの同質性）、④銀行が固有業務を遂行するなかで正当に生じた余剰能力の活用に資するか（余剰能力の活用）の4点の検討を要します（主要行監督指針V－3－2(4)）。また、これらの要件に照らしてどのように検討がなされるかについては、コンサルティング業務、ビジネスマッチング業務、M&Aに関する業務、事務受託業務については、固有業務と切り離して行う場合も「その他の付随業務」に該当するとされていることや（主要行監督指針V－3－2(1)）、「法令解釈に係る照会手続（ノーアクションレター制度ほか）」の金融庁の回答内容等が参考になります。

4　他業禁止規制違反の効果

他業禁止規制に違反した場合の効果は、次に述べるとおり、規制に違反した取引の私法上の有効性という民事法上の問題と、当局からの処分等に関する行政法上の問題の2つがあります。

(1)　私法上の有効性

銀行の他業禁止規制は行政規制法令の1つです。一般に、行政規制に違反した取引の民事上の効力については、その規制の趣旨が国民の生命・身体等の重要な利益を守る消極規制である場合は、取引自体が

無効になることもありうると理解されています。これまでに銀行が他業禁止規制違反の取引の私法上の効力を争われた先例は見当たりませんが、他業禁止規制が国民の生命・身体等を守るための消極規制であるとまではいえないことにかんがみれば、個々の取引自体が無効とされる可能性は高くないでしょう。もっとも、取引の相手方である多数の顧客との間で、私法上の有効性について紛議が生じる事態は想定することができます。

(2) 当局からの行政処分等

他業禁止規制違反は法令違反行為であり、当局による処分等の対象となると考えられます。銀行法上は、当局は、銀行の業務もしくは財産または銀行およびその子会社等の財産の状況に照らして銀行の業務の健全かつ適切な運営を確保するため必要があると認めるときは、業務改善、業務停止等の必要な措置を命じることができます（銀行法26条）。また、銀行が法令、定款もしくは法令に基づく処分に違反したときや公益を害する行為をしたときは、当局は、業務停止や役員の解任、免許取消し等を命じることができます（同法27条）。

行政処分の内容の決定については、当局に広い裁量が認められているため、先例が参考になります。この点、平成13年8月には、金融庁の立入検査結果に基づき、シティバンク、エヌ・エイ在日支店が他業禁止規制違反を理由として業務の一部停止・業務改善命令を受け、さらに平成16年9月には、「在日支店のPB部門が中心となり、グループ証券会社及び信託銀行との組織的な連携により、海外不動産投資案件等の媒介・勧誘や海外生命保険の募集、美術品取引にかかる媒介など、銀行法第12条違反の取引が多数認められ、多額の違法収益を上げている実態が明らかとなっている」等として、違反が認定された支店設置の認可取消しおよび新規業務停止の処分を受けた事例については

留意すべきです（平成16年９月17日付金融庁報道発表資料「シティバンク、エヌ・エイ在日支店に対する行政処分について」http://www.fsa.go.jp/news/newsj/16/ginkou/f-20040917-3.html）。

　他業禁止規制違反に対する行政法上の制裁は業務停止命令を含む厳しい内容になる可能性があることや、取引の私法上の有効性をめぐる紛議が生じる可能性もふまえたうえで、営もうとする業務が銀行法上許されたものかを検討する必要があります。

Q68 銀行・銀行持株会社の業務範囲

銀行は、融資や預金、為替以外にも、収益拡大のためであればどのような事業でも営んでよいのですか。また、銀行持株会社の業務に制限はありますか。

ポイント　銀行・銀行持株会社が自ら行うことができる業務は、銀行法およびその他法令が許容する業務に限定されます。

銀行に許容されている業務は、固有業務、付随業務、他業証券業務（一定の有価証券関連業、投信窓販等）、法定他業（担保付社債信託業、信託兼営、保険窓販等）に分類されますが、解釈によってその範囲を拡大することが可能な法律上の建付けとなっている付随業務を除くほか、その内容は法令上限定列挙されています。

銀行持株会社の業務範囲は、銀行法により、子会社である銀行等の経営管理およびこれに付帯する業務に限定されています。

いずれの業務範囲規制も、経営環境の変化により不断に見直されるものであり、これまでも緩和の方向で銀行の業務範囲が拡大されてきた経緯があります。また、早ければ平成28年にも、銀行持株会社の業務範囲を拡大する内容の法改正が行われる可能性があります。したがって、立法動向には常に注意を払う必要があります。

解説

1　銀行の業務範囲

銀行法上、銀行が営むことのできる業務は限定されています。銀行

が制限なくいっさいの事業を行うことができるとすると、銀行業とは異種のリスクが混入するおそれがあるためです。銀行の営むことができる業務は、大きく分けて、固有業務、付随業務、他業証券業務、法定他業に分類できます。

まず銀行は、預金または定期積金等の受入れ、貸付または手形割引、為替取引を営むことができます（銀行法10条1項）。これは銀行の固有業務と呼ばれています。

銀行は固有業務に加えて、銀行業務に付随する業務を営むことができます。この付随業務は、銀行法10条2項にその内容が列挙されています（図表8参照）が、これらの列挙された業務のほかにも、要旨、以下の各事項を総合的に考慮し「銀行業に付随する」と認められれば付随業務として銀行が業務を行うことが可能です（主要行監督指針Ⅴ-3-2(4)）。

① 事業内容が例示列挙された各業務に準じていること
② 業務規模が過大でないこと
③ 銀行業務との機能的な親近性・リスク同質性があること
④ 銀行の余剰能力活用に資すること

また、銀行は、他業証券業務と呼ばれる、金商法で定めた一定の有価証券関連業等を営むことが可能です。具体的には、①投資助言業、②金商法33条2項において金融機関が行うことが許容されている有価証券関連業、③自己信託に係る事務に関する業務、および、④割当算定量に関する業務が許容されています（銀行法11条1号～4号）。このうち、②は、たとえば、国債等の一定の類型の有価証券について売出し目的での引受けや、投資信託の販売が含まれます。

さらに、銀行は、銀行法以外の特別法で特に許容された業務を営むことも可能です。この例として、担保付社債信託業務、信託業務、保

図表8　銀行に認められる付随業務

1．銀行法10条2項の例示列挙	
与信関連	債務保証または手形の引受け ファイナンス・リース業務（所有権移転なし、期間中解除不可）、その代理または媒介
有価証券関連	有価証券の売買（投資目的または書面取次のみ） 有価証券の貸付 国債等の引受け（売出し目的除く）およびその募集の取扱い 特定社債等の引受け（売出し目的除く）およびその募集の取扱い 短期社債等の取得または譲渡 有価証券の私募の取扱い
デリバティブ関連	有価証券関連デリバティブ取引（投資目的または書面取次のみ） デリバティブ取引（有価証券関連デリバティブ取引除く）、その媒介、取次または代理 金融等デリバティブ取引、その媒介、取次または代理 有価証券関連店頭デリバティブ取引、その媒介、取次または代理
業務代理・受託等	社債等の募集または管理の受託 金銭収納等の事務取扱い 保護預り 銀行その他金融業を行う者または外国銀行の業務の代理または媒介
その他	金銭債権の取得または譲渡 振替業 両替
2．銀行法10条2項に列挙されていないものの、付随業務に含まれると解されている業務の例	
コンサルティング業務、ビジネスマッチング業務、M&Aに関する業務、事務受託業務、信用状に関する業務、トラベラーズチェックの発行、クレジットカード業務、ファクタリング等	

険窓販業務などがあげられます。

2　銀行持株会社の業務範囲

　銀行持株会社とは、銀行を子会社とする持株会社であって、内閣総理大臣の認可を受けた株式会社です（銀行法52条の17、52条の18第2項）。

　銀行持株会社の業務範囲は、子会社である銀行および他の子会社（Q69参照）の経営管理およびこれに付帯する業務に限定され、特に、子会社である銀行の業務の健全・適切な運営確保に努めなければなりません（同条の21）。

　銀行持株会社に認められている「経営管理及びこれに付帯する業務」の内容は法令上の定義規定がなく、実際上も銀行持株会社によるグループの経営管理の態様は各グループの経営方針や買収統合の歴史的背景によりさまざまです。銀行持株会社が傘下にどのような形態で子会社を所有するかという点だけみても、たとえば、銀行持株会社が直接に複数の銀行を傘下に置く形態や、銀行・証券・信託などの子会社をそれぞれ直接に持株会社傘下に置く形態、さらには、持株会社の直接の子会社として銀行を置き、当該銀行の子会社（持株会社からみて孫会社）として証券会社を置くという形態などがみられます。

　子会社の経営管理の手段としては、実務上は、銀行持株会社と子会社の役職員の兼務や、銀行持株会社と各子会社との間の経営管理契約締結（重要案件の報告・承認等）によるものが多いです。なお、たとえば、銀行持株会社傘下の複数の子会社の共通・重複業務を括りだして銀行持株会社が当該業務を実施することは、「経営管理」の範囲を超えるため、現行の銀行法上は認められないと解されています。

3　業務範囲規制の見直し

　以上に述べた銀行および銀行持株会社の業務範囲規制は、IT技術

の進展や国際化、外国の金融機関との競争活発化など、金融機関の置かれた経営環境の変動により見直しが行われうるものです。

　これまでも、銀行の業務範囲は法令の改正により拡大されてきた経緯があります。たとえば、平成20年施行の改正銀行法により銀行は割当算定量に関する業務を行うことが可能になりました。また、「付随業務」の範囲も法令自体の改正によらず解釈上拡大されてきた経緯があります（上記1参照）。

　金融審議会においても、平成27年5月より、「金融グループを巡る制度のあり方に関するワーキング・グループ」が、金融グループにおいて持株会社が中核的な存在として機能を発揮し、かつ、グループ全体の柔軟な業務展開運営を可能とするような制度についての検討を行い、同年12月にかかる検討に基づく報告案が公表されました。同報告案においては、金融グループに求められる経営管理機能の内容を法令上明確化することや、銀行持株会社によるグループ内共通・重複業務の執行を許容していくとの方向性が示されています。報道によれば、この報告案の方向性に沿って、銀行法などの関連法の改正案が、早ければ平成28年の通常国会に提出される見込みとのことです。したがって、立法動向には注意を払う必要があります。

Q69 銀行・銀行持株会社の子会社の範囲

当行は国内会社を買収して子会社にすることを検討していますが、買収可能な会社の範囲に制限はありますか。銀行が子会社にできる会社と銀行持株会社が子会社にできる会社には違いはありますか。

ポイント 銀行が子会社とすることができる会社の範囲は業務内容等の観点から法律上限定されています。したがって、子会社となる会社が、銀行法上、銀行が子会社化できる会社であるかどうかを関連法令に照らして確認する必要があります。

子会社化に際しては、原則として内閣総理大臣の事前の認可を受ける必要があります。

なお、担保権の実行による株式の取得等の理由で子会社化する場合は認可不要ですが、この場合は1年以内に子会社でなくなるような措置を講じる必要があります。

銀行の子会社対象会社と銀行持株会社の子会社対象会社の範囲はほぼ同一であり、事前認可要件等の規制も同一です。

これまでも銀行・銀行持株会社の子会社の範囲が法令の改正により拡大されてきた経緯があり、また、早ければ平成28年にも、子会社範囲規制のより柔軟な運用を可能にする個別認可制度の枠組みが法改正により導入される可能性があるため、今後とも、立法動向には注意を払う必要があります。

解説

1 銀行の子会社対象会社の範囲

　銀行法上、銀行が子会社とすることができる会社の範囲は、業務内容の点から以下の12の類型に限定されています。なお、以下の類型に該当するかどうかの要件の詳細は、銀行法16条の2、同施行規則17条の2および3において個別具体的に規定されています。

　一例として、図表9の項目9の「従属業務をもっぱら営む会社」は、銀行またはその子会社その他これらに類する者の営む業務のために、銀行法施行規則17条の3第1項に個別具体的に列記されている業務を営んでいるものに限定されますし、同じく項目9の「金融関連業

図表9　銀行が子会社にできる会社の範囲

1．銀行	7．信託専門会社
2．長期信用銀行	8．銀行業、有価証券関連業、保険業または信託業を営む外国の会社
3．資金移動専門会社	9．従属業務または金融関連業務をもっぱら営む会社
4．証券専門会社	10．新たな事業分野を開拓する会社（ベンチャービジネス企業）（ただし、投資専門子会社を通じて15年に限り可能）
5．証券仲介専門会社	11．経営の向上に相当程度寄与すると認められる新たな事業活動を行う会社（事業再生会社）（ただし、対象会社の規模に応じて3年または5年の保有期間制限あり。投資専門子会社を通じて保有する場合は保有期間は10年）
6．保険会社・少額短期保険業者	12．上記各会社を子会社とする持株会社（外国における持株会社類似の会社含む）

第6章　金融機関役員の職責3――業務範囲規制のポイント　243

務をもっぱら営む会社」は銀行業、有価証券関連業、保険業または信託業に付随しまたは関連する業務として同条第2項に個別具体的に列記されている業務を営む会社をいいます。また、金融関連業務のうち、証券専門関連業務、保険専門関連業務または信託専門関連業務に該当する場合には、銀行が子会社とすることができる要件として、当該会社の議決権保有の保有主体の議決権要件が加わるなど複雑な要件が規定されています。

銀行が、ある会社を買収や設立により子会社化する際は、当該会社が、銀行法上銀行が子会社とすることができる会社に該当するかという観点から、関連する法令を確認する必要があります。

2 子会社化の手続（認可取得とその例外）

銀行がある会社を子会社化する際には、手続要件として、原則として内閣総理大臣の事前認可を取得する必要があります（銀行法16条の2第7項）。既存の銀行子会社が業務内容を変更し、別の業務類型の子会社になる場合も、あらためて認可を取得する必要があります。ただし、次の3点の例外があります。

1点目の例外として、ベンチャービジネス企業または従属業務もしくは銀行業務に付随・関連する業務（内閣府令で定める業務）をもっぱら営む会社（従属業務を営む会社は主として当該銀行の営む業務のためにその業務を営んでいる会社に限る）を子会社化する場合には、認可は不要であり（銀行法16条の2第7項）、届出で足ります。

2点目として、子会社化について銀行法30条1項から3項まで、または、金融機関の合併及び転換に関する法律5条1項の規定により合併、会社分割または事業の譲受けの認可を受ける場合には、銀行法16条の2第7項の認可を重ねて取得する必要はありません。

3点目として、担保権の実行による株式の取得や対象会社による自

己株式の取得など、同施行規則17条の4に列記された事由によりある会社が銀行の子会社となる場合には認可は不要です（銀行法16条の2第8項）。もっとも、この場合には、あらためて認可を受けた場合を除き、1年以内に子会社でなくなるよう措置を講じる必要があります。

3　銀行業、有価証券関連業、保険業または信託業を営む外国の会社の子会社の特例

銀行は、図表9の項目8のとおり、銀行業、有価証券関連業、保険業または信託業を営む外国の会社を子会社化することができます。もっとも、当該外国の会社が、銀行法上銀行が子会社とすることができる会社以外の会社を子会社としていることがありえます。この場合には銀行法上の子会社の業務範囲規制は適用されず、子会社化した日から原則として5年間、子会社対象会社以外の会社を子会社とする取扱いが認められています（銀行法16条の2第4項、詳細は**Q78**参照）。

4　銀行持株会社

銀行持株会社が子会社とすることができる会社の範囲は、銀行が子会社とすることができる会社の範囲とほぼ同一ですが（銀行法52条の23）、銀行持株会社は、（銀行が子会社化できない）金融等デリバティブに係る商品売買をもっぱら営む会社（持株特定子会社と定義される）を子会社とすることが認められます（同条の23の2第1項）。

子会社化する際の事前認可取得要件とその例外、銀行業・有価証券関連業・保険業・信託業を営む外国の会社の子会社についての特例も、銀行における扱いと同様です。

5　子会社範囲規制の見直し

Q68でも述べたとおり、平成27年5月より、金融審議会における「金融グループを巡る制度のあり方に関するワーキング・グループ」

が、金融持株会社の機能および金融持株会社によるグループ全体の柔軟な業務展開運営を可能とするような制度についての検討を行い、同年12月にかかる検討に基づく報告案が公表されました。同報告案においては、金融関連IT企業等への出資をより柔軟に行いたいとの金融界のニーズもふまえ、銀行・銀行持株会社による子会社等への出資を、法令上の限定列挙ではなく、当局による個別認可により許容できる内容の新たな制度枠組みを設けることが提案されています。報道によれば、この報告案の方向性に沿って、銀行法などの関連法の改正案が、早ければ平成28年の通常国会に提出される見込みとのことです。

　これまでも子会社範囲規制は事業環境の変化に伴い緩和されてきた経緯があるだけに、今後とも立法動向には注意を払う必要があります。

Q70 「銀証分離」の原則と登録金融機関業務

「銀証分離」原則の導入および緩和の背景ならびに「登録金融機関業務」の内容を教えてください。また、銀行が証券業務を展開する際に考慮すべき点は何ですか。

ポイント

「銀証分離」の原則は、銀行の健全性を確保し、利益相反や優越的地位の濫用等の弊害を防止するために米国に倣って戦後に設けられたものです。同原則は、登録金融機関業務の解禁と範囲の拡大等を経て緩和され、現在の金商法33条1項・2項に引き継がれています。業態別子会社等を通じて証券業務を取り扱う場合には、「銀証分離」規制の緩和により生じうる弊害を防止するために定められたファイアーウォール規制等の制約を受けるため、その内容に注意が必要です。

解説

1 「銀証分離」原則の導入の背景

わが国における「銀証分離」は、米国の制度を参考として導入されました。米国では、大恐慌の際に銀行による証券業務が証券相場を攪乱し、国民経済全体に甚大な影響を及ぼしたと理解されていました。そこで、米国では、1933年にグラス・スティーガル法が定められ、銀行の証券業務が制限されました。わが国においても、昭和23年に制定された証券取引法によって、銀行の健全性確保、銀証間の利益相反防止、銀行の優越的地位の濫用の防止等を目的として、原則として銀行が証券業務を取り扱うことは禁止されました（証券取引法65条）。当

時、わが国は米国の占領下にあって政治・経済の改革を断行していましたから、米国と同様の「銀証分離」が導入されたことには、終戦後の歴史的な背景があったといえます。

2 「銀証分離」の緩和

昭和56年には、増大しつつあった国債発行額を背景として、大蔵大臣の認可により国債の窓口販売を行うことが可能となりました。なお、投資目的での有価証券売買と書面取次、国債・地方債・政府保証債の一部の引受けと募集の取扱いについては、銀行法上の付随業務として行うことができることが明確化されました（銀行法10条2項2号・4号）。

平成4年には、金融制度及び証券取引制度の改革のための関係法律の整備等に関する法律（金融制度改革法）が成立し、業態別子会社による銀行・証券間の相互参入が認められ、その弊害を防止するために、ファイアーウォール規制も設けられました。また、住宅ローン債権信託等の証券化商品について、銀行が取り扱うことができるようにするとともに、私募の取扱いが銀行の付随業務とされました。

平成10年には、銀行が証券業務を行う際に要求されていた認可が登録で足りるものとされました。また、証券業務を行うことができる金融機関の範囲に、協同組織金融機関が追加されました。この時以降、金融機関が取り扱うことができることとされた証券業務を「登録金融機関業務」と呼んでいます。

平成16年には証券仲介業務が登録金融機関業務に加えられました。これによって、公共債や投資信託等の窓販商品だけでなく、株式や債券等の有価証券を金融機関が販売することができるようになりました。

このように、わが国においては、一貫して「銀証分離」は緩和され

てきましたが、その背景には、米国において1987年のグラス・スティーガル法の緩和、そして1999年の実質的な廃止により、米国において金融機関のコングロマリット化が進んだこと等があると考えられます。一方で、その後に発生したいわゆるリーマンショックの経験から、「銀証分離」を再評価する動きもみられ、わが国において「銀証分離」の緩和がさらに進むかどうかは不透明な状況です。

このような経緯を経て、「銀証分離」規制とその例外は、現在の金商法33条1項・2項に引き継がれています。

3　銀行が取り扱うことができる証券業務

銀行は、固有業務の遂行を妨げない限度において金商法33条2項各号に定める登録金融機関業務や投資助言業務を行うことができます。銀行法では、これらの業務を「他業証券業務」と呼んでいます。また、登録金融機関業務以外にも、歴史的な経緯で銀行が行うことができるとされている書面取次業務や投資目的による自己売買業務（銀行法10条2項2号、金商法33条1項）等の有価証券に関する業務も存在します。これらの業務は銀行法においては付随業務として位置づけられていますが、書面取次業務のように金商法上も登録金融機関業務とされているものがある一方（同条2項）、登録を必要とするとはされていないものもあります。

このうち、証券業務としての性質が強いと思われる、銀行法上の他業証券業務と金商法上の登録金融機関業務のいずれにも該当する業務は以下のとおりです。

① 国債等の窓販業務（同項1号）……国債等の公共債等の売買や募集の取扱い等が認められています。現在では、多くの銀行においてこれらの商品が取り扱われています。
② 投資信託等の窓販業務（同項2号）……投資信託の売買や募集の

取扱い等が認められており、これも銀行で広く行われています。
③　外国国債の取扱い（同項3号）……外国国債については、市場でのデリバティブ取引の媒介、取次、代理や私募の取扱い等が認められています。また、証券会社の委託を受けて売買の媒介や募集の取扱い等を行うことも認められています。
④　金融商品仲介業務（同項4号）……上記に掲げた以外の有価証券やみなし有価証券については、証券会社の委託を受けて売買の媒介や募集の取扱いを行うことができます。つまり、証券会社と提携し、金融商品仲介業務の委託を受けることができれば、銀行は幅広い有価証券の取引に関与することができます。
⑤　有価証券店頭デリバティブ取引（同項5号）……公共債等については決済方法に制限はなく、それ以外の有価証券店頭デリバティブ取引については差金決済によるものに限り取扱いが許されています。
⑥　有価証券清算取次（同項6号）……有価証券取引に関与すれば清算業務が発生しますから、清算取次は広く認められています。

4　金融機関が証券業務の展開にあたって考慮すべき点

わが国では登録金融機関業務として金融商品仲介業務が解禁されているうえ、金融機関が業態別子会社または持株会社を通じて証券会社を支配下に置くことが可能です。したがって、金融機関が資産運用に関する証券業務を展開する方法として、グループ外の証券会社から金融商品仲介業務の委託を受けて株式や債券等の金融商品を勧誘する方法や、証券会社を傘下に置いて業務範囲規制の制約を受けずに業務を構築する方法まで、広い選択肢が与えられています。

もちろん、証券会社を傘下に置かずにグループ外の証券会社と提携して証券業務を展開する場合には、金融機関の預り資産がグループ外

の証券会社へ流出する可能性が高いですし、手数料収入も按分されることになるでしょう。一方、傘下の証券会社と提携する場合には、これらのマイナス面はなく、さまざまなシナジーを発揮しうるわけですが、厳格なファイアーウォール規制の制約が課されます（Q71、Q72参照）。

　このように、「銀証分離」は緩和されてきてはいるものの、金融機関が証券業務を展開するにあたっては、目指すビジネスモデルを明確にしたうえで、ファイアーウォール規制の内容も考慮し、いかなる体制を整備するかを検討すべきです。

Q71 銀行の証券子会社との間のファイアーウォール規制（非公開情報授受）

当行は、第一種金融商品取引業者であるA証券の親会社です。この度、X社を事業譲渡により買収しようとしているY社が、A証券に対してM&Aに関するアドバイザリー業務を委託しました。当行は、Y社に対し買収資金の融資を検討しています。この検討のため、A証券がY社から受領したX社・Y社のM&Aに関する情報を、当行に提供してもらおうと考えています。A証券が当行に情報提供を行うことにつき、X社またはY社から同意を取得する必要はありますか。なお、X社はA証券の顧客ではありません。

ポイント　第一種金融商品取引業を行う証券会社（以下「証券会社」という）が、発行者等（発行者または顧客）に関する非公開情報を、親子法人等（親法人等もしくは子法人等）から受領し、または親子法人等に提供する行為は原則として禁止されています。しかし、発行者等の書面同意がある場合には、これらの行為は許容されます。

本件でX社は事業譲渡を検討しており、証券発行は問題となっていないため発行者に当たらず、A証券の顧客にも当たらないので、X社の同意は不要です。

他方、Y社はA証券のアドバイザリー業務の顧客に当たるので、その非公開情報を親銀行に提供するにあたって、Y社の書面同意が必要です。

なお、守秘義務または個人情報保護法その他の観点からの同意の要否については別途検討を要します。

解説

1 弊害防止措置

平成4年証券取引法改正により、銀証分離が緩和され、業態別子会社方式による銀行・証券の相互参入が認められるに至りました。これに伴い、優越的地位濫用の防止等による顧客保護、または、親子関係における利益相反の防止等の観点から、各種の弊害防止措置（ファイアーウォール規制）が導入されました。

ここでは、非公開情報授受の制限について解説します。

2 非公開情報の授受に関する制限

証券会社が、発行者等（金商業等府令147条2号）に関する非公開情報を、その親子法人等から受領し、または親子法人等に提供する行為は原則として禁止されています（金商法44条の3第1項4号、金商業等府令153条1項7号）。

これは主として、銀行・証券の相互参入を認めるにあたって、金融機関と証券会社が無制限に情報を共有することを規制し、顧客を保護することを目的としています。

もっとも、非公開情報授受の禁止について、下記3の例外が認められています。

3 非公開情報授受の禁止の例外

(1) 書面同意

証券会社またはその親子法人等による非公開情報の授受は、あらかじめ発行者等の書面による同意がある場合には許容されます（金商業等府令153条1項7号イ）。

(2) オプトアウト方式

　発行者等が法人である場合には、証券会社またはその親子法人等が発行者等に対して、非公開情報の授受の停止を求める機会を適切に提供していることを条件として、その発行者等が停止を求めるまでは、その授受について同意があるものとみなされます（金商業等府令153条2項）。

　停止の機会の適切な提供については、金商業者監督指針Ⅳ－3－1－4(1)に具体的な取扱いが定められています。

(3) 内部管理目的

　内部の管理および運営に関する業務（法令遵守管理、損失危険管理、内部監査・内部検査、財務、経理、税務、子法人等の経営管理、および、有価証券売買等の決済に関する業務）に必要な情報については、これを取り扱う部門から非公開情報が漏えいしない措置が的確に講じられていることを条件に、証券会社とその親子法人等との間で授受を行うことが許容されます（金商業等府令153条1項7号リ・3項・4項）。

　銀行における非公開情報が漏えいしない的確な措置については、主要行監督指針Ⅴ－3－3－5(2)で、情報管理体制について業務方法書への記載、職務規定および組織規定等の策定、ならびに、組織的・人的管理態勢の整備等が求められています。

(4) そ の 他

　その他の例外は金商業等府令153条1項7号に規定されています。

Q72 銀行の証券子会社との間のファイアーウォール規制（その他）

　私は、銀行の総務担当取締役として証券子会社の管理を任されています。
① 先日、証券子会社の役員から、顧客に金融に関する幅広い提案をすべく、証券子会社の従業員に当行の従業員を帯同して顧客を訪問させたいとの要望がありました。この方法であれば、たとえば顧客が金融商品を購入したいが、すぐに資金を用意できないといったときに、同時に当行の従業員から融資の提案をするといった柔軟な対応が可能になります。
　このような営業方法について、留意すべき点はありますか。
② グループ内での効率的な資産管理・運用の観点から、証券子会社の資産を当行に移転させようと考えています。具体的には、当該証券子会社は自社ビルで事業を行っているのですが、便利な場所にあるため、当行にビルを譲渡させ、その一部を当行からグループの他の会社に賃貸して、ビルを効率的に利用しようと考えています。
　ビルの譲渡について、証券子会社から当行へ無償で贈与してもらうという方法をとっても、グループ内で損失は発生しないので、問題はないと考えてもよいですか。

ポイント　①については、親銀行と証券子会社が共同で顧客を訪問する場合、顧客が両者を混同し、たとえば、親銀行が顧客に優越的地位を有していて、その関係性が証券子会社によ

第6章　金融機関役員の職責3——業務範囲規制のポイント | 255

る金融商品取引契約の勧誘に不当な影響を及ぼすといった事態が生じかねません。そのため、親銀行と証券子会社が別の法人であることを開示せず、同一の法人であると誤認させるような行為を行うことが禁止されています（解説2(2)②）。

　また、証券子会社がある有価証券を引き受けてから6カ月以内に、親銀行がその顧客に当該有価証券の買入代金の信用供与をしていることを知りながら、当該証券子会社が当該有価証券を売却することは禁止されています（解説2(3)②）。かかる行為が認められると、親銀行が顧客に高額の融資を行い、顧客がその資金をもとに証券子会社から不当に高い金額で証券を購入させられるといった事態が生じるおそれがあります。かかる事態を防止し、顧客の保護を図るため上記の禁止規制が設けられています。本設問の場合、この禁止規制に抵触しないよう留意する必要があります。

　②については、親銀行と証券子会社が、通常の取引条件と著しく異なる条件で資産売買等の取引をすることは、一方の利益を犠牲に他方の利益を図ること等の利益相反をもたらすため、禁止されています（解説3(1)②）。本設問の場合、利用価値の高いビルを証券子会社が親銀行に無償で贈与することは、通常の取引条件と著しく異なる条件といえるので、認められません。

解　説

1　弊害防止措置の趣旨

　銀行・証券の相互参入が認められるに至ったことに伴い導入された弊害防止措置（ファイアーウォール規制）は、優越的地位濫用の防止等による顧客保護、または、親子関係における利益相反の防止等を趣旨としています。

ここでは、非公開情報授受の制限以外の主な規制について解説します。

2 主に顧客保護を目的とする規制

(1) 非公開情報の取扱いに関するその他の規制

非公開情報の授受の制限については、Q71で述べたとおりです。

その他、非公開情報の取扱いにつき次の行為が禁止されています。

① 証券会社が親子法人等から取得した顧客に関する非公開情報（親子法人等が顧客の書面同意を得ずに提供したものに限る）を利用して金融商品取引契約の締結を勧誘すること（金商業等府令153条1項8号）

② 証券会社が親子法人等から取得した発行者等（発行者または顧客）に関する非公開情報（システムの保守および管理目的または内部管理目的で取得したものに限る）を目的外利用すること（同項9号）

(2) 優越的地位の濫用を防止するための規制

優越的地位の濫用を防止する観点から、次の行為が禁止されています。

① 証券会社と証券取引を行うことを条件として親子法人等が顧客に信用を供与したり、有利な条件で取引を行ったりしていることを知りながら、証券会社が当該顧客と金融商品取引を行うこと（金商法44条の3第1項2号、金商業等府令153条1項2号）

② 証券会社が親子銀行等とともに顧客を訪問する際に、親子銀行等と別法人であることの開示をせず、同一の法人であると顧客を誤認させるような行為を行うこと（同項11号）

③ 証券会社が親子銀行等の取引上の優越的地位を不当に利用して金融商品取引契約の締結または勧誘を行うこと（同項10号）

(3) **有価証券の取扱いに関する規制**

主に顧客保護の観点から、有価証券の取扱いに関し、次の行為が禁止されています。

① 証券会社が、親子法人等が発行する有価証券につき、所定の条件を満たさないで主幹事会社となること（金商業等府令153条1項4号）

② 証券会社がある有価証券を引き受けてから6カ月以内に、親子法人等がその顧客に当該有価証券の買入代金の信用供与をしていることを知りながら、当該証券会社が当該有価証券を売却すること（同項5号）

3　主に利益相反防止を目的とする規制

(1) **アームズ・レングス・ルール**

証券会社と親子法人等の関係にある金融機関が次の取引を行うことは、一方の利益を犠牲にして他方に利益を移転することや、一方の損失やリスクを他方に転嫁することになるため禁止されています。

① 通常の取引と異なる条件であって取引の公正を害するおそれのある条件で、証券会社が親子法人等と有価証券の売買等を行うこと（金商法44条の3第1項1号）

② 通常の取引条件と著しく異なる条件で、証券会社が親子法人等と資産の売買その他の取引を行うこと（金商業等府令153条1項1号）

(2) **有価証券の取扱いに関する規制**

主に利益相反防止の観点から、有価証券の取扱いに関し、次の行為が禁止されています。

① 証券会社が、その親子法人等に対して借入債務を負担する者が発行する有価証券の引受けをする際に、発行の対価たる金銭が当該借入債務の弁済に充てられることを知りながら、その旨を顧客に開示することなく当該有価証券を売却等すること（金商業等府令153条1

項3号）

②　所定の条件が満たされている場合を除き、証券会社がある有価証券を引き受けてから6カ月以内に親子法人等に当該有価証券を売却すること（同項6号）

4　潜脱の禁止

どの名義によってするかを問わず、弊害防止措置・規制を免れる潜脱行為・脱法行為は禁止されています（金商業等府令153条1項15号）。

5　その他

以上のほか、金商業等府令153条1項では、証券会社の親子法人等が関与する投資助言および投資運用に関する弊害防止措置も定められています。

また、金商業等府令154条では、登録金融機関の親子法人等が関与する行為に関する弊害防止措置も定められています。

金融機関が証券子会社等を管理するにあたって、これらの規制の適用があるときは、その内容にも留意が必要です。

Q73 銀行による保険窓販（bancassurance）

当行では、今期より保険窓販への取組みを強化する方針であり、私は担当役員として取りまとめを任されています。しかし、これまで保険窓販には携わったことがなく不安なので、概要を教えてください。

ポイント 　銀行による保険窓販とは、銀行が保険代理店となって、その窓口等で保険募集を行うことです。

現在、すべての保険商品につき、内閣総理大臣の登録を条件として銀行による保険窓販が認められています。

銀行による保険窓販は、顧客にとって利便性がある一方で、銀行の信用力や優越的地位を背景とした圧力的な保険募集がなされる弊害を招くおそれがあるので、保険窓販を行う銀行は、各種の弊害防止措置を講じ、規制に服する必要があります。

解説

1 制度概要・根拠規定

銀行による保険窓販とは、銀行が保険代理店となって、その窓口等で保険募集を行うことです。

保険募集とは、保険契約の締結の代理または媒介を行うことをいいます（保険業法2条26項）。

現在、すべての保険商品につき、内閣総理大臣の登録（同法276条、286条）を条件として銀行による保険窓販が認められています（同法275条1項・2項、同施行規則212条1項各号、212条の2第1項各号等）。

銀行による保険窓販は、顧客にとっては銀行・保険に関するサービスをワンストップで利用することができる利便性があり、銀行にとっては顧客との関係の維持強化、営業範囲の拡大に資するものであり、営業戦略上重要なものといえます。

　しかし、保険窓販を無制限に認めた場合、銀行の信用力や優越的地位を背景とした圧力的な保険募集がなされ、顧客が意に反し保険加入を余儀なくされるといった事態を招くおそれがあります。かかる銀行による保険窓販の弊害を防止するため、保険窓販を行う銀行は、各種の措置（弊害防止措置）を講じ、規制に服する必要があります。弊害防止措置の内容については、**Q74**で述べます。

2　解禁の経緯

　銀行窓口での保険募集は、かつては認められていませんでした。

　しかし、上記1で述べたとおり、銀行窓口で保険に加入することができれば、顧客にとって利便性向上につながること等をふまえ、平成初期の規制緩和の流れのなかで、銀行や保険といった業態の枠を超えた金融自由化を進める議論の1つとして、保険窓販の解禁に向けた議論が展開されました。

　その後、平成13年の第一次解禁により一部の保険商品について銀行での保険窓販が認められるようになり、平成14年の第二次解禁、平成17年の第三次解禁を経て、平成19年の全面解禁ですべての保険商品について窓販が認められるに至りました。

3　対象保険商品

　各次の解禁において保険窓販が認められるに至った保険商品は、おおむね図表10のとおりです。

図表10　保険窓販解禁の経過

第一次解禁 平成13年4月1日	《損害保険》 　住宅ローン関連の長期火災保険・債務返済支援保険・海外旅行傷害保険 《生命保険》 　住宅ローン関連の信用生命保険
第二次解禁 平成14年10月1日	《損害保険》 　年金払積立傷害保険・財形傷害保険 《生命保険》 　個人年金保険・財形保険
第三次解禁 平成17年12月22日	《損害保険》 　個人向け損害保険・積立傷害保険 《生命保険》 　一時払終身保険・一時払養老保険・平準払養老保険
全面解禁 平成19年12月22日	《損害保険・生命保険》 　死亡・医療・がん・自動車その他すべての保険商品

（出典）　安居孝啓『最新保険業法の解説〔改訂版〕』（大成出版社、平成22年）1032頁以下、石田満『保険業法2009〔第1版〕』（文眞堂、平成21年）585頁以下

Q74 銀行の保険窓販における行為規制

当行では、収益機会の拡大を目指し、保険窓販強化への取組みを検討しています。預金顧客や融資顧客に対し、生命保険を中心に積極的に勧誘し、保険募集を行う方針です。金融機関として保有している顧客情報や、従前からの従業員と顧客との人的つながり等、金融機関としての当行の強みを生かしていきたいと思います。この取組みにあたり留意すべき事項はありますか。

ポイント

銀行その他の金融機関（以下「銀行等」という）は、保険窓販において、圧力的な保険募集がなされる弊害が生じないよう、各種の弊害防止措置を講じ、規制に服する必要があります。

上記設問に関係する措置・規制としては、保険募集制限先規制、非公開情報保護措置、および、融資担当者分離規制があげられます。これらに違反することがないよう、保険募集にあたって留意が必要です。

解説

1 弊害防止措置の趣旨

保険窓販には、顧客にとっては銀行・保険のサービスをワンストップで受けることができ、銀行等にとっては収益機会を拡大できるという利点があります。

しかしその一方で、銀行等は取引関係を背景として顧客よりも優位な立場にあることが多く、顧客への保険募集が圧力的なものとなっ

て、顧客が意に沿わぬ保険契約の締結を強いられるという弊害を招くおそれがあります。

かかる弊害を防止するため、保険業法およびその関連法令において下記2の各種措置・規制が定められています。

2 弊害防止措置の概要

(1) すべての保険商品との関係で適用がある弊害防止措置

①　非公開金融情報・保険情報保護措置
　　銀行等が保有する顧客に関する非公開の金融情報を、当該顧客の事前同意を得ることなく保険募集に係る業務に利用すること、および、銀行等が保有する顧客に関する非公開の保険情報を、当該顧客の事前同意を得ることなく保険募集に係る業務以外の業務に利用することの禁止
②　保険募集指針の策定等
③　法令等遵守責任者・統括責任者の配置
④　優越的な地位の不当利用の禁止
　　銀行が行う信用供与の条件として保険募集をする行為その他の銀行の取引上の優越的な地位を不当に利用して行う保険募集の禁止
⑤　保険取引が他の取引に影響を与えない旨の説明
　　保険募集に先立ち、保険契約の成否が銀行の顧客に対する他の業務に影響を与えない旨を、書面の交付により説明する措置
⑥　預金等との誤認防止措置
　　顧客に対し預金等と保険の誤認防止の為の説明を書面等の交付により行う措置

※保険業法施行規則212条2項各号、212条の2第2項各号、234条1項7号・8号
銀行法施行規則13条の5第1項3号・第2項

(2) 死亡保険・医療保険・傷害保険・がん保険等との関係で適用される弊害防止措置

①　保険募集制限先規制等
　　事業性融資先の法人や代表者・個人事業主、事業性融資先の小規模事業者（常時使用する従業員の数が50人以下の事業者等）の役員・従業員を契約者または被保険者として、手数料等の報酬を得て行う保険募集の禁止、および、当該禁止規制の適用有無の確認措置

> ② 担当者分離規制
>   一定の場合を除き、事業性融資担当者が保険募集を行うことの禁止
> ③ タイミング規制
>   顧客が銀行等に対して融資の申込みを行っていることを知りながら、顧客またはその密接な関係者に対して行う保険募集の禁止

※保険業法施行規則212条3項各号、212条の2第3項各号、234条1項10号

3 本件の検討

設問の事例では、事業性融資を行っている顧客等に対し保険募集をした場合、募集制限先規制に違反するおそれがあります（上記2(2)①）。

金融機関として保有している顧客の非公開情報を利用して保険募集を行う場合、あらかじめ当該情報の利用につき同意を得る必要があります（上記2(1)①）。

銀行の事業性融資担当者が保険募集を行った場合、融資担当者分離規制に違反するおそれがあります（上記2(2)②）。

Q75 金融機関による信託業

金融機関が信託業を兼営する場合にはどのようなことに留意すべきですか。

ポイント 　金融機関は兼営法に基づき認可を受けて信託業務等を営むことができます。信託兼営金融機関は信託業務を営むにあたり忠実義務および善管注意義務の遵守や信託契約代理店の管理等を求められます。

解説

1　兼営法に基づく信託業務

金融機関は兼営法に基づき当局の認可を受けて信託業務と以下の業務を営むことができます。すなわち、信託兼営金融機関は、①信託業、②信託契約代理業、③信託受益権売買等業務、④財産管理、⑤遺言執行、⑥会計の検査、⑦財産の取得・処分・貸借の代理・媒介、⑧財産の管理、財産の整理・清算、債権の取立て、債務の履行の代理事務を営むことができます（兼営法1条、信託業法2条1項）。

当該銀行が営む信託業務に関してはその多くが信託業法および金商法が準用され（兼営法2条、2条の2）、これらの法律や兼営法施行令・施行規則のほか、信託会社監督指針に基づき業務を行うことになります。

2　金融機関としての信託業務の兼営

(1)　業務運営上の留意点

信託兼営金融機関は、業務運営の適切性・健全性を確保するにあ

たって、通常の信託会社と異なり、金融機関としての高度な法令等遵守およびリスク管理が求められます。たとえば、委託者・受益者の保護のため、①委託者への契約内容の説明、②信託引受審査、③信託財産の管理・運用等を適正に行う態勢を、信託業務の規模、特性に応じて整備する必要があります。

信託兼営金融機関は、信託業務を営むことに伴い、通常金融機関に求められる事項のほか、忠実義務および善管注意義務の遵守や信託契約代理店の管理等について、業務運営上求められることになります（信託会社監督指針11－5）。

(2) **忠実義務および善管注意義務の遵守**

信託銀行には受託者としての忠実義務、善管注意義務が課せられており、法令に直接規定される事項のみならず、たとえば、受益者間で合理的な理由なく異なる取扱いをして公平を損ねる場合など、忠実義務または善管注意義務に違反することとなる場合があることに留意する必要があります（信託会社監督指針3－5－2）。

(3) **信託契約代理店の管理体制**

信託契約代理店との間で信託契約代理業に係る委託契約を締結するにあたって、信託銀行は、代理店の信託業務等に関する知識、遂行能力、ほかに営む業務の内容等を審査し、適切な運営を確保するため、法令等遵守、業務知識、内部管理体制等の管理、指導、定期的な監査を行う必要があります（信託会社監督指針3－5－7）。

3　信託契約代理店の業務兼営

信託契約代理店の業務運営の適切性・健全性を確保するにあたっては、①業務の執行方法を定めた社内規則の整備（顧客属性等に即した勧誘・説明の執行方法、分別管理の執行方法等）、②顧客情報管理、③取引時確認、疑わしい取引の届出、④反社会的勢力による被害の防止に

特に留意する必要があります（信託会社監督指針10－4）。

4 行政処分

　信託兼営金融機関や信託契約代理店について業務運営の適切性、健全性に疑義が生じた場合には報告命令や業務改善・停止命令等の対象となります（兼営法2条、信託業法42条、兼営法9条、信託業法80条、81条）。

　行政処分に際しては、金融商品の内容に応じた差異はありますが、観点としては信託業務以外の場合と同様、①行為の重大性・悪質性（公益侵害の程度、利用者（受益者）被害の程度等）、②経営管理態勢・業務運営態勢の適切性（法令等遵守の認識・取組み、社内教育の状況等）、③軽減事由（自主的な利用者（受益者）保護の取組み）を勘案します（信託会社監督指針3－6－1）。

Q76 信用金庫、信用協同組合の業務範囲

当信用金庫（または信用組合）の会員から、当該会員の海外子会社への融資の要請を受けました。要請に応じて海外向け融資を行うことは可能ですか。

ポイント　信用金庫・信用組合は原則としてその会員・組合員以外に対する融資を行うことができませんが、一定の要件のもとで員外貸付等を行うことが可能です。平成25年3月には、会員（卒業会員含む）・組合員の海外子会社向け融資等業務が解禁されました。なお、海外向け融資等に際しては、実効的な融資審査や期中モニタリングを含め十分なリスク態勢の整備が必要です。

解　説

1　取引先の限定

信用金庫および信用組合の取引先は、原則として、信用金庫については会員、信用組合については組合員に限定されています。会員・組合員の資格は再掲図表5のとおりです。

しかし、会員・組合員以外との取引が全面的に禁止されているわけではありません。

預金の受入れに関しては、信用金庫は取引先制限がなく、会員以外からの預金の受入れが可能です（信金法53条1項1号）。信用組合も、国や組合員の親族からの預金の受入れは可能ですし、これら以外の非組合員からの預金の受入れも、その総額が信用組合の総預金額の20％以下であれば許容されます（中協法9条の8第2項2号・3号・4号・

第6章　金融機関役員の職責3——業務範囲規制のポイント　269

再掲図表5　信用金庫・信用組合の会員資格

信用金庫	信用組合
・地区内において 　－住所・居所を有する者 　－事業所を有する者・その役員 　－勤労に従事する者 ※事業者は、従業員300人以下、または資本金9億円以下 ・当該信用金庫の役員	・地区内において 　－住所・居所を有する者 　－事業を行う小規模事業者・その役員 　－勤労に従事する者 ※事業者は、従業員300人（小売業は50人、卸売業・サービス業は100人）以下、または資本金3億円（小売業・サービス業は5,000万円、卸売業は1億円）以下 ・当該信用組合の役員

第3項）。

　融資取引に関しては、員外への預金担保貸付、金融機関、地方公共団体、独立行政法人等に対する貸付が許容されるほか、員外への貸付・手形割引の総額が当該金庫・組合の総貸付・手形割引の総額の20％を上限とするという総量規制のもとで、相手先・期間・金額に関する一定の条件を満たす貸付・手形割引が許容されます。具体的には、会員・組合員となる資格を有する非会員・非組合員に対しては一定額以内の貸付・手形割引が可能です（信用金庫は700万円、信用組合は500万円）。また、信用金庫は「卒業会員」（3年以上会員であったが会員資格喪失により脱退した事業者）に対して一定期間（会員期間3年以上5年未満の場合は脱退から5年、会員期間5年以上の場合は脱退から10年）、貸付・手形貸付（および債務保証）を行うことも可能です。信用組合はこのようないわゆる卒業生金融は実施できません。

2　海外与信・債務保証の解禁

　平成25年3月には、信用金庫・信用組合による、会員（卒業会員含

む)・組合員の外国子会社向け貸付および外国子会社のためにする債務保証が可能になりました(信金法53条、同施行令8条、同施行規則50条、中協法9条の8、同施行令14条、中協法による信用協同組合及び信用協同組合連合会の事業に関する内閣府令1条の3)。海外子会社向け融資等の解禁により、信用金庫・信用組合は取引先の海外進出に伴う収益機会の拡大および海外事業も含めた取引先事業全体のモニタリングが可能になったわけですが、一方で、実効的な融資審査、期中モニタリング、親会社保証取得要否の検討、現地法令遵守、為替リスク管理の点について十分な態勢を整備する必要があります(中小・地域監督指針V-1-3)。

第7章

金融機関役員の職責 4
──個別経営事項への対処

Q77 他の金融機関との合併・統合

他の金融機関との間で経営統合を検討していますが、どのような点に留意する必要がありますか。

ポイント

金融機関同士の再編では、そのスキームとして、共同持株会社方式または合併方式のいずれかが採用されることが一般的ですが、それぞれのメリット・デメリットを勘案して、検討を進めることが重要です。

また、法令上の許認可等について遺漏なく対応することが必要になるとともに、独占禁止法上の問題が発生する場合もあることに留意が必要です。

解 説

近時、地方銀行を中心として、金融機関の再編の動きが活発化しています。これは、かつての金融危機を背景とした「守り」の再編の動きというよりは、今後の市場環境の変動・激化を想定したうえで競争力を強化するという「攻め」の再編の動きであるともいえます。

この点に関して、再編の当事者が金融機関であっても、基本的には、一般の事業会社が当事者となる再編とその手続について大きな違いはありませんが、金融機関同士の再編にあたっては、以下のとおり、留意すべきいくつかのポイントがあります。

1 再編スキームの選択

金融機関同士の再編において採用されるスキームとしては、①共同持株会社方式、または、②合併方式のいずれかであることが一般的で

す。

　この点に関して、再編による効果（合理化・効率化等）をより直接的に追求するのであれば、法人格自体を統合する合併方式が考えられますが、組織体制、システム、商品設計・ラインアップ、与信管理、人事制度等の統合は容易ではありません。

　そこで、合併に要する時間や手間を考慮し、いったんは共同持株会社方式を採用して、株式移転により共同で設立する持株会社の傘下にそれぞれの金融機関を置き、その後の様子をみつつ合併の是非・要否を検討するといった2段階方式を採用することも考えられます。もっとも、この場合、当初はそれぞれの金融機関が独立した主体として事業活動を行うため、再編のメリットを効果的に享受するための施策を別途講じる必要があります。

　なお、共同持株会社方式を採用して持株会社を設立した場合には、その後の新たな再編が容易になる（新しく統合する金融機関を持株会社の傘下に置くことで足りる）というメリットもあります。

2　法令上の許認可等

　金融機関同士の再編を実行するにあたっては、法令上の許可・認可・届出等が必要になります。たとえば、銀行同士の再編の事例をあげると、共同持株会社方式では銀行持株会社の設立の認可（銀行法52条の17第1項）、また、合併方式では銀行の合併に関する認可（同法30条1項）が必要となるほか、その子会社を含めた各種の許認可等が問題となります。そこで、事前に許認可等に関する手続をもれなく精査することが必要になりますが、当事者同士での検討に限らず、弁護士等の外部専門家はもちろんのこと、金融当局とも綿密に相談をしつつ進めることが重要でしょう。

3　独占禁止法上の問題

　独占禁止法では、「一定の取引分野における競争を実質的に制限することとなる」企業再編が禁止されています（独占禁止法10条1項等）が、金融機関同士の再編においては、その規模や事業特性から、このような競争制限の有無が問題となる場合が多いといえます。特に、地方銀行をはじめとする地域金融機関同士の再編においては、再編当事者がその地域の金融機能における存在感が大きいことから、市場での競争制限が顕著であるとして、公正取引委員会の実質審査の対象となることが考えられます。

　なお、共同持株会社方式を採用した場合には、公正取引委員会への届出が必要になる場合もあります（同法9条7項）。

Q78 海外の金融機関の買収（銀行法上の規制）／銀行の海外子会社等の業務範囲

当行は海外の金融機関の買収による子会社化を検討していますが、留意すべき法令上の規制にはどのようなものがありますか。

ポイント　まず、子会社となる海外金融機関の事業が、銀行法上、銀行・銀行持株会社が子会社化できる事業かどうかを確認する必要があります。

なお、仮に買収対象とする海外金融機関会社の子会社に、銀行法上子会社対象会社とすることができない会社が含まれている場合であっても、銀行法上の子会社の業務範囲規制の例外として、子会社化した日から原則として5年間、子会社対象会社以外の会社を子会社とする取扱いが認められています。

また、海外金融機関を買収する場合には、海外現地の法令上求められる手続を確認のうえ、履行する必要があります。

解　説

銀行法上、銀行が海外において子会社とすることができる会社の範囲は、銀行業、有価証券関連業、保険業、信託業を行う会社など一定の範囲の会社に限定されており（銀行法16条の2第1項）、国内子会社における業務範囲の考え方と同様、銀行法上子会社とすることができる会社（以下「子会社対象会社」という）の業務範囲以外の業務を営むことのないよう、留意する必要があります（主要行監督指針Ⅴ－3－3－4）。外国の銀行については、銀行業と証券業を特段の制限なく

あわせて営む例もあることに加え、保険業や、その他本業とは別の一般事業を兼営している例もあることに注意してください。

なお、外国の金融機関を買収する場合においては、当該会社の子会社に、銀行法上子会社対象会社とすることができない会社が含まれている場合であっても、子会社化した日から原則として5年間、子会社対象会社以外の会社を子会社とすることが認められています（銀行法16条の2第4項）。すなわち、銀行法上の子会社の業務範囲規制の適用が、例外的に5年間だけ猶予されることになります。原則として、子会社化した日から5年間を経過する日までに、子会社対象会社以外の会社が、銀行の子会社でなくなるよう所要の措置を講じなければならないものとされている（同項但書）点に留意してください。

ただし、5年間を超えて、外国の子会社対象会社以外の会社を子会社とする「やむを得ない事情」がある場合、金融庁長官の承認を得ることを条件として、1年間だけ猶予期間を延長することができます（同条第5項）。「やむを得ない事情」とは、たとえば、子会社対象会社以外の会社の株式の売却活動に着手しているが、現地の経済情勢や売却先との交渉状況等により売却スケジュールが遅延していること、現地の法制上の理由により子会社対象会社以外の会社の清算手続が進捗しないこと、現地の金融市場の特性に照らして子会社対象会社以外の会社を子会社として保有継続することが不可欠であって資本関係のない第三者に業務委託することでは目的が達成できないこと、といった事情があります（主要行監督指針Ⅴ－3－3－4）。

海外金融機関を子会社化する際には、原則として内閣総理大臣の事前の認可を取得する必要があります（銀行法16条の2第7項）。

さらに、子会社化する海外金融機関が設立された海外現地国のレギュレーション上求められる手続も履行する必要があります。

Q79 剰余金配当に伴う特別の規制・留意点

当行が剰余金の配当を行う場合、会社法に規定される剰余金配当規制以外に留意を要する点はありますか。

ポイント

銀行法上、銀行による剰余金配当には、資本準備金・利益準備金の積立が要求される要件およびその際の要積立金額の点で、会社法が定める要件よりも重い規制が課されます。かかる準備金積立規制に違反した場合、銀行の取締役、監査役等は100万円以下の過料に処せられます。

また、上場会社については、コーポレートガバナンスコード原則1－3が、剰余金配当も含む資本政策の基本方針について対外的な説明を実施すべきとしていますので、この点も留意が必要です。

解説

1 会社法上の規制

銀行は、資本金20億円以上の株式会社であるため（銀行法4条の2、5条1項、同施行令3条）、銀行の会計や計算には、原則として、会社法の規定が適用されます。そして、会社法上、業務執行取締役が配当を実施しその事業年度末に欠損（分配可能額がマイナスとなること）が生じた場合は、関与した取締役は会社に対するてん補義務を負います。また、取締役、監査役、執行役等の役員は、分配可能額を超えた違法な剰余金の配当を行う場合、違法配当罪（会社法963条5項2号・1項）に問われます。

2　銀行法上の加重規制

　銀行法は、銀行の公共性・健全性確保の観点から、銀行の剰余金配当に関して、会社法上の準備金の積立規制（会社法445条4項）を加重しています（銀行法18条、同施行規則17条の7の4）。会社法上の規制と、銀行法によって加重された規制の比較は図表11のとおりです。

　銀行が剰余金配当を行うに際して、当該銀行法上の準備金積立規制に反して所要の資本準備金または利益準備金を計上しなかった場合、銀行の取締役、監査役等は100万円以下の過料に処せられます（銀行

図表11　銀行法・会社法上の配当規制の差異

	銀行法 （18条、 同施行規則17条の7の4）	会社法 （445条4項、 会社計算規則22条）
資本準備金・利益準備金の積立を要する場合	剰余金配当日における資本準備金および利益準備金の額の合計が資本金の額に達しない場合	剰余金配当日における資本準備金および利益準備金の額の合計が資本金の額の4分の1に達しない場合
要積立金額	以下の①または②のいずれか小さい額 ①　資本金の額から資本準備金および利益準備金の合計額を控除した金額 ②　剰余金配当により減少する剰余金の額に5分の1を乗じた額 上記金額を、剰余金配当により減少するその他資本剰余金・その他利益剰余金の比率に応じて、資本準備金と利益剰余金でそれぞれ計上	以下の①または②のいずれか小さい額 ①　資本金の4分の1の額から資本準備金および利益準備金の合計額を控除した金額 ②　剰余金配当により減少する剰余金の額に10分の1を乗じた額 上記金額を、剰余金配当により減少するその他資本剰余金・その他利益剰余金の比率に応じて、資本準備金と利益剰余金でそれぞれ計上

法65条9号)。

3 コーポレートガバナンスコード

　上記の法律上の規制に加え、コーポレートガバナンスコード原則1－3は、「上場会社は、資本政策の動向が株主の利益に重要な影響を与え得ることをふまえ、資本政策の基本的な方針について説明を行うべきである」と規定します。この原則は、配当の具体的な実施計画や数値目標というよりは、配当も含めた資本政策の基礎となる総合的な計画の策定・説明を求めるものですが、株式を上場している銀行は、当該原則をふまえた対応を行う必要があります。

Q80 アームズ・レングス・ルール

当行が支店ビルの一部を証券子会社に賃貸するにあたり、賃料の定め方について注意すべきことを教えてください。

ポイント　銀行は、証券子会社と同種の第三者に対して賃貸する場合と比較して賃料を低く設定することはできず、逆に、自行の通常の賃貸条件に照らして不当に高く賃料を設定することもできません。

他方、証券子会社の立場からしても、通常の取引の条件と著しく異なり、取引の公正を害するおそれのある賃料設定は、有利不利にかかわらず禁止されます。

これらの規制をふまえると、設問における賃料の設定は、証券子会社と同種の第三者に賃貸する場合と同様の水準にしておくことが無難です。

賃料水準の妥当性を確保する観点から、稟議においては近隣相場や過去の行内事例をふまえた検討の記載を義務づけるという行内体制を整備しておくべきです。

解　説

1　アームズ・レングス・ルールの概要

いわゆるアームズ・レングス・ルールは、金融機関が、一定の資本関係を有するグループ会社等（以下「グループ会社」という）との間で行う取引を制限する規制です。

アームズ・レングス・ルールの趣旨は、グループ会社との利益相反

取引を通じて、金融機関の経営の健全性が損なわれること等を防止する点にあると解されており、銀行法および金商法にそれぞれ規制が設けられています。

2 銀行法上の規制

銀行は、グループ会社との間で、業務の種類、規模および信用度等に照らして当該グループ会社と同様である第三者との間で、同種および同量の取引を同様の状況のもとで行った場合に成立することとなる取引の条件と比べて、当該銀行に不利な条件で行われる取引を行ってはなりません（銀行法13条の2第1号、同施行規則14条の10）。また、自行の取引の通常の条件に照らしてグループ会社に不当に不利益を与えることもできません（同施行規則14条の11第2号）。

とりわけ、主要行監督指針Ⅴ－2(1)①および中小・地域監督指針Ⅲ－4－5(1)①は、アームズ・レングス・ルールに違反していないかを適切に検証すべき取引の具体例として「賃料減免」をあげており、その点からしても、賃料が低すぎると評価されないかについては細心の注意を払う必要があります。

したがって、設問において、銀行は、賃料を定めるにあたり、業務の種類、規模および信用度等に照らして証券子会社と同様である第三者に賃貸する場合と比較して賃料を低く設定することはできず、また、自行の通常の賃貸条件に照らして不当に高く賃料を設定することもできません。

3 金商法上の規制

金融商品取引業者は、グループ会社との間で、通常の取引の条件と著しく異なる条件であって取引の公正を害するおそれのある条件で、資産の売買その他取引を行うことができません（金商法44条の3第1項4号、金商業等府令153条1項）。

したがって、設問においては、証券子会社からしても、「通常の取引の条件と著しく異なる条件であって取引の公正を害するおそれのある条件」と評価されるような賃料設定は、その有利不利を問わず禁止されます。

なお、金商法上のアームズ・レングス・ルールは、「通常の取引の条件と著しく異なる」および「取引の公正を害するおそれのある」といった要件が課されている点において、銀行法よりも制限される取引が限定されています。そのため、一方当事者である銀行に課される銀行法上のアームズ・レングス・ルールの適用が回避できるケースであれば、他方当事者である証券子会社に課される金商法上のそれにも通常は抵触しないと考えられます。

Q81 融資先の株式取得——5％ルール・15％ルール

当行は国内融資先の株式を政策保有していますが、保有・取得に際して注意する点はありますか。

ポイント　銀行およびその子会社は合算で5％、銀行持株会社とその子会社は合算で15％を超えて国内の一般事業会社（子会社とすることが特別に許容される会社を除く）の議決権を取得または保有することはできません。しかし、担保権実行による株式取得の場合、合併等の場合、投資専門子会社による一定の範囲の会社の議決権の取得・保有の場合などには、一定の要件のもとでこの例外が認められています。

また政策保有株式についてはコーポレートガバナンスコードに沿って保有方針の策定・開示等を実施する必要があります。

解　説

1　5％ルール・15％ルールとその例外

銀行法上、銀行およびその子会社は合算で5％、銀行持株会社とその子会社は合算で15％（以下それぞれ「基準議決権数」という）を超えて国内の一般事業会社の株式を取得することはできません（銀行法16条の3第1項、52条の24第1項）。この規制はそれぞれ、通称5％ルール、15％ルールと呼ばれています。

5％ルール・15％ルールの規制が及ぶ国内の一般事業会社の範囲からは、銀行や銀行持株会社の子会社となりうる会社（**Q69**参照）が除外されます。また、外国の会社の議決権の取得保有（**Q78**参照）に関

第7章　金融機関役員の職責4——個別経営事項への対処　285

しては5％ルール・15％ルールは適用されません。

また、一定の場合には5％ルール・15％ルールの例外が認められますが、そのうち重要なものは以下の3点です。

① 担保権の実行等による株式等の取得・保有

担保権の実行による株式等の取得などの法定事由（同施行規則17条の6、34条の20に列記。担保権実行、代物弁済としての取得、デットエクイティスワップによる取得、発行会社による自己株式取得・株式の併合等など）による取得の場合、基準議決権数を超える議決権の取得・保有が可能です。この場合、1年以内に、基準議決権数を超える部分の議決権を処分する必要がありますが、内閣総理大臣の承認を得た場合には1年間の保有期間制限は適用されません。

② 合併等による取得・保有

合併、事業譲受け等の事由（銀行法16条の3第4項、52条の24第4項および関連する銀行法施行規則に列記）による取得の場合にも例外的に基準議決権数を超える議決権を保有することが可能です。この場合には、5年以内に基準議決権数を超える部分の議決権を処分することが、当該合併や事業譲受けに係る認可の際の条件とされます。

③ 投資専門子会社によるVB会社および特別事業再生会社の議決権の取得・保有

銀行および銀行持株会社の投資専門子会社（ベンチャーキャピタル会社）が保有する、VB（ベンチャービジネス）会社（同法16条の2第1項12号）や特別事業再生会社（事業再生途上の会社のうち、内閣府令で定める要件に該当しない会社）（同項12の2号、同施行規則17条の2第8項）の議決権は、5％ルール・15％ルールの例外とされています（同法16条の3第7項）。

銀行・銀行持株会社およびその子会社による議決権保有制限については上記のほかにも、自らが有限責任組合員である投資事業有限責任組合が取得・保有する株式等に係る議決権および、投資専門子会社が保有する、地域の活性化に資すると認められる会社の議決権は例外とされており（同法16条の3第9項、2条11項、16条の3第8項）、関連する法令の条文構造も複雑ですので、議決権取得に際しては銀行法違反とならないよう個別事案ごとに事前の十分な検討が必要です。

2　コーポレートガバナンスコード

　コーポレートガバナンスコード原則1－4は、政策保有株式として上場株式を保有する場合には、政策保有方針の開示、中長期的な経済合理性や将来の見通しの取締役会での定期的検証、保有のねらい・合理性についての具体的な説明、議決権の行使について適切な対応を確保するための基準の策定・開示を行うべきとしていますので、これに沿った対応が必要です。詳細は**Q89**を参照してください。

Q82 システム統合リスクへの対応

当行は他行との経営統合を決定しました。システム統合については技術的な事項がわからないため、システム企画担当役員とシステム子会社に任せて、適宜進捗報告を受けるという方針でよいですか。

ポイント　経営統合に伴いシステム障害が発生すると金融機関の存続基盤を揺るがしかねない重大な事態が発生します。銀行の役員はこのリスクを認識したうえで、両行の既存システムの状況の評価・比較を行い、経営統合の戦略的目的に沿った適切なシステム統合の方式・スケジュールを慎重に決定すべきです。担当役員・部門の設置や外部システム会社の選定は必要ですがこれだけでは十分ではなく、さらに、コンティンジェンシープランや事前テスト実施体制構築なども含めた全体のプロジェクトマネジメントを、経営トップ・取締役会が先頭に立って主体的に取り組むことが肝要です。

解説

1　システム障害リスクの認識

銀行の統合に伴いシステム障害が発生すると、顧客に直接に損失が発生するほか、統合対象金融機関も損害賠償責任負担・レピュテーション低下による機会損失がもたらされ、さらには経営陣の経営責任を問われます。特に、預金・融資・為替取引といった業務を預金勘定の増減を通じて処理する勘定系システムに障害が発生すると、統合対象金融機関のみならず、決済システム全体に重大な影響が及びかねま

せん。過去にも、銀行の統合に伴い、ATMの休止、口座振替えの未処理・2重引落しなどのシステム障害により顧客サービスに支障が生じた例があります。統合時点では統合対象銀行の勘定システムを併存してリレーコンピュータで中継する場合でも、リレーコンピュータへの接続機能のプログラム不良や、店舗番号の変更を原因とした口座振替えのデータ振分けプログラムエラーなどを原因として障害が発生しています。経営統合時点で勘定系システムの一本化を行うかどうかにかかわらず、統合に伴う大規模なシステム障害が起こりうること、そしてそれは金融機関の存続基盤を揺るがしかねないことを、取締役会以下統合対象銀行の役職員が十分に認識する必要があります。

2 金融当局の監督上の着眼点

金融庁も金融機関の経営統合に伴うシステム統合リスクの管理態勢の充実・強化を重視し、「システム統合リスク管理態勢の確認検査用チェックリスト」を平成14年12月に公表しています。また、主要行監督指針は、システム統合リスク管理体制の「主な着眼点」を明示しています（図表12参照）。そしてその多くの項目において、統合対象銀行の取締役会の積極的な検討および関与を要求しています（システム統合方式決定、システム統合計画策定、システム統合の統括役員および部門の設置、統合遅延の際のスケジュール見直し基準承認、移行判定基準承認、コンティンジェンシープラン策定承認など）。

3 経営判断が特に求められる事項

システム統合の過程で経営判断が特に求められる事項としては、統合後のシステムを当初の予定どおりのスケジュールで稼働させるか、テストや開発等の遅延などの要因により、稼働スケジュールを見直して遅らせるかという、いわば「見切り」の判断があります。この経営判断を的確に行うことができるよう、役員としては、システム統合の

図表12　システム統合リスク管理体制の「主な着眼点」

1	取締役の責任分担および経営姿勢の明確化
2	システム統合方式に係る経営判断の合理性
3	システム統合計画とその妥当性
4	銀行における十分なテスト・リハーサル体制の構築
5	対顧客説明、接続テスト実施体制の構築
6	プロジェクトマネジメントのための基本的な体制整備
7	設計・開発段階からのプロジェクトマネジメント
8	外部委託先の管理態勢
9	計画の進捗管理・遅延・妥当性の検証に係るプロジェクトマネジメント
10	資源配分および計画の変更等に係るプロジェクトマネジメント
11	厳正な移行判定の実施
12	フォールバックの態勢整備
13	コンティンジェンシープランの確立
14	実効性のある内部監査、第三者評価
15	銀行持株会社による統括機能

進捗および課題について常に最新の情報を把握しておくことが重要です。

Q83 信用不安先に対する追加融資

当行をメイン行とする既存融資先の業況が悪化する傾向にあるなかで、仕掛途中のプロジェクトを完成するための追加融資の要請を受けました。追加融資により融資先の業績が改善して、ひいては既存融資の回収額が増加することを期待していますが、追加融資自体が回収不能となる懸念もなお残ります。追加融資に応じてもよいですか。

ポイント　銀行取締役の融資判断については、銀行業務の公共性の観点から、一般の事業会社の取締役の注意義務に比して高い程度の注意義務が課されます。回収懸念の残る追加融資を行う場合には、融資先の返済能力について十分な情報を収集し、多面的・包括的に検討を加え、保全措置も講じたうえで、追加融資を実行したほうが既存融資を含めた融資額全体の回収不能額を小さくすることができると合理的に判断できる場合にのみ実行すべきです。そしてそのような判断過程は判断の基礎とした資料とともに正確に記録・保管すべきです。

解説

1　銀行取締役の融資判断に期待される善管注意義務の水準

銀行の融資判断は銀行取締役による経営判断事項であり、取締役には判断の裁量があります。したがって、融資判断に係る取締役の銀行に対する民事責任は、判例上、経営判断の原則（Q31参照）に従い、①経営判断の前提となる事実認識の過程における不注意な誤りがある

場合、または、②事実認識に基づく意思決定の推論過程および内容が明らかに不合理なものである場合に限って認められます。

　もっとも、上記の経営判断の原則の具体的な適用に関しては銀行の取締役であるがゆえの特別の注意が必要です。すなわち、銀行の取締役が融資業務に関して銀行に対して負う善管注意義務（会社法330条、民法644条）の程度は、銀行業務の公共的な性格、預金者保護、信用秩序維持の観点から、一般の事業会社の取締役に比して高い水準のものが要求されます（東京地判平16.5.25（判タ1177号267頁）、大阪地判平14.3.27（判タ1119号194頁））。仮に融資の時点で回収見込みに具体的な懸念があると認識しながら融資を実行すれば、取締役は、上記の高い水準の善管注意義務に違反したと認められる可能性は高いでしょう。

2　回収不能懸念の残る融資実行の際の留意点

　このように銀行の融資判断に対して特に厳格に適用される傾向にある経営判断原則に照らしますと、回収不能の懸念が残る追加融資を既存融資先に対して行う場合には、融資先の経営状態、資産状態および収支状況について十分な情報を収集したうえで検討し、当該追加融資を実行したほうが、実行しない場合に比して、銀行にとってより大きい利益が得られる（既存融資を含めた融資額全体の回収不能額を小さくすることができる）と判断でき、かつその判断に合理的な理由があるといえる場合に限って追加融資に応じるべきでしょう。その検討過程に際しては、たとえば、収支状況については融資先から提出される事業計画を鵜呑みにするのではなく、想定されるリスクシナリオをふまえた独自の収支シナリオを作成して検討し、また、資産売却などによる返済原資の上積み可能性、他の金融機関による財務面の支援態勢も含めた融資先の返済能力およびその見込みについての多面的・包括的

な検討が必要になるでしょう。さらに、担保権の設定を受けるなどの適切な保全措置をとることも必要です。

　そして、将来、取締役の善管注意義務違反が問われる場合に備え、これらの検討・判断の過程を、その基礎となった資料とともに記録・保管しておくべきです。案件の規模や性質にもよりますが、外部弁護士の法律意見も取得しておくとよいでしょう。

Q84 DIPファイナンスの実行

当行の融資先が民事再生手続に入りました。本業は継続しながらスポンサーの選定を進め、ほぼ決まりそうだと報告を受けています。しかし今月末に見込まれている運転資金不足を乗り越えるため当行に対して追加融資の要請がありました。民事再生手続中の会社に追加融資してもよいのでしょうか。

ポイント 再生手続や更生手続中の会社は、資金繰り破綻や再生計画の不成立等により破産手続に移行するリスクがあります。したがって、再生会社、更生会社に対する融資は、返済能力に関する情報収集および回収可能性の検討を特に慎重に行ったうえで損失最小化の方策を講じ、融資実行の経済合理性が十分に認められる場合に行うべきです。具体的には、貸金返還請求権の共益債権化、保全措置、資金繰り、再生計画の認可見込み、破産手続移行のリスク（および破産配当見込み）の精査・検討を行い、融資に応じた場合と応じなかった場合の経済合理性を比較検討すべきです。

解 説

1 DIPファイナンスのリスク・メリット

民再法に基づく再生手続や会更法に基づく更生手続などの法的倒産手続中にある債務者は、当該手続開始前の原因に基づいて発生した債務の返済を原則として猶予されるため（民再法85条1項、会更法47条1項）、資金繰りは好転します。しかし、事業継続のために必要な経費の支払は継続する必要がありますし、信用力低下から、原材料仕入れ

などの買掛債務の支払条件はキャッシュオンデリバリーなどの厳しい条件を要求されることが多く、債務者の資金繰りは依然苦しい場合が大半です。このような再生手続等の過程にある会社の資金繰りを助け、事業継続を確保するための運転資金の融資を、通称、DIPファイナンス（debtor in possession の略）といいます。DIP ファイナンスを行うことで再生手続等にある債務者の事業価値が維持され、結果的に既存の貸付金の回収額増加にも寄与するという事例もみられます。

2 取締役の善管注意義務違反の判断枠組み

DIPファイナンスの実行可否も融資判断ですので、銀行取締役の融資判断に対して厳格に適用される傾向にある経営判断原則に照らしてその責任の有無が判断されます。具体的には、信用不安先に対する追加融資の場合（Q45参照）と同様、融資先の経営状態、資産状態および収支状況についての十分な情報収集と検討を行い、保全措置などの損失最小化措置も講じたうえで、融資を実行したほうが実行しない場合に比して銀行にとって経済的により大きい利益が得られると合理的に判断できる場合に限って融資を実行すべきです。

3 特に検討が必要な事項

DIPファイナンスの場合は、債務者が資金繰り破綻や再生計画の不成立等により破産に移行するリスクがあることにかんがみ、情報の収集・検討、損失最小化措置、経済合理性の比較に関する判断は特に慎重に行う必要があります。具体的には、損失の最小化のための措置として、DIPファイナンスに係る貸金返還請求権が再生手続や更生手続において共益債権（倒産手続によらず優先的に随時弁済される債権）となるよう、裁判所の許可や監督委員の承認などの法定の手続完了を融資の条件とすることに加え、売掛債権、在庫などに担保権を取得することがあげられます。また、資金繰りの計画および進捗、スポンサー

第7章　金融機関役員の職責4──個別経営事項への対処　｜　295

選定の見込み、再生計画案・更生計画案の認可見込み、債務者が破産手続に移行する可能性（およびその場合の破産配当見込み）等についての必要な情報収集を行い、その内容を慎重に精査・検討したうえで、融資に応じた場合と応じなかった場合のそれぞれについて既存貸付金も含めた全体の回収見込額を比較検討すべきです。これらの検討を経たうえで、経済合理性があると認められる場合にDIPファイナンスを実行すべきでしょう。

Q85 顧客情報（個人情報・法人情報）の保護

当行は、ある法人に対する融資債権の譲渡を予定しています。債権譲渡先からその法人に関する信用情報等を提供してほしいといわれているのですが、提供して問題ありませんか。個人で連帯保証人となっている法人の代表者に関する信用情報等は提供できますか。

ポイント　法人（債務者）については、金融機関は顧客の信用情報等につき、守秘義務を負っているので、債務者である法人に関する信用情報等を債権譲渡先に提供するには、当該法人から同意を取得する必要があります。

個人（連帯保証人）については、連帯保証人も銀行の契約相手であるという意味において、顧客であるといえます。

守秘義務の観点から、顧客たる連帯保証人に関する信用情報等を債権譲渡先に提供するには、当該連帯保証人の同意を取得することが必要です。

また、個人情報については、個人情報保護法においても、原則として本人の同意を得ずに第三者へ提供することが禁止されています。そのため、第三者たる債権譲渡先に情報提供をするにあたっては、同法の観点からも連帯保証人の同意を取得しておく必要があります。

なお、銀行における個人に関する情報の取扱いについては、銀行法による規制、平成27年9月3日に成立した改正個人情報保護法、金融分野における個人情報保護に関するガイドラインの内容にも留意が必要です。

上記で必要な同意は、金銭消費貸借契約等の締結時にあらかじめ取得しておくことも検討してください。

解　説

1　私法上の規律と公法上の規律

　金融機関の顧客の情報を保護するための法令等には、私法関係（私人同士の法律関係）を規律するものと、公法関係（公権力による規制等）を規律するものがあります。

　金融機関と顧客の関係は私法関係であり、顧客情報の取扱いを規律するものとして、判例上認められた商慣習上または契約上の守秘義務があります。

　金融機関で扱う個人の情報に関する公法関係の法令等には、銀行法、個人情報保護法等があります。

2　私法上の規律（守秘義務）

　判例上、金融機関は顧客情報について商慣習上または契約上、守秘義務を負うこととされています。

　具体的には、最決平19.12.11（民集61巻9号3364頁）は、「金融機関は、顧客との取引内容に関する情報や顧客との取引に関して得た顧客の信用にかかわる情報などの顧客情報につき、商慣習上又は契約上、当該顧客との関係において守秘義務を負い、その顧客情報をみだりに外部に漏らすことは許されない」と判示しています。

　法人顧客、個人顧客、いずれの顧客情報も守秘義務の対象であり、第三者に提供するには顧客の同意が必要です。

3　公法上の規律

(1)　銀行法

　銀行は、その業務に関して取得した顧客に関する情報を適正に取り

扱うための措置を講じる必要があります（銀行法12条の2第2項）。

具体的には、個人顧客に関する情報の漏えい等を防止するための安全管理措置、個人の返済能力情報を返済能力調査以外の目的に使用しないことを確保するための措置、個人顧客に関するセンシティブ情報を適切な業務運営等の目的以外に利用しないことを確保するための措置を講じる必要があります（同施行規則13条の6の5、13条の6の6、13条の6の7）。

(2) **個人情報保護法**

個人情報保護法では、個人情報取扱事業者（ほとんどの金融機関はこれに該当すると考えられる）が個人情報を扱うにあたっての各種規制が定められています。

本設問に関係する規制として、あらかじめ本人の同意を得ることなく第三者に個人情報を提供することは、原則として禁止されています（個人情報保護法23条1項柱書）。

そのほか、法における各種規制の概要は次のとおりです。

各種規制により、個人情報の漏えい事故等の防止が図られ、また、本人による個人情報のコントロールが可能となっています。

a　利用目的

個人情報取扱事業者は、個人情報を取り扱うにあたって利用目的をできる限り特定する必要があります（個人情報保護法15条1項）。

法令に基づく場合等の例外を除いて、あらかじめ本人の同意を得ることなく特定した利用目的の範囲を超えて個人情報を取り扱ってはなりません（同法16条）。

個人情報取扱事業者は、個人情報を取得した場合、利用目的を本人に通知する必要があります。通知にかえて公表の方法をとることもできます（同法18条1項）。最近では、ウェブサイトにプライバシーポリ

シーを掲載して利用目的を公表している金融機関が増えています。

b　取得方法

　個人情報取扱事業者は、偽りその他不正の手段により個人情報を取得してはなりません（個人情報保護法17条）。

c　データ内容の正確性の確保

　個人情報取扱事業者は、利用目的の達成に必要な範囲内において、保有する個人情報を正確かつ最新の内容に保つよう努めなければなりません（個人情報保護法19条）。

d　管理監督

　個人情報取扱事業者は、個人情報の漏えい等の事故を防止するため、必要かつ適切な安全管理措置を講じなければなりません（個人情報保護法20条）。

　また、従業者に個人情報の取扱いをさせる場合、その安全管理が図られるよう、従業者に対する必要かつ適切な監督を行わなければなりません（同法21条）。個人情報の取扱いを委託する場合にも、委託先に対する必要かつ適切な監督が求められます（同法22条）。

e　第三者提供の禁止

　個人情報保護法23条1項柱書により、個人情報取扱事業者が、あらかじめ本人の同意を得ることなく個人情報を第三者に提供することは、一定の場合を除いて禁止されています。

　本人の同意を得ることが不要な一定の場合として、法令に基づく場合、人の生命、身体または財産の保護のため必要がある場合であって本人の同意を得ることが困難な場合、オプトアウト方式を採用している場合、個人情報の利用目的の達成に必要な範囲で個人情報の取扱いを委託する場合、合併等による事業の承継に伴って個人情報を提供する場合、共同利用に関して法所定の事項を定めて公表等をしている場

合等があげられます（個人情報保護法23条各項）。

　なお、オプトアウト方式とは、第三者への提供を利用目的とすること等の所定の事項をあらかじめ本人に通知し、または本人が容易に知りうる状態（ウェブページでの開示等）に置いたうえで、本人から要求があったときは個人情報の第三者への提供を停止する方式のことです（同条2項）。

　f　開 示 等

　個人情報取扱事業者は、法所定の要件を満たす本人の求めがあった場合、本人への個人情報の開示、個人情報の内容の訂正・追加・削除、および、個人情報の利用停止または消去を行う必要があります（個人情報保護法25条～27条）。

　(3)　**金融庁ガイドライン**

　金融分野における個人情報保護に関するガイドラインでは、個人情報保護法における各規制等についての考え方が、具体例とともに示されています。

　また、個人情報保護法に定められていない事項も努力措置として定められています。具体的には、センシティブ情報の取得等の原則禁止、与信事業における個人情報の利用目的についての本人からの同意取得、個人情報の漏えい等があった場合の対応等について示されています。

　金融機関においては、このガイドラインの内容にも留意する必要があります。

Q86 マイナンバー制度のもとでの特定個人情報の保護

当行は現在、個人番号の有効活用に着目しています。具体的には、番号法で定められている事務だけでなく、個人番号を社員番号として使用することで、社員情報管理を効率化する案を検討しています。社員番号としての利用に関してはもちろん各従業員から同意を取得するので、法律上問題ないと考えてよいですか。

ポイント　個人番号は、行政手続の効率化に資する一方で、多数の個人情報が紐付けられているため、一度個人番号が漏えい等すると、個人情報が芋づる式に取得され、個人の被害が甚大となるおそれがあります。

これをふまえ、番号法9条では、個人番号が無制限に幅広く利用され、漏えい等の事故につながることを防止すべく、個人番号の利用範囲が定められ、その範囲外での利用が禁止されています。本人の同意がある場合であってもこのことは変わりません。

番号法9条で個人番号の社員番号としての利用は認められていませんので、法律上許容されません。

解　説

1　個人情報保護法と番号法の関係

マイナンバー制度の導入により、行政手続の効率化が図られる一方、個人番号には多くの個人情報が紐付けられているため、個人番号の漏えいにより他の個人情報も芋づる式に漏えいし、甚大な被害が生じるおそれがあります。かかる事態を防止すべく、番号法は、個人番

号を含む個人情報を「特定個人情報」と定義し（番号法2条8項）、その取扱いについて個人情報保護法の規制に追加、修正を加え、より厳正な取扱いを定めています。

特定個人情報の取扱いに関し、番号法で特に定めのない事項については、個人情報保護法に従うこととなります。

2　番号法等とガイドライン

金融機関における特定個人情報の取扱いについては、番号法・同施行令・同施行規則等に加えて、金融庁の「特定個人情報の適正な取扱いに関するガイドライン（事業者編）」（以下「事業者ガイドライン」という）、「（別冊）金融業務における特定個人情報の適正な取扱いに関するガイドライン」等に定められています。

また、平成27年9月3日に成立した改正番号法は、金融機関の預金口座と個人番号を結びつけることを認める内容となっています。

金融機関で個人番号を取り扱う業務においては、これらの内容に留意する必要があります。

3　特定個人情報の取扱い

(1)　概　　要

番号法では、特定個人情報（個人番号）について、利用範囲、利用目的、提供・提供の要求、取得時の本人確認、安全管理措置、収集・保管・廃棄、取扱いの委託などに関し規制が設けられています。

(2)　利用範囲

a　規制内容

番号法9条で、個人番号を利用できる場合について限定的に定められています。本人の同意があっても、番号法で定められた事務の範囲外で個人番号を利用することはできません。

個人番号を取り扱う事務として、主に個人番号利用事務と個人番号

関係事務があります。

個人番号利用事務は行政事務ですから、行政機関から事務の委託を受けた場合等を除き、金融機関が個人番号を取り扱うのは、個人番号関係事務を行う場面が中心となります。

個人番号関係事務とは、個人番号利用事務（行政事務）の処理に必要な、個人番号を記載した書面の行政機関への提出その他の個人番号を利用した事務のことです（番号法2条11項）。

b 本件の検討

本件との関係でいうと、個人番号の社員番号としての利用は、個人番号利用事務（行政事務）の処理に必要な事務ではなく、個人番号関係事務には該当しません。

したがって、たとえ各従業員の同意があったとしても、個人番号の社員番号としての使用は認められません。

(3) **利用目的**

特定個人情報を扱う金融機関は、（番号法9条が定める事務の範囲内で）利用目的をできる限り特定する必要があり（個人情報保護法15条）、原則としてその目的の範囲内でのみ利用することができます。

特定個人情報は、通常の個人情報と異なり、本人の同意があったとしても、利用目的を超えて利用することができません。

例外的に特定個人情報の目的外利用が認められるのは、①金融機関が激甚災害時等に金銭の支払を行う場合、または、②人の生命、身体または財産の保護のために必要がある場合であって、本人の同意があり、または本人の同意を得ることが困難である場合に限られています（番号法9条4項、29条3項、32条）。

(4) **提供・提供の要求**

番号法19条各号で明記された場合を除いて、特定個人情報の提供を

することは禁止されています。金融機関が特定個人情報を提供できるのは、個人番号関係事務として、たとえば個人である支払先に関する支払調書等に個人番号を記載して税務署長に提出する場合等に限られています（番号法19条2号）。

また、同条各号に該当して特定個人情報の提供を受けることができる場合を除き、他人に対し個人番号の提供を求めることは禁止されています（同法15条）。

(5) **取得時の本人確認**

個人番号関係事務のため本人から個人番号の提供を受けるときは、番号法、同施行令、および同施行規則に従った本人確認を実施する必要があります（番号法16条）。

本人確認は、個人番号の提供の態様によってその方法が分類されますが、いずれの方法も、番号確認と提供者の身元確認を目的としています。

番号確認とは、提供を受けた個人番号に書き間違い等による誤りがないか、通知カードや個人番号カードのような個人番号が記載された公的な書面によって確認することです。

身元確認とは、提供者として名乗られている者と、実際に提供をしている者が一致することを確認することです。これにより、個人番号を利用した他人へのなりすましによる不正行為などを防止します。

(6) **安全管理措置**

個人番号関係事務の実施者である金融機関は、個人番号の漏えい等を防止するため、必要かつ適切な安全管理措置を講じなければなりません。また、従業者に特定個人情報を取り扱わせるにあたっては、安全管理措置が適切に講じられるよう、従業者に対する必要かつ適切な監督を行わなければなりません（番号法12条、33条、34条）。

安全管理措置の具体的な内容については、金融庁の「金融分野における個人情報保護に関するガイドラインの安全管理措置等についての実務指針」を遵守することを前提として、事業者ガイドラインの「(別添)特定個人情報に関する安全管理措置(事業者編)」を参照することとなります。

(7) 収集・保管・廃棄

番号法19条各号に定められている場合を除き、他人の個人番号を含む特定個人情報を収集し、または保管してはならないこととされています(番号法20条)。

金融機関においては、個人番号関係事務を処理するため必要な限度で特定個人情報を収集し、保管することができます(同法19条2号)。

その裏返しとして、個人番号関係事務を処理するための必要性がなくなり、かつ、その特定個人情報の法定の保存期間を経過した場合には、これをすみやかに廃棄しなければなりません。

(8) 取扱いの委託

個人番号の取扱い(個人番号関係事務)を委託する場合、受託者において番号法に基づき自らが果たすべき安全管理措置と同等の措置が講じられるよう、必要かつ適切な監督を行わなければなりません(番号法11条)。

「必要かつ適切な監督」には、受託者の適切な選定、受託者に安全管理措置を遵守させるために必要な契約の締結、受託者における特定個人情報の取扱状況の把握が含まれます。

受託者は、委託者の許諾を得た場合に限り、受託した個人番号関係事務の全部または一部を再委託することができます(同法10条1項)。

Q87 苦情・トラブル対応

顧客からの苦情や顧客とのトラブルの対応に関して金融機関としてどのような姿勢・態勢で臨む必要がありますか。

ポイント

苦情・トラブル対応は、顧客に対する説明責任の事後的な補完、および、顧客の信頼性を確保するという積極的な意義があるとの姿勢を金融機関全体に浸透させることがまず必要です。そのうえで、個々の苦情・トラブルに場当たり的に対応するのではなく、組織として一貫した対応がとれるよう、金融機関内部の態勢を整備・構築する必要があります。かかる態勢の整備・構築に際しては、苦情・トラブルの内容が組織として迅速に把握できること、よく事情を聴き内容を的確に把握するなどの適切な対応についての従業員トレーニング、組織としての対応方針決定プロセス、といった苦情・トラブル対応の具体的な対応フローに応じた態勢整備が重要です。主要行監督指針においては、監督の着眼点として、①経営陣による役割、②社内規則等、③苦情等対処の実施態勢、④顧客への対応、⑤情報共有・業務改善等、⑥外部機関等との関係をあげています。

解説

1 苦情・トラブルへの対応の重要性と主要行監督指針の要請

金融機関の取り扱う金融商品の多様化・複雑化は進んでおり、それに伴い、近年、顧客からの苦情や顧客とのトラブル（以下、総称して「苦情等」という）が増加傾向にあります。

苦情等の内容にはさまざまなものがあり、なかには金融機関にまったく非がない場合のいわゆる「言いがかり」に当たるものもあり、また、苦情等への対応には一定の人的・時間的コストを要するため、苦情等の対応は、消極的なイメージをもたれがちです。

　しかし、苦情等に適切に対応することにより、顧客に対する説明責任を事後的に補完することができ、さらに、金融商品・サービスへの顧客の信頼性を確保することができます。そのため、苦情等への対応は、金融機関において重要な活動の1つとして積極的な意義が認められます。金融機関の取締役会には、かかる意義もふまえて、苦情等の対応態勢に関する内部管理態勢の確立が求められます。主要行監督指針においても、その重要性にかんがみ、金融機関に対して苦情等に対する適切な内部管理態勢の整備を要求しており、監督にあたっての着眼点として、①経営陣による役割、②社内規則等、③苦情等対処の実施態勢、④顧客への対応、⑤情報共有・業務改善等、⑥外部機関等との関係をあげています。

2　苦情等への具体的対応

　苦情等への対応を誤れば、苦情等が裁判に発展しかねないため、具体的な対応は慎重に行う必要があります。

　苦情等への具体的な対応方法の考え方として、以下をあげることができます。

(1) 苦情等を金融機関（組織）として迅速に把握すること

　まず、苦情等の存在を組織として迅速に把握する必要があります。

　苦情等の内容は接客態度が悪いというような従業員個人に関するものが比較的多くみられますが、そのような場合でも、顧客は、接客した従業員等の個人ではなく、その所属する金融機関からの苦情等への回答や謝罪等を求めていることが通常です。

そのため、金融機関としては、苦情等の発生を直ちに把握し、その対応策を組織として迅速に決定して実行する必要があります。他方で、苦情等に対応する従業員には、顧客からの苦情等に対応した際の自身の回答や行動が組織としての回答や行動として受け止められることを自覚してもらうことが重要です。

　そのため、金融機関においては、苦情等が発生した場合の組織的な対応方針を記載した対応マニュアル等の社内規則を定め、それらを従業員に周知し、苦情等の発生を直ちに把握し、迅速に対応できる仕組みを構築することが重要です。

(2) **事情聴取**

　次に、苦情等への対応方針を決定するにあたっては、苦情等が、要請なのか、それとも金融機関に非のない単なる「言いがかり」なのかを判断する必要があります。

　そのような判断を行うにあたっては、顧客から苦情等の内容を丁寧に聞くことが非常に重要となります。この際、苦情等を申し出る顧客は、金融機関に対してネガティブな感情をもっているということに注意する必要があります。苦情等を申し立てた顧客に対して不適切な対応（たとえば、顧客からの苦情等に対して、反論や言い訳ばかりして、その内容を十分に聞こうとしない等）等をとると、苦情等がエスカレートします。

　このような事態を防止するために、従業員に対する普段の教育や研修等を通じて、従業員における苦情等を申し立てた顧客への対応をトレーニングしておくことが重要です。

　また、後に紛争となった場合に証拠として使用できるよう、顧客等との間の苦情等に係るやりとりは必ず記録すべきです。

(3) **対応の決定**

苦情等の具体的内容を把握したら、対応方針を決定する必要があります。

この時に重要な点は、上記のとおり、苦情等への対応は組織として行うものであるため、担当従業員のみに対応を丸投げせず、上司が担当従業員に声掛け等を行い、苦情等への対応状況を定期的に把握しておくこと、およびそのような内部管理態勢を構築していることが重要です。それにより、対応状況に応じて、担当従業員にサポート要員をつける等の対応を講じる等して、苦情等がエスカレートすることを未然に防ぐことができます。また、担当従業員においても、「1人ではない」と感じることができ、心理的な負担を軽減することができます。

(4) **不当要求への対応**

苦情等を申し出る顧客のなかには、法的に到底認められないような要求（以下「不当要求」という）を強硬に主張してくる人もいます。このような顧客は、反社会的勢力に限られず、一般人のなかにも、近年多くみられます。以下では、反社会的勢力以外の顧客による不当要求への対応について説明します（反社会的勢力への対応については **Q59** 参照）。

顧客からの不当要求に安易に応じると、損失補てん等の法令違反行為に発展する可能性があるほか、「同業者」の間でそのような情報が共有された場合、いい「カモ」として、同様の不当要求を繰り返されかねません。また、かかる不当要求の安易な受入れに関して、役員の善管注意義務違反が追及される可能性もあります。

そのため、顧客からの不当要求に対しては、金融機関側に苦情等の原因になんらかの責任がある場合でも、安易に応じるべきではありま

せん。金融機関としては、不当要求を明確に拒絶しつつ、毅然とした態度で一貫した対応をとることが重要です。もっとも、不当要求がなされた場合でも、金融機関としては、当該顧客に対して十分な説明をしたうえで、納得してもらうよう努力したほうが望ましいと考えます。

　不当要求の内容がエスカレートした場合は、警察や弁護士等に相談して対応する必要があり、苦情・トラブル対応の内部管理態勢の整備・構築においてはかかる外部機関との連携もその内容に含めるべきです。

Q88 訴訟紛争対応

ノックイン型投資信託を購入した顧客が、当社に対して、損害賠償請求訴訟を提起してきましたが、どう対応すればよいですか。また、金融ADRを申し立てられた場合は、どうですか。

ポイント　近時、金融機関によるリスク性投資商品の販売をめぐる紛争が増加しており、事前の対応としては、適正な販売を確保しうる内部管理体制を構築すること、具体的には、販売ルールに関する規程やマニュアルの策定および継続的な見直し、販売担当者による研修受講や管理責任者による積極的な監督の推奨のほか、販売経緯および顧客の属性管理について適切に記録化するルールの整備が有効です。加えて、全社的な視点としては、紛争解決は顧客保護充実とサービスの信頼性向上の観点からも重要であるとの意識を組織全体に醸成しておくべきでしょう。

そのうえで、民事訴訟を提起された場合には、代理人として弁護士を選任して対応することになります。金融ADRでは、社員による対応も可能ですが、事案の難易度に応じて代理人として弁護士を選任したほうがよいこともあります。

なお、個別事件における判決の見通しや適切な紛争解決方法を判断するにあたっては、弁護士から法律意見を取得することが有意です。

> 解　説

1　リスク性投資商品の販売をめぐる近時の金融取引紛争

(1)　リスク性投資商品の販売と損害賠償請求

　平成20年〜25年頃にかけて、いわゆる世界同時不況に起因し、リスク性投資商品によって損失を被った顧客が金融機関を相手方として損害賠償請求を行うケースが激増しました。ノックイン型投資信託をはじめとするリスク性投資商品の販売に関して、顧客側からしばしば主張される損害賠償請求の根拠は適合性の原則と説明義務です。

(2)　適合性の原則と説明義務

　金融機関は、金融商品の販売に際して、顧客の知識、経験、財産の状況および取引の目的に照らして不適当と認められる勧誘を行ってはなりません（金商法40条1号参照）。このような金融機関の行為規範は適合性の原則と呼ばれ、これに違反して顧客に損害を発生させた場合には不法行為となり、損害賠償義務を負うことになります（最判平17.7.14（民集59巻6号1323頁））。

　また、金融機関は、金融商品の販売を行う前に、あらかじめ、顧客に対して、一定の重要事項について、顧客の知識、経験、財産の状況および取引の目的に照らして、当該顧客に理解されるために必要な方法および程度による説明をする義務を負います（金販法3条、金商法38条7号、金商業等府令117条1項1号）。

(3)　事前の対応

　適合性の原則と説明義務は、いずれも新しい法的な論点であるため、何をどこまで確認・説明すれば十分といえるのかについて、裁判例は固まっておらず、また、金融庁の監督指針もしばしば改正が繰り返されており、それゆえに、金融機関ごとの考え方もさまざまに存在

するところです。

　そのため、万全の対応策はないのですが、販売の正当性を積極的に主張していくためには、内部管理体制を構築すること、具体的には、販売ルールに関する規程・マニュアルの策定および継続的な見直し、販売担当者による研修受講や管理責任者による積極的な監督の推奨などに加えて、販売経緯および顧客の属性管理を記録化しておくことが効果的です。

　ただし、記録については、民事訴訟や金融ADRにおいて提出を求められることがあり、とりわけ、民事訴訟においては、一定の条件のもとに文書提出義務（民訴法220条）を負い、顧客から文書提出命令（同法221条）を申し立てられることもあります。金融機関としては、記録提出の強制に注意しておくべきであり、作成・保存の方法や提出を求められた場合の対応については弁護士と相談しながら進めることが適切です。

2　訴訟対応

　民事訴訟においては、原則として、弁護士でなければ訴訟代理人となることができません（民訴法54条1項本文）。例外として、頭取その他の代表取締役などといった法定の権限者であれば、自ら訴訟追行を行うことも可能ですが、こうした役職員が裁判所に出頭して訴訟追行を行うことは実務上困難です。

　そのため、損害賠償請求訴訟を提起された場合には、弁護士を代理人として選任し、訴訟対応を委任することになります。

3　ADR対応

　ADRとは、Alternative Dispute Resolutionの略語であり、通常、裁判外紛争解決手続と訳されます。このうち、銀行法や金商法に基づいて実施されるものを一般に金融ADRと呼びます。金融ADRで

は、民事訴訟と異なり、話合いによる解決が原則であって、弁護士代理の原則も採用されていないため、管理部門やコンプライアンス部門等の社員が期日に出頭して手続に対応することも可能です。

　もっとも、金融ADRにおいては、双方が主張する事実関係や希望する解決方法について見解が大きく異なる場合には話合いによる解決は困難（不調）であるとして手続が打ち切られてしまうため、その場合、不満をもった顧客があらためて民事訴訟を提起することも少なくはありません。

　そして、民事訴訟の段階に至ると、金融機関が金融ADRにおいて提出した各種書面（申立書、答弁書、準備書面および各種書証等）は、顧客から裁判所に対して証拠提出されることがあります。そのため、金融ADRにおける書面提出に際しては、後の民事訴訟において証拠提出されるリスクを考慮しつつ提出の可否および要否の判断を行う必要があります。また、金融ADR段階で交渉がなされた和解条件は、民事訴訟においても、裁判官が興味をもち、あるいは、顧客が交渉経緯として取り上げることによって、結果として和解交渉のスタートラインになってしまうことがあります。このように、金融ADRにおける対応は、将来の民事訴訟に影響しうるため、おろそかにすると不利な状況に置かれるリスクを負います。

　したがって、事実関係の複雑さや勝訴の見通しといった事案の難易度によっては、金融ADRそれ自体での適切な解決を図る観点や将来の民事訴訟のリスクを考慮しつつ、弁護士を代理人として選任し、対応したほうがよいといえます。

4　法律意見の取得

　訴訟提起された場合はもちろんのこと、金融ADRの申立てを受けた段階であっても、将来的には民事訴訟に至り、裁判所の判決を受け

る可能性があります。金融機関が敗訴判決を受けると、訴額に応じた金銭的な負担のみならず、敗訴判決それ自体に伴うレピュテーション上の不利益も大きいといえます。また、勝訴判決を得ても判決理由で認定された個別事情がレピュテーションに悪影響を与えることもあります。

　そのため、適切な紛争解決を図るにあたっては民事訴訟における判決の見込みを正確に分析することが必須となりますが、この分析に際しては、実際の訴訟実務経験に基づく法の適用・解釈に関する知見と種々の書証や関係者からのヒアリングに基づく事実認定能力が欠かせません。

　加えて、判決を受けるか、話合いによる解決を図るかといった最終的な決着は、それぞれの利害得失をふまえたうえでの経営判断によるべきものですが、その判断は善管注意義務（会社法330条、民法644条等）を遵守したものでなければなりません。また、顧客に対する過度な譲歩は、損失補てん等の禁止（金商法39条）との関係でも、適法性に問題を生じさせます。

　したがって、民事訴訟における判決の見込みを正確に分析したうえで、その見込みに応じた適切な紛争解決方法を判断するにあたっては、弁護士から法律意見を取得することが有意です。

Q89 政策保有株式の取扱い

コーポレートガバナンスコードの適用開始等により、政策保有株式の取扱いに関する考え方が変わってきていると聞きます。今後、金融機関としてどのような方針で臨むことが求められていますか。

ポイント　政策保有株式の是非をあらためて検証し、保有の合理性を欠く政策保有株式については、売却を検討することが求められています。特に、金融機関については、政策保有株式を縮小する方向での検討が求められています。

解説

1　政策保有株式の背景

政策保有株式は、企業にとって安定株主を創出する有効な手段の1つであり、これにより経営基盤の安定化を図ることが可能になるというメリットがあります。また、株式を保有することにより、保有先企業との間で取引関係をはじめ関係の強化を図ることができ、特に、金融機関にとっては、法人営業における有効な手段として位置づけられていました。

他方で、企業同士で株式を持ち合うことにより、投資家や一般株主の意見が経営に反映されにくくなることから、株式の持合いにはコーポレートガバナンス上の問題が指摘されていました。また、企業の財務状況が保有株式の価格変動リスクにさらされることとなり、特に、金融機関にとっては、自己資本比率の減少リスクも懸念されます。

日本企業においては、1990年代から株式の持合いを解消させる動きが出始めてきましたが、保有先企業との関係を考慮して、持合いの解消に踏み切ることができない企業も多く、また、2000年代には、外資系投資ファンドや新興企業をはじめとする「もの言う株主」や「アクティビスト」の台頭により、株式の持合いが復活する動きもあり、持合いの解消は進みませんでした。

2　コーポレートガバナンスコードの適用開始

　このような状況のもと、平成27年、コーポレートガバナンスコードの適用が開始されましたが、そのなかでは、政策保有株式の取扱いについて、以下のとおり述べられています。

〈原則1－4〉
　上場会社がいわゆる政策保有株式として上場株式を保有する場合には、政策保有に関する方針を開示すべきである。また、毎年、取締役会で主要な政策保有についてそのリターンとリスクなどをふまえた中長期的な経済合理性や将来の見通しを検証し、これを反映した保有のねらい・合理性について具体的な説明を行うべきである。（以下略）

　上記のとおり、コーポレートガバナンスコードでは、政策保有株式の売却自体が求められているものではありません。しかし、上場会社には「政策保有に関する方針」の開示等が求められているところ、株主・投資家に対する説明の観点からは、政策保有株式の保有には合理的な理由が求められ、保有の合理性を説明することができない政策保有株式については、その保有を継続することは事実上困難です。

　したがって、コーポレートガバナンスコードの適用開始により、金融機関としても、保有の是非をあらためて検証し、その合理性を欠く政策保有株式については、売却を検討することが求められています。特に、金融機関については、安倍内閣が閣議決定した「『日本再興戦

略』改訂2015」において、金融機関における経営支援機能の強化等のいっそうの推進として、「金融機関のガバナンスや経営体力の強化に向け……政策保有株式の縮小などの動きを引き続き注視する」と指摘されており、政策保有株式については縮小する方向での検討が求められています。

実際に、各金融機関は、近時相次いで政策保有株式の売却方針を公表しており、また、上記の「政策保有に関する方針」として、政策保有株式を保有しないことを基本方針として明記する事例も複数現れており、すでに時代は、積極的に保有の合理性を説明できる株式を除き、政策保有株式の縮小へと動き出しているといえるでしょう。

Q90 保有株式がTOBの対象となった場合の対応

銀行の保有株式が友好的TOBの対象となり、当行としては、公開買付者およびTOB対象会社のいずれも融資先でもあり重要な取引先でもあることから、これに応諾したいと考えています。銀行の取締役として留意すべき事項はどのような点ですか。

ポイント　銀行が保有する取引先等の株式につき、TOBに応募する旨の決定が、取締役の善管注意義務として裁量の範囲内といえることが必要です。それゆえ、単に公開買付者やTOB対象会社である取引先からの要請である、という一事だけをもって、TOBへの応募要請に対し応諾する旨を決定することは、銀行の取締役としては望ましい対応とはいえません。

また、判断の際には、TOB価格の適正性について、市場価格や自行の有するTOB対象会社の財務内容等の情報等に照らして検討した結果、疑義が生じる場合には、株価の算定に関しては高度な専門性を要する事項ともいえることから、株価算定に係る第三者算定機関に算定を別途委嘱し参考とすることや、応募の意思決定の正当性や取締役の利益相反等を防ぐ等の観点からも、法律専門家を活用することなどが、取締役の善管注意義務を十分に満たす観点からも必要となる場合もあります。事案ごとにどのような資料や事実関係のもとに判断したのか、そのプロセスも含めて丁寧に進めることが肝要です。

> 解　説

1　判断の枠組み

　TOBに応募することにつき善管注意義務違反が認められるか否かを検討するにあたっては、多くの場合、(1)銀行の担当者等の下部組織が収集、分析、検討した情報に基づいて判断することになるでしょうから、銀行取締役が当該情報に依拠して意思決定を行うことに当然に躊躇を覚えるような不備・不足があるか否か、そして、かかる情報に基づき、(2) TOB価格が合理的なものであるか否か、TOBに応募する場合と、これに同意しない場合との比較を検討要素とし、貴行取締役の判断が、銀行の取締役に期待される水準に照らし、著しく不合理と認められるか否か、これらの判断過程に不合理、不適切な点がないかが、重要となります。

2　判断資料の収集

　まず、上記1の(1)で指摘した、判断の基礎資料の収集過程については、TOB価格が、TOB応諾という場面として適正価格といえるかどうかが最も重要な問題です。TOB対象株式は上場していることがほとんどですので、TOB価格が市場価格を下回っていないかどうか、およびTOB価格の市場価格からの乖離を表すTOBプレミアムが、類似業種等における事例や一般的な水準等に照らして、妥当適切といえるかという情報を収集して判断することになります。また、自行が保有しているTOB対象会社の財務内容やTOB後に期待されるTOB対象会社のシナジー等の情報に照らしてTOB価格が相当かどうかという点も考慮要素に入るでしょう。仮にこれらの観点から情報を収集し、分析、検討した結果、TOB価格の妥当性について疑義が生じるような場合には、妥当性の判断には高度な専門的知識等も必要ともい

えますので、第三者算定機関に算定を委嘱することも検討すべきでしょう。

3　価格の合理性・意思決定の内容の合理性

次に、上記1の(2)で指摘した、意思決定の過程・内容についてはいくつかの事項を検討することとなります。まず、TOB価格の適正さについては上記1の(2)で示した要素をもとに個別具体的な判断が必要となります。

ここで、重要となるのが、TOBに応募した場合、応募しない場合との比較の視点です。この点については、TOBを実施するなどの事象が発生する場合には、引き続いてM&A等の各種組織再編等が実施されるケースや、大株主等の経営方針の転換等のさまざまな背景事情等があることから、個別具体的なさまざまな観点を考慮することとなります。たとえば、TOBに応諾することにより、TOB関連当事会社間において、なんらかのシナジー効果が期待できることや、TOB対象会社が完全子会社化された場合、上場廃止となり上場維持コストを削減することが可能であるなど、さまざまな点を考慮することとなります。かかる判断においては、たとえば、TOB関連当事会社の収益性や株主変更による信用力が向上し、ひいては銀行の貸付金の回収にも資するといった点も考慮することも必要でしょう。

また、その一方で、公開買付者やTOB対象会社に自行のOBや出向者が、役員や社員等として就任しているケースもあることから、応募の意思決定の正当性や取締役の利益相反等を防ぐ等の観点からも、法的な観点からも丁寧な判断が求められます。

特に、地域金融機関の場合、TOB対象会社に対して、役員として派遣しているような場合も多くあり、価格の適正性や意思決定のプロセス等の十分な検討なくして、公開買付者やTOB対象会社からいわ

れるがまま安易にTOBに応諾するというかたちで進めるのでは、取締役の善管注意義務を尽くしたと評価できないような場合もありうることから留意が必要です（その一方、TOB等のコーポレートアクションにより、TOB対象会社の収益性が向上し、ひいては従業員の雇用確保や地域住民の利便性の維持も期待しえ、銀行による地域経済への積極支援にもつながるといえるような事情を、TOBに応募することの判断考慮要素となることも多くあるところです）。

4　TOBの応募に関する判断についての善管注意義務違反が争われた裁判例

　下級審の裁判例ですが、東京地判平18.4.13（東京電力株主代表訴訟事件、判タ1226号192頁）は、「取引先の企業からの公開買付けに応じて欲しい旨の要請があった場合、その要請に応じて買付けに応募するか否かは、その買付価格が合理的なものであるか否かが重要な判断要素の一つであるが、それのみにとどまらず、要請元の企業あるいはそのグループ等との円滑な取引関係の維持や発展の要否など複雑多様な諸要素を勘案したうえで行われる経営判断に属することがらであり、特に差し迫った資金的な需要がない限り、これに応じることが許されないと解すべき理由はない」と判示し、TOBに応じる旨の意思決定を行った取締役の善管注意義務違反の主張を斥けました。さらに、同判決は「応募後に当該株式に係る市場価格が買付価格を上回った場合には、常に応募を撤回しなければならないという一義的処理が要請されるべきものでもなく、これらの点についての経営者の判断は、具体的な当該状況下において、前提とした事実の認識に不注意な誤りがなく、その事実に基づく行為の選択に著しく不合理な点がない限り、尊重されるべきものである」と判示しました。これらの裁判所の判断は、上記3で記載したことを、裁判実務からも後押しするロジックと

いえるでしょう。

5　コーポレートガバナンスコード原則1－4・政策保有株式にかかわる視点との関係

　コーポレートガバナンスコードで示された政策保有株式に関する対応方針について、各金融機関において策定しているところであり、たとえば、株式リスクの抑制や資本効率性の観点（さらにはメガバンクにおいては、国際金融規制への対応の観点）から、保有株式の残高の圧縮を図る方針等を示す場合があります。かかる観点からは、取引先からTOBに応募することの要請があった場合、上記方針と合致することから価格の合理性は特に問わず、応募するという対応も考えられますが、やはり、上述のとおり、株式の価格の合理性や応募に係る意思決定の合理性等について、銀行取締役として、客観的に担保しておく必要があるでしょう。

Q91 システムリスク対応

今般、私は当行のシステム統括部の担当役員となりました。システムリスク対応に関する留意を教えてください。

ポイント　金融機関にとってシステムの安全性・安定性の確保は重要な経営課題であることを認識したうえで、システム障害の防止態勢・障害発生時の態勢を整備すべきです。

また、ATMのセキュリティ対策、インターネットバンキングにおける不正防止策等を適切に講じる必要もあります。

解　説

金融実務では、業務のIT依存度が高まるとともにオンライン・リアルタイム処理による取引が拡大しており、システム障害が発生した場合には顧客や経済活動に多大な影響が及びます。かかる場合、銀行は顧客からの損害賠償請求や金融庁の行政処分を受ける可能性があり、さらには経営陣の経営責任も問われかねません。

銀行の役員としては、システム統合時（Q82参照）に限らず、常日頃からシステムの安全性・安定性を確保することが重要な経営課題であることを認識する必要があります。

また、犯罪技術の巧妙化をふまえ、ATMのセキュリティ対策、インターネットバンキングにおける不正防止策等を適切に講じることも必要です。

1　システムリスク対応

システムリスク対応は、システム障害やサイバーセキュリティ事案

を未然防止する態勢を整備するとともに、当該事由の発生時には迅速な対応をとれる態勢を整備することが肝要です。また、当該態勢について技術進展等をふまえた不断の見直しも必要です。

具体的な内容については、金融情報システムセンター（FISC）の「金融機関等コンピュータシステムの安全対策基準」をふまえて決定することが通常です。

また、主要行監督指針、中小・地域監督指針において、システムリスクの「主な着眼点」として以下の事項が示されています。特に、システムの開発・管理の外部委託に関しては委託先（2段階以上の委託先を含む）のリスク管理を適切に行うことも求められており、定期的なモニタリング等が必要となります（主要行監督指針Ⅲ-3-7-1-2(8)、中小・地域監督指針Ⅱ-3-4-1-2(8)）。また、特に経営に重大な影響を及ぼすシステム障害等が発生した場合には、代表取締役をはじめとする取締役にすみやかに報告をするとともに、必要に応じ、

図表13　監督指針におけるシステムリスクの「主な着眼点」の項目

1	システムリスクに対する認識等
2	システムリスク管理態勢
3	システムリスク評価
4	情報セキュリティ管理
5	サイバーセキュリティ管理
6	システム企画・開発・運用管理
7	システム監査
8	外部委託管理
9	コンティンジェンシープラン
10	障害発生時等の対応

対策本部を立ち上げ、代表取締役等自らが適切な指示・命令を行い、すみやかに問題の解決を図ることが必要です（主要行監督指針Ⅲ－3－7－1－2⑽③、中小・地域監督指針Ⅱ－3－4－1－2⑽③）。

2 ATMのセキュリティ対策

ATMによる取引は非対面取引であるため、窓口取引と比較して偽造・盗難キャッシュカード等による預金の不正払戻しのリスクが高いといえます。

この点、預金者保護法は、金融機関に対し、偽造・盗難キャッシュカード等による預金の不正払戻しを未然に防止するため、①必要な情報システムの整備を講じること、および②顧客に対する情報提供等の措置を講じることを求めています（預金者保護法9条1項）。

銀行としては、上記をふまえ、①適切な認証技術の採用、情報漏えいの防止、異常取引の早期検知等、不正払戻し防止のための措置を講じるとともに、②暗証番号およびカードの盗取の危険性等、キャッシュカード利用に伴う種々のリスクについて顧客に対する十分な説明を行う態勢を整備する必要があります（主要行監督指針Ⅲ－3－7－2－2、中小・地域監督指針Ⅱ－3－4－2－2）。

Q92 業務継続体制（BCM）の構築

当行の本支店がある地域では将来大規模地震が発生することが懸念されているのですが、業務継続体制に関し、どのような点に留意する必要がありますか。

ポイント　平時より、危機管理マニュアルや業務継続計画の策定を行うとともに、これについて不断の見直しを行うことが必要となります。

業務継続計画の策定にあたっては全銀協のガイドライン等が参考となります。

解　説

1　平時における対応

大規模な地震や風水害等、銀行の業務継続に支障を生じさせるような危機が突然発生する可能性は否定できません。

かかる危機が生じた場合も顧客の生活や経済活動に支障を生じさせないように、銀行は、平時より、業務継続体制（Business Continuity Management、BCM）を構築し、危機管理（Crisis Management、CM）マニュアル、および業務継続計画（Business Continuity Plan、BCP）の策定を行うこと、また、これについて不断の見直しを行うことが求められています（主要行監督指針Ⅲ－8－2、中小・地域監督指針Ⅱ－3－7－2）。

(1) **危機管理マニュアルの策定**

監督指針上は、想定すべき「危機」として、自然災害だけでなく、

テロ・戦争、事故（大規模停電、コンピュータ事故等）、風評、対企業犯罪、営業上のトラブル、人事上のトラブル、労務上のトラブルもあげられていますので（主要行監督指針Ⅲ－8－2(2)②、中小・地域監督指針Ⅱ－3－7－2(2)②）、これらの危機を念頭に危機管理マニュアルを策定する必要があります。

また、危機管理マニュアルには特に初期対応の重要性が盛り込まれている必要があります（主要行監督指針Ⅲ－8－2(2)③、中小・地域監督指針Ⅱ－3－7－2(2)③）。

(2) **業務継続計画の策定**

業務継続計画では顧客データやコンピュータシステムセンター等の安全対策が講じられていることなどが必要となります。

業務継続計画を策定するにあたっては、他の金融機関等と密に連絡をとり、内容について業界標準の水準が確保されることが望ましいです。この点、日本銀行が平成15年7月に公表した「金融機関における業務継続体制の整備について」や、東日本大震災の発生を受けて全銀協が平成24年3月に作成した「震災対応にかかる業務継続計画（BCP）に関するガイドラインについて」も参考となります。

なお、業務継続計画の策定および重要な見直しについては取締役会による承認を受ける必要があります。また、業務継続体制は、内部監査、外部監査など独立した主体による検証を受けなければなりません（主要行監督指針Ⅲ－8－2(2)⑤ホ、中小・地域監督指針Ⅱ－3－7－2(2)⑤ホ）。

2　危機発生時の対応

実際に危機が発生した場合には、業務継続計画に従い、早急に被害を復旧し業務を継続するとともに、必要に応じ、顧客に対し情報発信等を行うことになります。

事態が沈静化するまでは、金融庁によりヒアリングや銀行法24条に基づく報告を求められる場合があります。また、災害が発生した場合には、金融庁より、災害の実情や資金の需要状況等をふまえ、①災害関係の融資に関する措置（融資相談所の開設、審査手続の簡略化等）、②預金の払戻しおよび中途解約に関する措置（払戻し時の権限確認方法の簡易化等）、③手形交換・休日営業等に関する措置、④営業停止等における対応に関する措置（営業停止の顧客への周知等）を講じるよう要請を受ける場合があります（主要行監督指針Ⅲ－8－3－2⑴）。

Q93 不祥事発覚時の対応

金融機関において不祥事が発覚した場合、取締役としてどう対応すべきですか。

ポイント　初動調査の指示、基本方針の決定、社外役員への報告、広報対応、第三者委員会の設置、関係者の処分、再発防止策の策定等が考えられます。

解　説

1　不祥事発覚の端緒

不祥事発覚の端緒は、内部通報、取引先・顧客からの通報、マスコミ報道、監査役・内部監査部門・会計監査人の監査指摘等、さまざまなものがありますが、金融機関においては金融検査に端を発する場合もあります。

不祥事発覚の端緒は突如としてやってくるのが常であり、かつ、迅速な対応が求められます。また、顧客対応、取引先対応、マスコミ対応等に加え、金融機関においては当局対応も誤りのないようにすることが求められます。やるべきことは膨大にあり、不祥事が発覚してから対応を検討するのでは間に合いません。したがって、日常的な準備（危機管理マニュアルや危機発生時の連絡体制の整備等）がまず重要です。

2　初期対応

まず、不祥事発生の蓋然性の程度等について初動調査をすることが必要です。金融機関においては、一般的に社内調査には長けていることが多いでしょうが、組織的関与が疑われる場合等には十分な社内調

査を行うことが困難であることも想定され、そのような場合には、早期の段階で弁護士等に委嘱して調査を進めることが望ましいと考えられます。

　初動調査の結果、不祥事発生の蓋然性が認められる場合、経営陣として不祥事対応の基本方針を決定する必要があります。たとえば、公表の要否・時期、調査対象範囲・調査体制の拡充の要否、第三者委員会の設置の要否等です。また、金融機関においては不祥事件の発生を知った日から30日以内に当局へ不祥事件届出を行う必要があるため、当該届出の内容・タイミングについても検討が必要です。

3　社外役員への報告

　日本弁護士連合会が策定した社外取締役ガイドラインでは、不祥事対応の初期の段階では、社外取締役は、会社が行おうとしている対応を正確に把握し、法令、上場規則等により求められる開示等を含めてその対応に問題がないかにつき検討し、意見を述べることが必要であるとされており、また、社外取締役は、第三者委員会設置の必要性を検討し、必要な場合には、第三者委員会の設置および委員の選任手続に積極的に関与するものとされています。

　社外役員がかかる職責を十分に果たしうるよう、社外役員に対しては、早期の段階から不祥事発生の蓋然性が認められることを報告し、調査状況等についても、随時報告を行うべきでしょう。

4　広報対応

　公表の要否とそのタイミングについては、むずかしい問題です。まず、金商法や証券取引所の適時開示規則等、法令等により公表が義務づけられているものについては、これに従い適時のタイミングで公表をなすべきことは当然ですが、単に公表の義務があるかという観点のみならず、公表したほうがよいかという戦略的な観点を含めて検討す

る必要があります。

　たとえば、金融分野における個人情報保護に関するガイドラインでは、漏えい事案等の公表については二次被害の防止、類似事案の発生回避等の観点を考慮すべきとされておりますが、かかる観点は参考にできると考えられます。他方、二次被害の防止という観点にはなじみにくいものについても、これを公表しないことが事後的に隠ぺいである等と非難される可能性のあるものについては、やはり公表を検討する必要があり、その判断には過去の事例分析等が有用でしょう。

　公表のタイミングについては、なるべく早急にという要請はありつつも、一度公表した不祥事の内容や対応方針が事後的に変更される事態は望ましいものではないため、ある程度調査が完了した段階での公表となることはやむをえないでしょう。不祥事の端緒がマスコミ報道等外部的なものの場合は、迅速な公表をしないことが隠ぺいである等と受け取られるおそれもあることから、暫定的な公表をしておくことも考えられます。

5　第三者委員会の設置

　初動調査の内容をふまえ、不祥事の内容に照らして調査結果の客観性を担保することが必要である等と考えられる場合には、社内の調査委員会ではなく、第三者委員会の設置を検討することになります。

　第三者委員会については、日本弁護士連合会が「企業等不祥事における第三者委員会ガイドライン」を策定しており、当該ガイドラインを参考にして第三者委員会を設置するのが望ましいでしょう。以下では当該ガイドラインに基づいて説明します。

　まず、委員候補者の選定ですが、当該事案に関連する法令の素養があり、企業組織論にも精通した独立性のある弁護士に、事案の性質により、学識経験者、ジャーナリスト、公認会計士などの有識者を加え

て、原則3名以上で構成します。

　次に、第三者委員会の活動ですが、まず、第三者委員会は、その設置目的に照らし必要十分と認められる調査対象事実の範囲を会社と協議のうえ決定します。そのうえで、第三者委員会は、関係者に対するヒアリング、社内資料やメールの精査、デジタルフォレンジック（デジタル鑑識）、従業員に対するアンケート調査、第三者委員会直通のホットラインの設置等の手法を駆使して事実認定を行い、不祥事の原因究明、再発防止策の提言等をすることとなります。これに対し、会社は、第三者委員会に対して、その保有するあらゆる資料、情報、従業員へのアクセスを保証し、また従業員等に対して第三者委員会による調査に対する優先的な協力を命じ、さらに第三者委員会の求めがある場合にはその調査を補助するための事務局を設置する必要があります。

　最後に、第三者委員会に関する開示についてですが、第三者委員会の設置にあたっては、調査対象事実の範囲、調査結果の開示時期等を開示する必要があります。また、調査報告書は原則開示することとなりますが、その全部または一部を非開示とする場合においては、その具体的理由（公的機関による捜査・調査に支障を与える可能性、関係者のプライバシー、営業秘密の保護等）を明らかにする必要があります。

6　関係者の処分・再発防止策の策定等

　調査完了後は、関係者の処分と再発防止策の策定等を行う必要があります。

　まず、不祥事が刑罰法規に抵触するものであった場合は、関係役職員を告訴・告発することを検討しなければなりません。内容にもよりますが、告訴状等は実態としてそう簡単には受理してもらえず、会社側でいろいろと資料を準備する必要があることも多いので、弁護士に

依頼することが多いと思われます。

　また、関係役職員に対して損害賠償責任を追及することも検討しなくてはなりません。役員については、株主からの提訴請求や株主代表訴訟の提起がなされる可能性もあり、追及を断念する場合はその理由について慎重に検討する必要があります。

　そのほか、関係役員については辞任や報酬の減額等、関係従業員については就業規則に基づく懲戒処分等を検討することが一般的でしょう。

　再発防止策については、第三者委員会が設置された場合には、調査報告書に記載された不祥事の発生原因、再発防止策の提言等を十分ふまえたものとする必要があります。なお、調査報告書と同一のタイミングで再発防止策についても公表することが一般的です。また、再発防止策が着実に実行されているか、継続的にモニタリングしていくことが必要です。

Q94 政治献金等の実施

金融機関が政党等に対して政治献金をすることや、議員個人から政治資金パーティー券を購入する際の注意点等について教えてください。

ポイント 　金融機関にも政治献金や政治資金パーティー券の購入は認められますが、政治資金規正法や、取締役の善管注意義務に違反しないよう注意する必要があります。なお、公的資金の注入が行われた平成10年以降、銀行界は政治献金に慎重な姿勢を示していたこと、および平成27年12月にいわゆるメガバンクが政治献金を再開したと報じられたことなどの実務動向にもご留意ください。

解説

1　政治献金の可否

　会社が、政党等に対して政治献金をすることは政治資金規正法（以下「規正法」という）上禁止されていません。もっとも、国から補助金等を受けて1年を経ない会社や3期連続で欠損が生じている会社等は政治献金が禁止される（規正法22条の3、22条の4）こと等に注意を要します。

　また、政治献金が取締役の善管注意義務に違反しないかという観点も検証する必要があります。八幡製鉄政治献金事件（最判昭45.6.24（民集24巻6号625頁））における、「取締役が会社を代表して政治資金の寄附をなすにあたっては、その会社の規模、経営実績その他社会的

経済的地位および寄附の相手方など諸般の事情を考慮して、合理的な範囲内において、その金額等を決すべきであり、右の範囲を超え、不相応な寄附をなすがごときは取締役の忠実義務に違反するというべきである」との判示をふまえて、政治献金の可否、金額等を判断すべきでしょう。

　同種論点に係る近時の裁判例として、住友生命政治献金事件（大阪高判平14.4.11（判タ1120号115頁））、熊谷組政治献金事件（名古屋高裁金沢支判平18.1.11（判時1937号143頁））がありますが、いずれも取締役の善管注意義務違反を否定しています。前者の裁判例は、取締役は政治献金の最終的な使途を検討すべき義務を負わないとした点が特に参考となり、後者の裁判例は、政治献金の要請を断った場合の信用不安の回避を考慮したことが不合理であるとはいえないと判断した点が特に参考となります。

2　政治資金パーティー券の購入の可否

　会社は、議員個人への政治献金が禁じられています（規正法21条1項）。もっとも、議員個人が主催する政治資金パーティー券（以下「パーティー券」という）の購入は原則として政治献金に該当しないとされるため（政治資金制度研究会編『逐条解説政治資金規正法〔第二版改訂版〕』218頁）、会社の購入も可能です。しかし、取締役としては、パーティー券の購入が取締役の善管注意義務に違反しないかという観点も検証する必要があります。

　この点、第一生命政治資金パーティー券株主代表訴訟事件（東京地判平27.5.28（「WestlawJapan」登載））では、まず、形式的にはパーティー券の購入であっても、社会通念上、その対価的意義を著しく損なう支出であると評価される場合には、実質的には政治献金に該当すると判断しましたが、当該事案では、会社の規模や購入金額、購入手

続、パーティーへの出席状況等を考慮すれば、パーティー券の購入が対価的意義を著しく損なう支出であるとは認められず、実質的に政治献金であるとはいえないとし、また、取締役の善管注意義務違反も否定しました。パーティー券購入の可否、金額等を検討するにあたり参考となるでしょう。

3　銀行による政治献金

　平成26年9月18日に行われた全国銀行協会会長の記者会見では、平成10年当時（銀行に公的資金の注入が行われた年。以降銀行界は政治献金を実施していないとされている）に比して銀行界を取り巻く状況は正常化している旨、ただし、政治献金についてはあくまでも個別行の自主的な判断が前提である旨の認識が示されました。

　また、平成27年の年末頃には、いわゆるメガバンクが政治献金を再開した旨が報じられました。

第 8 章

情報開示責任

Q95 株式会社・上場会社に求められる情報開示義務

上場会社に求められる情報開示義務にはどのようなものがありますか。また上場会社として任意開示についてどのように取り組むべきですか。

ポイント

上場会社の情報開示は、法令に基づく法定開示とそれ以外の任意開示に分類されます。法定開示には、会社法および金商法に基づくものがあり、任意開示には、証券取引所の有価証券上場規程に基づく適時開示制度のほか、IR（インベスターリレーションズ）活動としての自主的な情報提供などがあります。コーポレートガバナンスコードは上場会社の任意開示について、上場会社の適切な情報開示と透明性確保のため、法定開示を適切に行うとともに、任意開示による情報提供にも主体的に取り組むべきとしています。

解　説

1　法定開示

(1)　会社法上の開示

会社法の情報開示制度は、主として会社との間で直接の利害関係を有する株主・債権者を対象としており、直接株主へ情報を開示することが義務づけられる場合（株主総会招集通知の発送など）と株主や債権者からの請求に応じて情報を開示することが義務づけられる場合（株主・債権者による計算書類等の閲覧謄写請求など）があります。このほか、直接的な利害関係の有無にかかわらず広く情報提供が義務づけら

れるものとして、商業登記制度や決算公告などの公告制度があります。

(2) 金商法上の開示

　金商法は、不特定多数の投資家から資金を調達する上場会社を規制対象とするため、情報提供によって投資家の判断を誤らせないことを目的とし、上場会社に各種開示書類の提出義務を負わせ、開示書類を公衆縦覧に供することにしています。具体的には、有価証券の発行市場においては、1億円以上の有価証券の募集・売出しを行う場合に原則として有価証券届出書を提出することを求めています。また、有価証券の流通市場においては、開示書類として、①有価証券報告書、②四半期報告書、および、③臨時報告書の提出などを求める継続開示義務を負わせています。

2　任意開示

　法律に基づかない任意開示には、金商法に基づく継続開示制度を補完するものとして、証券取引所が定める有価証券上場規程に基づく重要事実（上場会社に係る重要な決定事実や上場会社に係る重要な発生事実など）の適時開示制度（タイムリー・ディスクロージャー）があります。また、IR活動や広報活動の一環として、企業の社会的責任（CSR）への関心の高まりをふまえて、CSR報告書や環境報告書などを任意に作成・開示する上場会社もあります。

3　コーポレートガバナンスコード

　コーポレートガバナンスコード原則3－1は、情報開示の充実として、上場会社は、法令に基づく開示を適切に行うことに加え、会社の意思決定の透明性・公正性を確保し、実効的なコーポレートガバナンスを実現する観点から、以下の①～⑤の事項についても開示し、主体的な情報発信を行うべきとしています。したがって、上場会社におい

ては、法定開示を適切に行うとともに任意開示を充実させ、特にこれらの定性的な非財務情報の提供に主体的に取り組むべきといえます。

① 会社の目指すところ（経営理念等）や経営戦略、経営計画
② コーポレートガバナンスに関する基本的な考え方と基本方針
③ 取締役会が経営陣幹部・取締役の報酬を決定するにあたっての方針と手続
④ 取締役会が経営陣幹部の選任と取締役・監査役候補の指名を行うにあたっての方針と手続
⑤ 取締役会が上記④をふまえて経営幹部の選任と取締役・監査役候補の指名を行う際の、個々の選任・指名についての説明

Q96 銀行に求められる特別な情報開示義務

銀行に求められる特別な情報開示義務にはどのようなものがありますか。

ポイント　会社法および金商法に基づく情報開示義務に加え、銀行の業務および財産の状況に関する説明書類の縦覧制度などの銀行法上の情報開示義務が課されます。特に健全性の観点から、不良債権の開示の充実が求められます。

解説

1　銀行法上の開示義務

　銀行法の情報開示制度は、「貸借対照表等の公告等」および「業務及び財産の状況に関する説明書類」（ディスクロージャー誌）の2つから構成されています（銀行法20条、21条）。また、資産の健全性を明らかにするため、説明書類において不良債権の開示が求められます。銀行持株会社についても同様の情報開示義務が課されています。

2　「貸借対照表等の公告等」

　銀行法20条および52条の28は、銀行および銀行持株会社に、（連結）貸借対照表および（連結）損益計算書の作成・公告義務を課します。これは銀行の経理の特徴を明らかにするために、一般の株式会社に適用される会社計算規則ではなく、銀行法別紙様式に従った特別な作成方法および公告方法を規定するものです。なお、有価証券報告書の提出義務を負う銀行および銀行持株会社には本条は適用されません（銀行法20条7項、52条の28第6項）。

第8章　情報開示責任

3 「業務及び財産の状況に関する説明書類」

(1) 説明書類の縦覧制度

銀行法21条および52条の29は、銀行および銀行持株会社に、年度および中間事業年度の業務および財産の状況を記載した説明書類を、無人店舗等を除く全店舗に備え置いて公衆の縦覧に供することを義務づけています。説明書類は電磁的記録をもって作成することもでき、店舗内のパソコン端末に表示することでもさしつかえありません。多くの銀行では自行のウェブサイトでも説明書類を掲示しています。

(2) 説明書類の開示事項

開示事項は、①銀行の概況および組織に関する事項、②銀行の主要な業務の内容、③銀行の主要な業務に関する事項、④銀行の業務の運営に関する事項、⑤銀行の直近の2中間事業年度または2事業年度における財産の状況に関する事項、⑥報酬等に関する事項であって、銀行の業務の運営または財産の状況に重要な影響を与えるもの、および、⑦事業年度（中間事業年度）の末日において、当該銀行が将来にわたって事業活動を継続するとの前提に重要な疑義を生じさせるような事象または状況その他当該銀行の経営に重要な影響を及ぼす事象であり（銀行法施行規則19条の2）、主要行および中小・地域監督指針が開示の留意事項を定めています。銀行持株会社も銀行持株会社およびその子会社等を対象として同様の開示義務を負います（同施行規則34条の26）。

(3) 不良債権の開示

①銀行法に基づく開示債権（リスク管理債権）、および、②金融再生法に基づく開示債権（金融再生法開示債権）は説明資料への開示が義務づけられます。金融再生法開示債権の開示は、金融不安の最中に、金融機関の資本増強が必要であるかを明確にするために銀行法による

開示の特則として設けられました。

　銀行法が定めるリスク管理債権は、貸出金のみを対象として、貸出金ごとに、破綻先債権、延滞債権、3カ月以上延滞債権、貸出条件緩和債権に区分して開示します（銀行法施行規則19条の2第1項5号、34条の26第1項4号）。他方、金融再生法開示債権は、貸出金のほか、支払承諾見返り、貸付有価証券、外国為替、未収利息、仮払金等の総与信を対象として、債務者の状況等に応じて、破産更生債権およびこれらに準ずる債権、危険債権、要管理債権ならびに正常債権に区分して開示します（金融再生法7条、同施行規則4条〜6条）。

Q97 コーポレートガバナンスコードをふまえた今後の開示のあり方

コーポレートガバナンスコードでは、どのような事項の開示が求められていますか。

ポイント

コーポレートガバナンスコードでは、コーポレートガバナンスに関するさまざまな事項の開示が求められていますが、そのなかでも、金融機関にとっては、①経営理念等、経営戦略、経営計画（原則3－1）、②役員の報酬決定の方針・手続（原則3－1）、③政策保有に関する方針（原則1－4）が特に重要です。

解説

1 コーポレートガバナンスコードにおける開示項目

平成27年6月、従来から議論されていたコーポレートガバナンスコードの適用が開始されました。コーポレートガバナンスコードでは、上場会社のコーポレートガバナンスに関する事項についていくつもの重要な原則が定められています。

そのなかでも、特定の事項について「開示」を求めている原則（いわゆる「開示11原則」）があり、上場会社は、コーポレート・ガバナンス報告書において、当該事項について開示をするか、あるいは、開示をしない理由を説明する必要があります。

2 金融機関にとって重要な開示項目

図表14の開示11原則のうち、金融機関にとって特に重要と考えられ

図表14　コーポレートガバナンスコードの開示11原則

原則1-4	政策保有に関する方針、議決権行使基準
原則1-7	関連当事者間取引に関する手続
原則3-1	経営理念等、経営戦略、経営計画 コーポレートガバナンスに関する基本的な考え方・基本方針 役員の報酬決定・指名の方針・手続等
補充原則4-1①	経営陣に対する委任の範囲
原則4-8	独立社外取締役が3分の1以上必要と考える場合の方針
原則4-9	独立社外取締役の独立性判断基準
補充原則4-11①	取締役会の構成に関する考え方
補充原則4-11②	取締役・監査役の兼任状況
補充原則4-11③	取締役会の実効性に関する分析・評価の結果
補充原則4-14②	取締役・監査役に対するトレーニングの方針
原則5-1	株主との対話促進のための方針

る事項として、①経営理念等、経営戦略、経営計画（原則3-1）、②役員の報酬決定の方針・手続（原則3-1）、③政策保有に関する方針（原則1-4）があげられます。

まず、①経営理念等、経営戦略、経営計画については、企業経営の中核に位置づけられるべき事項であり、コーポレートガバナンスコードでは、原則3-1として開示が求められていますが、「ひな型的な記述や具体性を欠く記述を避け、利用者にとって付加価値の高い記載となる」ことが求められています（補充原則3-1①）ので、特に専門的かつ複雑な事業を対象とする金融機関には、株主・投資家、さらには顧客をはじめとするステークホルダーに対してわかりやすい開示となるよう、その内容・構成等を工夫することが求められていると考えられます。

また、②役員の報酬決定の方針・手続については、会社のコーポレートガバナンスが機能しているか否かを示す1つの要素であり、ステークホルダーは、これが役員にとって健全なインセンティブとして機能しているか否かについて関心をもっています。特に、金融機関は、その事業の規模・特性から社会的影響力が大きいため、報酬決定の方針・手続が、金融機関自身やステークホルダーの利益を犠牲にして、短期的利益の追求や過剰なリスクテイクを動機づけるものとなっていないか、監視の目にさらされているといえます。

　最後に、③政策保有に関する方針については、**Q89**において解説したとおり、その合理性が求められています。

　以上のとおり、コーポレートガバナンスコードでは、上記①〜③をはじめとして、コーポレートガバナンスに関するさまざまな事項の開示が求められていますが、コーポレートガバナンスコードに対する社会的な関心の高さを考えると、その内容についてはこれまで以上に慎重に検討する必要があるでしょう。

Q98 信用金庫・信用組合に求められる特別な情報開示義務

信用金庫・信用組合に求められる特別な情報開示義務にはどのようなものがありますか。

ポイント

信用金庫・信用組合（信用金庫等）は、地域性を有した協同組織であるとともに、銀行と同様に金融機関としての公共性を有することから、銀行法が定める業務および財産の状況に関する説明書類の縦覧制度が準用されています。また、信用組合については、地域貢献活動について顧客・組合員にわかりやすく開示するために、説明書類に求められる開示事項に加えて、信用組合の地域貢献に対する取組状況等を開示することが求められています。

解説

1 信用金庫等の情報開示義務

信用金庫等は、一定地域内の会員・組合員からなる協同組織性を有するとともに、会員以外からも預金を預かることが許容されるなど公共性を有していることから、その特殊性にかんがみ、銀行法21条の業務および財産の状況に関する説明書類（ディスクロージャー誌）の開示の規定が準用されています。この説明書類の開示項目には、「中小企業の経営の改善及び地域の活性化のための取組の状況」も含まれており（銀行法施行規則19条の2第1項4号ハ）、その記載に際しての留意事項は中小・地域監督指針Ⅲ－4－9－4－2(2)⑥に定めがあり（中小・地域監督指針Ⅴ－3－7－1、Ⅴ－4－8－1で準用）、地域性

第8章 情報開示責任 | 349

（地縁性）がいっそう強い信用組合は、説明書類における開示に加えて、地域貢献に対する取組状況等を追加的に開示することが求められています。

2　信用金庫等の「業務及び財産の状況に関する説明書類」

　銀行法21条は、銀行に対して年度および中間事業年度の業務および財産の状況を詳しく記載した説明書類の作成を求め、無人店舗等を除く全店舗に備え置いて公衆の縦覧に供することを義務づけています。信用金庫等についても、同条が準用されており（信金法89条、協金法6条1項）、年度および中間事業年度ごとに説明書類を作成して開示することが求められています（なお、説明書類の開示項目等の解説については、Q96の解説を参照してください）。

3　信用組合の「地域貢献に関するディスクロージャー」

　預金の受入れに制限のない信用金庫に比べて、原則として預金の受入れについても組合員に制限している信用組合は、特に地域性（地縁性）が強いことから、全国信用組合中央協会発出の申合せ（平成18年3月31日付「信用組合における地域貢献に関するディスクロージャーのあり方について」）に基づき、円滑な資金供給と金融サービスの提供といった金融面を通じた地域貢献活動および地域サービスの充実や文化的・社会的貢献活動について顧客・組合員にわかりやすく開示することが求められています。具体的な開示項目は、①地域に貢献する信用組合の経営姿勢、②預金を通じた地域貢献、③融資を通じた地域貢献、④取引先への支援状況等、⑤地域・業域・職域サービスの充実、⑥文化的・社会的貢献に関する活動の6つに区分されています。上記申合せが具体的な開示例を示していますが、信用組合は、その地域貢献活動の内容に即して、各信用組合の判断により、独自性のあるかたちで開示の内容の充実を図ることが望ましいとされています。

Q99 情報開示義務違反の民事上の責任

当行は上場していますが、今般、不正な会計処理が発覚しました。役員として、どのような民事上の責任が問われるのでしょうか。会計や開示を所管しない役員であれば、民事上の責任は軽減されますか。

ポイント

不正な会計処理によって有価証券報告書等の不実記載がなされた場合、役員は、株主に対して、当該不実記載に基づく損害賠償責任を負う可能性があります。この責任を免れるためには「相当の注意」を用いても不実記載を知ることができなかったことを立証しなければなりません。ただし、裁判例上、「相当の注意」は高い水準の義務を求められる傾向があり、会計や開示を所管していなかったからといって、この義務が直ちに軽減されるわけではありません。そのため、会社として内部統制システムを整備することはもちろんのこと、役員個人としても、会計報告の内容を普段からしっかりと検討しておくことや、訴訟提起されてしまった場合には適切な弁護活動を受けること等が重要となります。

また、ほかに会社法上の責任を問われる可能性もありうるところですが、「相当の注意」を尽くしたことを基礎づける事情があれば、通常は当該事情をもって会社法上の責任も免れると考えられます。

解 説

上場会社においては、不正な会計処理が有価証券報告書等の不実記載にそのまま結びつくことが多いため、上場会社の役員として最も注

第8章 情報開示責任 | 351

意を要する有価証券報告書等の不実記載についてまず説明し、続いて会社法上の役員の責任を紹介します。

1 有価証券報告書等の不実記載

(1) 不実記載における役員の責任

金商法24条の4は、有価証券報告書等（四半期報告書、臨時報告書、有価証券届出書等を含む。以下同じ）のうち、①重要な事項について虚偽の記載があり、または、②記載すべき重要な事項もしくは誤解を生じさせないために必要な重要事実の記載が欠けている場合（以下①と②の場合を総称して「不実記載」という）、役員等は不実記載を知らずに有価証券を取得した者に対して損害賠償責任を負い（金商法24条の4、22条1項、21条1項1号）、この責任を免れるためには「相当の注意」を用いたにもかかわらず不実記載を知ることができなかったこと（以下「免責の抗弁」という）を立証しなければならないとされています（同法24条の4、22条2項、21条2項1号）。

(2) 免責の抗弁

近時はかかる不実記載をめぐる取締役その他の役員等の責任が裁判例で争われるケースが増加しており、取締役の責任が肯定されたもの（すなわち、免責の抗弁が認められなかったもの）としてはライブドア株式一般投資家集団訴訟控訴審判決（東京高判平23.11.30（判時2152号116頁））がリーディングケースです。この判決では、取締役においては、「有価証券報告書全体にわたり、虚偽の記載がないか又は欠けているところがないかを互いに調査及び確認しあう義務がある」とされ、海外在住の技術担当取締役についても、かかる義務の程度を軽減すべき事情に当たらないとして免責の抗弁は認められませんでした。

その他の裁判例の傾向としても、免責の抗弁が認められるための「相当の注意」は高い水準が求められることが多く、取締役に限らず

役員等の免責の抗弁が認められた裁判例は少ないのが現状です。

　もっとも、不正な会計処理が継続的に行われていたケースにおいて、一部の取締役について免責の抗弁が認められた稀有な裁判例として、シニアコミュニケーション株主損害賠償請求訴訟判決（東京地判平25.2.22（判タ1406号306頁））があります。この判決においては、①会社では各取締役の間で職務の分担がされており、財務に関する事項は、財務関係の取締役に委ねられていたこと、他方で、免責された被告取締役は現場の実務を担当して財務に直接携わっていなかったこと、また、②当該被告取締役は、ほぼ毎回取締役会に出席し、取締役会に提出される会計に係る報告書類に目を通していたものの、これらの書類は巧妙に虚偽記載が含まれていることを判別できないようにされていたこと、さらに、③会計書類には監査法人の無限定適正意見が付されていたこと等を認定したうえで、当該被告取締役においては「相当の注意」を用いても知ることができなかったと判断されました。

　その後においても、平成23年7月に発覚したオリンパス事件や平成27年4月に公表された東芝事件など、不正な会計処理を原因として有価証券報告書等の不実記載が問題とされる事案は後を絶たず、こうした事案においては、会社のみならず、役員も株主からの損害賠償請求にさらされることがあります。そのような事態を回避するためには、会社として内部統制システムを整備して不実記載を予防することがまず肝要ですが、役員個人としても、日々の業務において会計報告の内容をしっかりと検討しておくことや、不運にも訴訟に巻き込まれてしまった場合には適切な弁護活動を受けること等がきわめて重要です。

2　会社法上の責任

(1)　会社に対する責任

　取締役は、任務を懈怠した場合、会社に対し、これによって生じた

損害を賠償する責任を負います（会社法423条1項）。ここでいう任務懈怠とは、善管注意義務（同法330条、民法644条）・忠実義務（会社法355条）の違反を指すとされます。

この善管注意義務の内容には、他の取締役・使用人の業務執行に対する監視・監督義務違反も含まれるため、不正な会計処理が当該取締役の監視・監督の不備に起因する場合には、会社に対して、損害賠償の責任を負うことになります。

なお、善管注意義務の詳細については、**Q28**を参照してください。

(2) **第三者に対する責任**

取締役は、その職務を行うについて悪意または重大な過失があったときに、これによって第三者に生じた損害を賠償する責任を負います（会社法429条1項）。取締役が、計算書類・事業報告等に記載すべき重要な事項について虚偽の記載を行ったときについても、同様です（同条2項1号ロ）。

したがって、不正会計が職務上の故意または重過失に基づく場合や、当該不正会計により計算書類・事業報告等に記載すべき重要な事項についての虚偽の記載がなされた場合においても、取締役は、第三者に対する損害賠償責任を負うことになります。

なお、役員の第三者に対する責任の詳細は、**Q35**を参照してください。

(3) **不実記載との関係**

有価証券報告書等の不実記載に関し、免責の抗弁、すなわち、「相当の注意」を用いたにもかかわらず知ることができなかったものと認められる場合には、通常、当該免責の抗弁を基礎づける事由によって、悪意または重大な過失は否定され（前掲東京地判平25.2.22参照）、同様に善管注意義務違反にも当たらないと考えられます。

Q100 情報開示義務違反の刑事上の責任

銀行に情報開示義務違反があった場合に、だれがどのような刑事上の責任を問われるのでしょうか。民事上の責任と何か違うところはありますか。

ポイント　銀行に情報開示義務違反があった場合には、銀行法や金商法に基づいて、関係する役職員や銀行が刑事上の責任を問われます。有価証券届出書、有価証券報告書の虚偽記載の場合には、役職員に対して懲役10年以下の懲役もしくは1,000万円以下の罰金または懲役と罰金の併科、銀行に対して7億円以下の罰金など重い刑罰が定められています。

民事上の責任との違いとしては、民事上は責任を負う場合であっても、刑事上は責任を問われないというケースがあります。

解説

1　銀行法上の情報開示違反に対する刑事上の責任

銀行法上の情報開示違反について、刑事上の責任を問われる場合としては、貸借対照表等の公告に関する場合と、いわゆるディスクロージャー誌の縦覧に関する場合があります。

なお、銀行法上の情報開示義務については、**Q96**を参照してください。

貸借対照表の公告に関する場合も、ディスクロージャー誌の縦覧に関する場合も、①公告しなかったまたは公共の縦覧に供しなかった者、②記載すべき事項を記載しなかった者、③虚偽の記載をして公告

第8章　情報開示責任 | 355

したまたは公共の縦覧に供した者は、1年以下の懲役または300万円以下の罰金に処せられます（銀行法20条、21条、63条1号の2・1号の3）。どちらの場合も銀行に対しても、2億円以下の罰金が科されます（同法64条1項2号）。銀行持株会社も同様です（同法52条の28、52条の29、63条1号の2・1号の3、64条1項2号）。

ただし、金商法による有価証券報告書の提出義務を負う銀行・銀行持株会社は、銀行法20条4項、52条の28第3項による貸借対照表等の公告義務を負いません（同法20条7項、52条の28第6項）から、貸借対照表の公告に関する刑事上の責任を負うことはありません。

2 金商法の情報開示違反に対する刑事上の責任

(1) 有価証券届出書、有価証券報告書の虚偽記載

「重要な事項につき」虚偽の記載のある有価証券届出書、有価証券報告書を提出した者に対しては、10年以下の懲役もしくは1,000万円以下の罰金または10年以下の懲役と1,000万円以下の罰金が併科されます（金商法197条1項1号）。この場合、法人（銀行）には7億円以下の罰金が科されます（同法207条1項1号）。

このように、詐欺罪（刑法246条）や特別背任罪（会社法960条）に類似する悪質性があるものとして重い刑罰が定められています。

なお、特別背任罪については、**Q43**を参照してください。

「重要な事項につき」虚偽の記載があるというのは、投資者の投資判断に著しい影響を及ぼすような虚偽記載のある書類をいいます。

民事上の責任との違いとして、「記載すべき重要な事項の記載が欠けているとき」および「誤解を生じさせないために必要な重要な事実の記載が欠けているとき」については、民事上は損害賠償責任を負う（金商法18条1項）のに対し、刑事上は責任を問われないことがあげられます。

(2) 有価証券届出書、有価証券報告書の不提出

　有価証券届出書、有価証券報告書を提出しない者に対しては、5年以下の懲役もしくは500万円以下の罰金または5年以下の懲役と500万円以下の罰金が併科されます（金商法197条の2第5号）。この場合、銀行には5億円以下の罰金が科されます（同法207条1項2号）。

(3) 各種開示書類の虚偽記載、不提出

　このほか、内部統制報告書、四半期報告書、半期報告書、臨時報告書等の各種開示書類の虚偽記載や不提出に対しても、刑罰が定められています（金商法197条の2第5号・第6号、200条5号）。これらの場合にも銀行に対して罰金が科されます（同法207条1項2号・5号）。

巻末資料

資料１　銀行・銀行持株会社の機関設計一覧

業態	金融機関名	機関設計(注1)	役員の人数（注1）	社外役員の人数（注1）
都銀	みずほフィナンシャルグループ（※）	指名委員会等設置会社	取締役13名(うち女性1名)	社外取締役6名(うち女性1名)
	みずほ銀行	監査役会設置会社	取締役14名(うち女性0名) 監査役6名(うち女性0名)	社外取締役2名(うち女性0名) 社外監査役3名(うち女性0名)
都銀	三井住友フィナンシャルグループ（※）	監査役会設置会社	取締役13名(うち女性1名) 監査役6名(うち女性0名)	社外取締役5名(うち女性1名) 社外監査役3名(うち女性0名)
	三井住友銀行	監査役会設置会社	取締役17名(うち女性1名) 監査役6名(うち女性0名)	社外取締役3名(うち女性1名) 社外監査役3名(うち女性0名)
都銀	三菱UFJフィナンシャル・グループ（※）	指名委員会等設置会社	取締役17名(うち女性2名)	社外取締役6名(うち女性1名)
	三菱東京UFJ銀行	監査役会設置会社	取締役19名(うち女性0名) 監査役8名(うち女性0名)	社外取締役2名(うち女性0名) 社外監査役4名(うち女性0名)
都銀	りそなホールディングス（※）	指名委員会等設置会社	取締役10名(うち女性2名)	社外取締役6名(うち女性2名)
	りそな銀行	監査役会設置会社	取締役7名(うち女性0名) 監査役4名(うち女性0名)	社外取締役2名(うち女性0名) 社外監査役2名(うち女性0名)
信託銀行	あおぞら銀行	略（注8）	略	略
	あおぞら信託銀行	監査役会設置会社	取締役6名(うち女性0名) 監査役3名(うち女性0名)	社外取締役人数不明(うち女性0名) 社外監査役2名(うち女性0名)
信託銀行	オリックス	指名委員会等設置会社	取締役13名(うち女性1名)	社外取締役6名(うち女性1名)
	オリックス銀行	監査役会設置会社	取締役7名(うち女性0名) 監査役4名(うち女性0名)	社外取締役人数不明(うち女性0名) 社外監査役2名(うち女性0名)

社外役員の属性（注1）	執行役員の数（注1）	備考
企業経営経験者3名、弁護士（元検事）1名、公認会計士1名、大学関係者1名	執行役18名 執行役員34名	（注3）
社外取締役…弁護士（元検事）1名、弁護士1名 社外監査役…弁護士（元裁判官）1名、弁護士1名、官庁出身者1名	執行役員66名	（注3）
社外取締役…弁護士2名、企業経営経験者2名、官庁出身者1名 社外監査役…弁護士（元検事）1名、公認会計士1名、企業経営経験者1名	N/A（注9）	（注3）
社外取締役…企業経営経験者2名、公認会計士1名 社外監査役…弁護士2名、公認会計士1名	執行役員11名	（注3）
企業経営経験者4名、弁護士（元裁判官）1名、公認会計士1名	執行役17名	（注3）
社外取締役…企業経営経験者1名、公認会計士1名 社外監査役…企業経営経験者2名、弁護士1名、公認会計士1名	N/A	（注3）
企業経営経験者3名、弁護士1名、大学関係者1名、官庁出身者1名	執行役14名	（注3）
社外取締役…企業経営経験者2名 社外監査役…大学関係者2名	執行役員32名	（注3）
略	略	
社外取締役…不明 社外監査役…不明2名	N/A	（注2）、（注3）、（注4）、（注5）
大学関係者2名、金融機関出身者1名、企業経営経験者1名、官庁出身者1名、その他1名	執行役24名	
社外取締役…不明 社外監査役…官庁出身者1名、不明1名	執行役員12名	（注2）、（注3）、（注4）、（注5）

業態	金融機関名	機関設計(注1)	役員の人数(注1)	社外役員の人数(注1)
信託銀行	×(注7)資産管理サービス信託銀行	× 監査役会設置会社	× 取締役8名(うち女性0名) 監査役4名(うち女性0名)	× 社外取締役人数不明(うち女性0名) 社外監査役3名(うち女性0名)
信託銀行	信金中央金庫	監事会設置会社	理事30名(うち女性0名) 監事5名(うち女性0名)	員外理事0名(うち女性0名) 員外監事2名(うち女性0名)
信託銀行	しんきん信託銀行	監査役会設置会社	取締役3名(うち女性0名) 監査役3名(うち女性0名)	社外取締役0名(うち女性0名) 社外監査役2名(うち女性0名)
信託銀行	新生銀行	略	略	略
信託銀行	新生信託銀行	監査役会設置会社	取締役6名(うち女性0名) 監査役3名(うち女性1名)	社外取締役2名(うち女性0名) 社外監査役2名(うち女性1名)
信託銀行	×ステート・ストリート信託銀行	× 監査役会設置会社	× 取締役12名(うち女性1名) 監査役3名(うち女性0名)	× 社外取締役人数不明(うち女性不明) 社外監査役2名(うち女性0名)
信託銀行	三井住友トラスト・ホールディングス(※)	監査役会設置会社	取締役9名(うち女性0名) 監査役4名(うち女性0名)	社外取締役3名(うち女性0名) 社外監査役2名(うち女性0名)
信託銀行	三井住友信託銀行	監査役会設置会社	取締役15名(うち女性0名) 監査役4名(うち女性0名)	社外取締役1名(うち女性0名) 社外監査役2名(うち女性0名)
信託銀行	三井住友フィナンシャルグループ(※)	略	略	略
信託銀行	SMBC信託銀行	監査役会設置会社	取締役12名(うち女性0名) 監査役3名(うち女性0名)	社外取締役人数不明(うち女性0名) 社外監査役2名(うち女性0名)
信託銀行	日本証券金融	監査役会設置会社	取締役10名(うち女性1名) 監査役4名(うち女性0名)	社外取締役3名(うち女性1名) 社外監査役2名(うち女性0名)
信託銀行	日証金信託銀行	監査役会設置会社	取締役4名(うち女性0名) 監査役3名(うち女性0名)	社外取締役人数不明(うち女性0名) 社外監査役3名(うち女性0名)

社外役員の属性（注1）	執行役員の数（注1）	備考
×	×	
社外取締役…不明 社外監査役…金融機関出身者1名、その他1名、不明1名	執行役員5名	（注2）、（注3）、(注4)、(注5)
員外監事…公認会計士1名、その他1名	×	（注4）
社外監査役…企業経営経験者1名、その他1名	N/A	（注3）、（注4）
略	略	
社外取締役…親会社勤務経験者2名 社外監査役…弁護士1名、親会社勤務経験者1名	N/A	（注3）、（注4）
×	×	
社外取締役…不明 社外監査役…弁護士1名、公認会計士1名	N/A	（注2）、（注3）、(注4)、(注5)
社外取締役…企業経営経験者1名、大学関係者1名、金融機関出身者1名 社外監査役…元裁判官1名、企業経営経験者1名	執行役員15名	（注3）
社外取締役…企業経営経験者1名 社外監査役…弁護士1名、金融機関出身者1名	執行役員29名	（注3）
略	略	
社外取締役…不明 社外監査役…金融機関出身者1名、不明1名	N/A	（注2）、（注3）、(注4)、(注5)
社外取締役…企業経営経験者2名、大学関係者1名 社外監査役…公認会計士1名、その他1名	執行役員12名	
社外取締役…不明 社外監査役…親会社出身者1名、不明2名	N/A	（注2）、（注3）、(注4)、(注5)

業態	金融機関名	機関設計(注1)	役員の人数（注1）	社外役員の人数（注1）
信託銀行	× 日本トラスティ・サービス信託銀行	× 監査役会設置会社	× 取締役6名（うち女性0名） 監査役3名（うち女性0名）	× 社外取締役人数不明（うち女性0名） 社外監査役3名（うち女性0名）
信託銀行	× 日本マスタートラスト信託銀行	× 監査役会設置会社	× 取締役9名（うち女性0名） 監査役3名（うち女性0名）	× 社外取締役人数不明（うち女性0名） 社外監査役2名（うち女性0名）
信託銀行	× ニューヨークメロン信託銀行	× 監査役会設置会社	× 取締役6名（うち女性1名） 監査役3名（うち女性0名）	× 社外取締役人数不明（うち女性0名） 社外監査役2名（うち女性0名）
信託銀行	農林中央金庫	監事会設置会社	理事14名（うち女性0名） 監事5名（うち女性0名）	員外理事0名（うち女性0名） 員外監事4名（うち女性0名）
信託銀行	農中信託銀行	監査役会設置会社	取締役11名（うち女性0名） 監査役3名（うち女性1名）	社外取締役3名（うち女性0名） 社外監査役3名（うち女性1名）
信託銀行	野村ホールディングス	指名委員会等設置会社	取締役12名（うち女性1名）	社外取締役7名（うち女性1名）
信託銀行	野村信託銀行	指名委員会等設置会社	取締役8名（うち女性2名）	社外取締役7名（うち女性1名）
信託銀行	みずほフィナンシャルグループ（※）	略	略	略
信託銀行	みずほ信託銀行	監査役会設置会社	取締役9名（うち女性0名） 監査役4名（うち女性0名）	社外取締役3名（うち女性0名） 社外監査役2名（うち女性0名）
信託銀行	三菱UFJフィナンシャル・グループ（※）	略	略	略
信託銀行	三菱UFJ信託銀行	監査役会設置会社	取締役15名（うち女性0名） 監査役6名（うち女性0名）	社外取締役3名（うち女性0名） 社外監査役3名（うち女性0名）

社外役員の属性（注1）	執行役員の数（注1）	備考
×	×	
社外取締役…不明 社外監査役…金融機関出身者2名、不明1名	執行役員5名	（注2）、（注3）、（注4）、（注5）
×	×	
社外取締役…不明 社外監査役…金融機関出身者1名、その他1名	執行役員1名	（注2）、（注3）、（注4）、（注5）
×	×	
社外取締役…不明 社外監査役…その他1名、不明1名	N/A	（注3）、（注4）、（注5）
員外監事…官庁出身者2名、公認会計士1名、企業経営経験者1名	経営管理委員19名	（注3）、（注4）
社外取締役…金融機関出身者2名、企業経営経験者1名 社外監査役…弁護士1名、金融機関出身者1名、企業経営経験者1名	N/A	（注3）、（注4）
企業経営経験者3名、公認会計士2名、官庁出身者1名、その他1名	執行役7名 執行役員24名	（注3）
金融機関出身者1名、不明6名	執行役7名	（注3）、（注4）
略	略	
社外取締役…弁護士1名、公認会計士1名、大学関係者1名 社外監査役…企業経営経験者2名	執行役員25名	（注3）
略	略	
社外取締役…大学関係者2名、公認会計士1名 社外監査役…弁護士1名、公認会計士1名、企業経営経験者1名	執行役員11名	（注3）

業態	金融機関名	機関設計(注1)	役員の人数(注1)	社外役員の人数(注1)
その他	×	×	×	×
	あおぞら銀行	監査役会設置会社	取締役8名(うち女性0名) 監査役3名(うち女性0名)	社外取締役4名(うち女性0名) 社外監査役2名(うち女性0名)
その他	イオンフィナンシャルサービス(※)	監査役会設置会社	取締役11名(うち女性0名) 監査役4名(うち女性0名)	社外取締役2名(うち女性0名) 社外監査役3名(うち女性0名)
	イオン銀行	監査役会設置会社	取締役12名(うち女性0名) 監査役3名(うち女性0名)	社外取締役2名(うち女性0名) 社外監査役3名(うち女性0名)
その他	新韓金融持株会社	×	×	×
	SBJ銀行	監査役会設置会社	取締役5名(うち女性不明) 監査役3名(うち女性0名)	社外取締役人数不明(うち女性不明) 社外監査役2名(うち女性0名)
その他	CJP holdings Inc.	×	×	×
	シティバンク銀行	監査役会設置会社	取締役7名(うち女性0名) 監査役3名(うち女性0名)	社外取締役0名(うち女性0名) 社外監査役2名(うち女性0名)
その他	×	×	×	×
	じぶん銀行	監査役会設置会社	取締役5名(うち女性0名) 監査役3名(うち女性0名)	社外取締役1名(うち女性0名) 社外監査役3名(うち女性0名)
その他	×	×	×	×
	ジャパンネット銀行	監査役会設置会社	取締役7名(うち女性1名) 監査役5名(うち女性1名)	社外取締役1名(うち女性0名) 社外監査役4名(うち女性1名)
その他	×	×	×	×
	新銀行東京	監査役会設置会社	取締役5名(うち女性0名) 監査役3名(うち女性0名)	社外取締役1名(うち女性0名) 社外監査役2名(うち女性0名)
その他	×	×	×	×
	新生銀行	監査役会設置会社	取締役7名(うち女性0名) 監査役3名(うち女性1名)	社外取締役5名(うち女性0名) 社外監査役2名(うち女性1名)

社外役員の属性（注1）	執行役員の数（注1）	備考
×	×	
社外取締役…企業経営経験者2名、金融機関出身者2名 社外監査役…金融機関出身者2名	執行役員20名	（注3）
社外取締役…弁護士（元検事）1名、公認会計士1名 社外監査役…官庁出身者1名、金融機関出身者1名、親会社出身者1名	N/A	（注3）
社外取締役…金融機関出身者2名 社外監査役…親会社出身者1名、親会社勤務経験者1名、金融機関出身者1名	執行役員12名	（注3）
×	×	
社外取締役…不明 社外監査役…官庁出身者1名、不明1名	執行役員（注6）	（注2）、（注3）、（注4）、（注5）
×	×	
社外監査役…公認会計士1名、不明1名	執行役員17名	（注3）、（注4）
×	×	
社外取締役…金融機関出身者1名 社外監査役…弁護士1名、金融機関出身者1名、その他1名	執行役員3名	（注2）、（注3）、（注4）
×	×	
社外取締役…その他1名 社外監査役…企業経営経験者1名、金融機関出身者1名、その他2名	執行役員11名	（注2）、（注3）、（注4）
×	×	
社外取締役…官庁出身者1名 社外監査役…公認会計士1名、弁護士1名、官庁出身者1名	執行役員4名	（注3）、（注4）
×	×	
社外取締役…金融機関出身者3名、企業経営経験者2名 社外監査役…弁護士（元検事）1名、公認会計士1名	執行役員27名	（注3）

巻末資料 | 367

業態	金融機関名	機関設計(注1)	役員の人数（注1）	社外役員の人数（注1）
その他	×	×	×	×
	住信SBIネット銀行	監査役会設置会社	取締役10名(うち女性0名) 監査役4名(うち女性0名)	社外取締役2名(うち女性0名) 社外監査役4名(うち女性0名)
その他	預金保険機構	×	×	×
	整理回収機構	監査役会設置会社	取締役4名(うち女性0名) 監査役3名(うち女性0名)	社外取締役人数不明(うち女性0名) 社外監査役3名(うち女性0名)
その他	×	×	×	×
	セブン銀行	監査役会設置会社	取締役11名(うち女性2名) 監査役5名(うち女性1名)	社外取締役4名(うち女性2名) 社外監査役3名(うち女性1名)
その他	ソニーフィナンシャルホールディングス(※)	監査役会設置会社	取締役9名(うち女性0名) 監査役4名(うち女性0名)	社外取締役2名(うち女性0名) 社外監査役3名(うち女性0名)
	ソニー銀行	監査役会設置会社	取締役6名(うち女性0名) 監査役3名(うち女性0名)	社外取締役人数不明(うち女性0名) 社外監査役2名(うち女性0名)
その他	大和証券グループ本社	指名委員会等設置会社	取締役12名(うち女性2名)	社外取締役5名(うち女性1名)
	大和ネクスト銀行	監査役会設置会社	取締役8名(うち女性0名) 監査役4名(うち女性0名)	社外取締役人数不明(うち女性0名) 社外監査役4名(うち女性0名)
その他	楽天	監査役会設置会社	取締役16名(うち女性0名) 監査役3名(うち女性0名)	社外取締役5名(うち女性0名) 社外監査役3名(うち女性0名)
	楽天銀行	監査役会設置会社	取締役6名(うち女性0名) 監査役3名(うち女性0名)	社外取締役3名(うち女性0名) 社外監査役3名(うち女性0名)
その他	日本郵政(※)	指名委員会等設置会社	取締役19名(うち女性1名)	社外取締役11名(うち女性1名)
	ゆうちょ銀行	指名委員会等設置会社	取締役12名(うち女性2名)	社外取締役8名(うち女性2名)

社外役員の属性（注1）	執行役員の数（注1）	備考
×	×	
社外取締役…金融機関出身者2名、企業経営経験者1名 社外監査役…金融機関出身者3名、企業経営経験者1名	執行役員12名	（注3）
×	×	
社外取締役…不明 社外監査役…金融機関出身者2名、官庁出身者1名	N/A	（注2）、（注3）、(注4)、（注5）
×	×	
社外取締役…弁護士1名、企業経営経験者3名、金融機関出身者1名 社外監査役…弁護士（元検事）1名、企業経営経験者1名、大学関係者1名	執行役員14名	（注3）
社外取締役…弁護士1名、企業経営経験者1名 社外監査役…弁護士1名、金融機関出身者1名、親会社出身者1名	N/A	（注3）
社外取締役…不明 社外監査役…金融機関出身者1名、親会社勤務経験者1名	執行役員9名	（注2）、（注3）、(注4)、（注5）
官庁出身者2名、弁護士（元検事）1名、企業経営経験者1名、その他1名	執行役員12名	（注4）
社外取締役…不明 社外監査役…親会社出身者1名、親会社勤務経験者1名、弁護士1名、金融機関出身者1名	N/A	（注2）、（注3）、(注4)、（注5）
社外取締役…企業経営者2名、大学関係者2名、弁護士1名 社外監査役…弁護士1名、金融機関出身者1名、官庁出身者1名	執行役員10名	（注3）、（注4）
社外取締役…弁護士1名、金融機関出身者1名、企業経営経験者1名 社外監査役…弁護士1名、官庁出身者1名、金融機関出身者1名	執行役員9名	（注3）、（注4）
企業経営経験者9名、弁護士（元検事）1名、その他1名	執行役28名	（注3）、（注4）
企業経営経験者5名、弁護士（元検事）1名、その他2名	執行役23名	（注3）、（注4）

業態	金融機関名	機関設計(注1)	役員の人数（注1）	社外役員の人数（注1）
地銀	ほくほくフィナンシャルグループ(※)	監査役会設置会社	取締役9名（うち女性0名）監査役3名（うち女性0名）	社外取締役2名（うち女性0名）社外監査役2名（うち女性0名）
	北海道銀行	監査役会設置会社	取締役7名（うち女性0名）監査役4名（うち女性0名）	社外取締役0名（うち女性0名）社外監査役2名（うち女性0名）
地銀	× 青森銀行	× 監査役会設置会社	× 取締役10名（うち女性0名）監査役5名（うち女性0名）	× 社外取締役2名（うち女性0名）社外監査役3名（うち女性0名）
地銀	× みちのく銀行	× 監査役会設置会社	× 取締役8名（うち女性1名）監査役6名（うち女性0名）	× 社外取締役2名（うち女性1名）社外監査役5名（うち女性0名）
地銀	× 岩手銀行	× 監査役会設置会社	× 取締役12名（うち女性0名）監査役4名（うち女性1名）	× 社外取締役3名（うち女性0名）社外監査役3名（うち女性1名）
地銀	× 東北銀行	× 監査役会設置会社	× 取締役10名（うち女性0名）監査役5名（うち女性0名）	× 社外取締役3名（うち女性0名）社外監査役3名（うち女性0名）
地銀	× 七十七銀行	× 監査役会設置会社	× 取締役15名（うち女性0名）監査役5名（うち女性0名）	× 社外取締役2名（うち女性0名）社外監査役3名（うち女性0名）
地銀	× 秋田銀行	× 監査役会設置会社	× 取締役11名（うち女性0名）監査役4名（うち女性0名）	× 社外取締役3名（うち女性0名）社外監査役2名（うち女性0名）
地銀	フィデアホールディングス(※)	指名委員会等設置会社	取締役10名（うち女性0名）	社外取締役5名（うち女性0名）
	北都銀行	監査等委員会設置会社	取締役14名（うち女性0名）	社外取締役5名（うち女性0名）
地銀	フィデアホールディングス(※)	略	略	略
	荘内銀行	監査等委員会設置会社	取締役14名（うち女性0名）	社外取締役2名（うち女性0名）

社外役員の属性（注1）	執行役員の数（注1）	備考
社外取締役…弁護士1名、企業経営経験者1名 社外監査役…企業経営経験者2名	N/A	（注3）
社外監査役…弁護士（元検事）1名、企業経営経験者1名	執行役員16名	（注3）、（注4）
×	×	
社外取締役…企業経営経験者1名、大学関係者1名 社外監査役…企業経営経験者2名、弁護士1名	執行役員3名	
×	×	
社外取締役…弁護士1名、企業経営経験者1名 社外監査役…企業経営経験者3名、金融機関出身者2名	執行役員14名	
×	×	
社外取締役…企業経営経験者2名、金融機関出身者1名 社外監査役…弁護士1名、企業経営経験者1名、官庁出身者1名	執行役員3名	（注3）
×	×	
社外取締役…企業経営経験者1名、弁護士（元検事）1名、官庁出身者1名 社外監査役…企業経営経験者3名	執行役員（注6）	（注3）、（注4）
×	×	
社外取締役…弁護士1名、金融機関出身者1名 社外監査役…官庁出身者2名、企業経営経験者1名	執行役員11名	（注3）
×	×	
社外取締役…弁護士1名、企業経営経験者1名 社外監査役…企業経営経験者2名	執行役員11名	
金融機関出身者4名、公認会計士1名	執行役12名	（注3）
企業経営経験者4名、弁護士1名	執行役員10名	（注2）、（注3）
略	略	
企業経営経験者2名	執行役員18名	（注2）

業態	金融機関名	機関設計(注1)	役員の人数（注1）	社外役員の人数（注1）
地銀	山形銀行	× 監査役会設置会社	× 取締役13名（うち女性1名） 監査役5名（うち女性0名）	× 社外取締役2名（うち女性1名） 社外監査役3名（うち女性0名）
地銀	東邦銀行	× 監査役会設置会社	× 取締役13名（うち女性1名） 監査役5名（うち女性0名）	× 社外取締役2名（うち女性1名） 社外監査役3名（うち女性0名）
地銀	常陽銀行	× 監査役会設置会社	× 取締役12名（うち女性0名） 監査役5名（うち女性0名）	× 社外取締役2名（うち女性0名） 社外監査役3名（うち女性0名）
地銀	筑波銀行	× 監査役会設置会社	× 取締役9名（うち女性0名） 監査役5名（うち女性0名）	× 社外取締役1名（うち女性0名） 社外監査役3名（うち女性0名）
地銀	足利ホールディングス（※）	指名委員会等設置会社	取締役8名（うち女性0名）	社外取締役4名（うち女性0名）
	足利銀行	指名委員会等設置会社	取締役7名（うち女性0名）	社外取締役4名（うち女性0名）
地銀	群馬銀行	× 監査役会設置会社	× 取締役13名（うち女性0名） 監査役5名（うち女性0名）	× 社外取締役2名（うち女性0名） 社外監査役3名（うち女性0名）
地銀	武蔵野銀行	× 監査役会設置会社	× 取締役9名（うち女性1名） 監査役5名（うち女性0名）	× 社外取締役2名（うち女性1名） 社外監査役3名（うち女性0名）
地銀	千葉銀行	× 監査役会設置会社	× 取締役13名（うち女性2名） 監査役5名（うち女性0名）	× 社外取締役3名（うち女性2名） 社外監査役3名（うち女性0名）
地銀	千葉興業銀行	× 監査役会設置会社	× 取締役5名（うち女性1名） 監査役4名（うち女性0名）	× 社外取締役1名（うち女性1名） 社外監査役2名（うち女性0名）

社外役員の属性（注1）	執行役員の数（注1）	備考
×	×	
社外取締役…企業経営経験者2名 社外監査役…弁護士1名、公認会計士1名、金融機関出身者1名	N/A	
×	×	
社外取締役…弁護士1名、その他1名 社外監査役…官庁出身者2名、金融機関出身者1名	執行役員10名	（注4）
×	×	
社外取締役…企業経営経験者1名、大学関係者1名 社外監査役…弁護士1名、公認会計士1名、官庁出身者1名	執行役員13名	（注3）
×	×	
社外取締役…官庁出身者1名 社外監査役…弁護士1名、企業経営経験者1名、その他1名	執行役員17名	（注3）
企業経営経験者2名、弁護士1名、公認会計士1名、金融機関出身者1名	執行役5名	（注3）
企業経営経験者2名、弁護士1名、公認会計士1名、金融機関出身者1名	執行役10名	（注3）、（注4）
×	×	
社外取締役…官庁出身者1名、金融機関出身者1名 社外監査役…弁護士1名、官庁出身者1名、企業経営経験者1名	執行役員10名	
×	×	
社外取締役…弁護士1名、企業経営経験者1名 社外監査役…金融機関出身者2名、官庁出身者1名	執行役員10名	
×	×	
社外取締役…弁護士（元検事）1名、公認会計士1名、その他1名 社外監査役…官庁出身者2名、金融機関出身者1名	執行役員18名	
×	×	
社外取締役…官庁出身者1名 社外監査役…企業経営経験者2名	執行役員13名	（注3）

業態	金融機関名	機関設計(注1)	役員の人数(注1)	社外役員の人数(注1)
地銀	東京TYフィナンシャルグループ(※)	監査役会設置会社	取締役10名(うち女性0名) 監査役4名(うち女性2名)	社外取締役2名(うち女性0名) 社外監査役2名(うち女性2名)
	東京都民銀行	監査役会設置会社	取締役8名(うち女性0名) 監査役4名(うち女性0名)	社外取締役1名(うち女性0名) 社外監査役2名(うち女性0名)
地銀	× 横浜銀行	× 監査役会設置会社	× 取締役10名(うち女性1名) 監査役5名(うち女性0名)	× 社外取締役3名(うち女性1名) 社外監査役3名(うち女性0名)
地銀	× 第四銀行	× 監査役会設置会社	× 取締役9名(うち女性0名) 監査役5名(うち女性0名)	× 社外取締役1名(うち女性0名) 社外監査役3名(うち女性0名)
地銀	× 北越銀行	× 監査役会設置会社	× 取締役13名(うち女性0名) 監査役4名(うち女性0名)	× 社外取締役2名(うち女性0名) 社外監査役2名(うち女性0名)
地銀	× 山梨中央銀行	× 監査役会設置会社	× 取締役14名(うち女性1名) 監査役5名(うち女性0名)	× 社外取締役2名(うち女性1名) 社外監査役3名(うち女性0名)
地銀	× 八十二銀行	× 監査役会設置会社	× 取締役9名(うち女性0名) 監査役5名(うち女性0名)	× 社外取締役1名(うち女性0名) 社外監査役3名(うち女性0名)
地銀	× 大垣共立銀行	× 監査役会設置会社	× 取締役11名(うち女性0名) 監査役4名(うち女性0名)	× 社外取締役2名(うち女性0名) 社外監査役2名(うち女性0名)
地銀	× 十六銀行	× 監査役会設置会社	× 取締役12名(うち女性0名) 監査役4名(うち女性0名)	× 社外取締役2名(うち女性0名) 社外監査役2名(うち女性0名)
地銀	× 静岡銀行	× 監査役会設置会社	× 取締役10名(うち女性1名) 監査役5名(うち女性0名)	× 社外取締役2名(うち女性1名) 社外監査役3名(うち女性0名)

社外役員の属性（注1）	執行役員の数（注1）	備考
社外取締役…弁護士1名、公認会計士1名 社外監査役…弁護士1名、公認会計士1名	N/A	（注3）
社外取締役…その他1名 社外監査役…企業経営経験者1名、金融機関出身者1名	執行役員11名	（注3）
×	×	
社外取締役…企業経営経験者1名、公認会計士1名、官庁出身者1名 社外監査役…弁護士（元裁判官）1名、金融機関出身者1名、企業経営経験者1名	執行役員20名	
×	×	
社外取締役…企業経営経験者1名 社外監査役…企業経営経験者2名、公認会計士1名	執行役員7名	（注2）、（注3）、（注4）
×	×	
社外取締役…弁護士1名、企業経営経験者1名 社外監査役…公認会計士1名、企業経営経験者1名	N/A	（注3）
×	×	
社外取締役…弁護士1名、金融機関出身者1名 社外監査役…企業経営経験者2名、弁護士1名、公認会計士1名	執行役員9名	
×	×	
社外取締役…企業経営経験者1名 社外監査役…弁護士（元裁判官）1名、企業経営経験者1名、官庁出身者1名	執行役員11名	
×	×	
社外取締役…弁護士1名、官庁出身者1名 社外監査役…企業経営経験者1名、金融機関出身者1名	N/A	（注3）、（注4）
×	×	
社外取締役…企業経営経験者2名 社外監査役…弁護士（元検事）1名、弁護士1名	N/A	（注3）
×	×	
社外取締役…企業経営経験者2名 社外監査役…企業経営経験者2名、弁護士1名	執行役員17名	

業態	金融機関名	機関設計(注1)	役員の人数（注1）	社外役員の人数（注1）
地銀	×	×	×	×
	スルガ銀行	監査役会設置会社	取締役11名(うち女性1名) 監査役5名(うち女性1名)	社外取締役3名(うち女性1名) 社外監査役3名(うち女性1名)
地銀	×	×	×	×
	清水銀行	監査役会設置会社	取締役11名(うち女性2名) 監査役4名(うち女性0名)	社外取締役3名(うち女性2名) 社外監査役2名(うち女性0名)
地銀	×	×	×	×
	百五銀行	監査役会設置会社	取締役14名(うち女性0名) 監査役5名(うち女性0名)	社外取締役2名(うち女性0名) 社外監査役3名(うち女性0名)
地銀	×	×	×	×
	三重銀行	監査役会設置会社	取締役11名(うち女性1名) 監査役5名(うち女性0名)	社外取締役3名(うち女性1名) 社外監査役3名(うち女性0名)
地銀	ほくほくフィナンシャルグループ(※)	略	略	略
	北陸銀行	監査役会設置会社	取締役6名(うち女性0名) 監査役4名(うち女性0名)	社外取締役0名(うち女性0名) 社外監査役3名(うち女性0名)
地銀	×	×	×	×
	富山銀行	監査役会設置会社	取締役9名(うち女性0名) 監査役4名(うち女性0名)	社外取締役2名(うち女性0名) 社外監査役2名(うち女性0名)
地銀	×	×	×	×
	北國銀行	監査等委員会設置会社	取締役16名(うち女性1名)	社外取締役4名(うち女性1名)
地銀	×	×	×	×
	福井銀行	指名委員会等設置会社	取締役9名(うち女性1名)	社外取締役2名(うち女性1名)
地銀	×	×	×	×
	滋賀銀行	監査役会設置会社	取締役16名(うち女性1名) 監査役4名(うち女性0名)	社外取締役2名(うち女性1名) 社外監査役2名(うち女性0名)
地銀	×	×	×	×
	京都銀行	監査役会設置会社	取締役12名(うち女性0名) 監査役4名(うち女性0名)	社外取締役2名(うち女性0名) 社外監査役2名(うち女性0名)

社外役員の属性（注1）	執行役員の数（注1）	備考
×	×	
社外取締役…企業経営経験者3名 社外監査役…弁護士2名、企業経営経験者1名	執行役員12名	（注4）
×	×	
社外取締役…企業経営経験者1名、大学関係者1名、官庁出身者1名 社外監査役…弁護士1名、公認会計士1名	執行役員4名	（注3）
×	×	
社外取締役…企業経営経験者2名 社外監査役…弁護士1名、金融機関出身者1名、大学関係者1名	N/A	（注3）
×	×	
社外取締役…企業経営経験者2名、その他1名 社外監査役…企業経営経験者1名、弁護士1名、公認会計士1名	執行役員26名	
略	略	
社外監査役…企業経営経験者3名	執行役員18名	（注3）、（注4）
×	×	
社外取締役…金融機関出身者1名、公認会計士1名 社外監査役…企業経営経験者1名、大学関係者1名	N/A	（注3）
×	×	
企業経営経験者3名、大学関係者1名	執行役員13名	（注2）、（注3）
×	×	
弁護士（元検事）1名、弁護士（元裁判官）1名	執行役7名	（注3）
×	×	
社外取締役…金融機関出身者1名、大学関係者1名 社外監査役…官庁出身者1名、金融機関出身者1名	執行役員2名	（注3）
×	×	
社外取締役…公認会計士1名、官庁出身者1名 社外監査役…弁護士（元検事）1名、公認会計士1名	執行役員14名	

巻末資料 | 377

業態	金融機関名	機関設計(注1)	役員の人数（注1）	社外役員の人数（注1）
地銀	りそなホールディングス（※）	略	略	略
	近畿大阪銀行	監査役会設置会社	取締役5名(うち女性0名) 監査役3名(うち女性1名)	社外取締役1名(うち女性0名) 社外監査役2名(うち女性0名)
地銀	池田泉州ホールディングス（※）	監査役会設置会社	取締役12名(うち女性0名) 監査役4名(うち女性0名)	社外取締役2名(うち女性0名) 社外監査役2名(うち女性0名)
	池田泉州銀行	監査役会設置会社	取締役12名(うち女性0名) 監査役4名(うち女性0名)	社外取締役2名(うち女性0名) 社外監査役2名(うち女性0名)
地銀	× 但馬銀行	× 監査役会設置会社	× 取締役9名(うち女性0名) 監査役4名(うち女性0名)	× 社外取締役1名(うち女性0名) 社外監査役2名(うち女性0名)
地銀	× 南都銀行	× 監査役会設置会社	× 取締役14名(うち女性0名) 監査役4名(うち女性0名)	× 社外取締役1名(うち女性0名) 社外監査役2名(うち女性0名)
地銀	× 紀陽銀行	× 監査役会設置会社	× 取締役10名(うち女性0名) 監査役5名(うち女性0名)	× 社外取締役1名(うち女性0名) 社外監査役3名(うち女性0名)
地銀	× 鳥取銀行	× 監査役会設置会社	× 取締役7名(うち女性1名) 監査役4名(うち女性0名)	× 社外取締役1名(うち女性1名) 社外監査役2名(うち女性0名)
地銀	× 山陰合同銀行	× 監査役会設置会社	× 取締役8名(うち女性0名) 監査役5名(うち女性0名)	× 社外取締役3名(うち女性0名) 社外監査役3名(うち女性0名)
地銀	× 中国銀行	× 監査役会設置会社	× 取締役13名(うち女性0名) 監査役5名(うち女性0名)	× 社外取締役1名(うち女性0名) 社外監査役3名(うち女性0名)
地銀	× 広島銀行	× 監査役会設置会社	× 取締役10名(うち女性1名) 監査役5名(うち女性1名)	× 社外取締役2名(うち女性1名) 社外監査役3名(うち女性1名)

社外役員の属性（注1）	執行役員の数（注1）	備考
略	略	
社外取締役…不明1名 社外監査役…弁護士1名、不明1名	執行役員9名	（注2）、（注3）、（注4）
社外取締役…企業経営経験者1名、大学関係者1名 社外監査役…弁護士1名、金融機関出身者1名	N/A	（注3）
社外取締役…企業経営経験者1名、大学関係者1名 社外監査役…弁護士1名、大学関係者1名	N/A	（注3）
×	×	
社外取締役…公認会計士1名 社外監査役…弁護士1名、企業経営経験者1名	執行役員12名	
×	×	
社外取締役…弁護士1名 社外監査役…企業経営経験者1名、金融機関出身者1名	N/A	（注3）
×	×	
社外取締役…弁護士1名 社外監査役…弁護士1名、官庁出身者1名、企業経営経験者1名	執行役員5名	
×	×	
社外取締役…その他1名 社外監査役…弁護士1名、企業経営経験者1名	執行役員13名	
×	×	
社外取締役…金融機関出身者2名、企業経営経験者1名 社外監査役…弁護士（元検事）1名、弁護士1名、公認会計士1名	執行役員14名	
×	×	
社外取締役…公認会計士1名 社外監査役…弁護士1名、公認会計士1名、官庁出身者1名	執行役員4名	
×	×	
社外取締役…金融機関出身者1名、大学関係者1名 社外監査役…弁護士1名、公認会計士1名、企業経営経験者1名	執行役員18名	

業態	金融機関名	機関設計(注1)	役員の人数（注1）	社外役員の人数（注1）
地銀	山口フィナンシャルグループ(※)	監査等委員会設置会社	取締役9名(うち女性0名)	社外取締役3名(うち女性0名)
	山口銀行	監査等委員会設置会社	取締役16名(うち女性0名)	社外取締役2名(うち女性0名)
地銀	×	×	×	×
	阿波銀行	監査役会設置会社	取締役10名(うち女性0名) 監査役5名(うち女性0名)	社外取締役2名(うち女性0名) 社外監査役3名(うち女性0名)
地銀	×	×	×	×
	百十四銀行	監査役会設置会社	取締役11名(うち女性1名) 監査役5名(うち女性0名)	社外取締役2名(うち女性1名) 社外監査役3名(うち女性0名)
地銀	×	×	×	×
	伊予銀行	監査等委員会設置会社	取締役13名(うち女性0名)	社外取締役4名(うち女性0名)
地銀	×	×	×	×
	四国銀行	監査役会設置会社	取締役11名(うち女性1名) 監査役5名(うち女性0名)	社外取締役2名(うち女性1名) 社外監査役3名(うち女性0名)
地銀	ふくおかフィナンシャルグループ(※)	監査役会設置会社	取締役14名(うち女性0名) 監査役3名(うち女性0名)	社外取締役2名(うち女性0名) 社外監査役2名(うち女性0名)
	福岡銀行	監査役会設置会社	取締役12名(うち女性0名) 監査役3名(うち女性0名)	社外取締役0名(うち女性0名) 社外監査役2名(うち女性0名)
地銀	×	×	×	×
	筑邦銀行	監査役会設置会社	取締役9名(うち女性0名) 監査役4名(うち女性0名)	社外取締役1名(うち女性0名) 社外監査役2名(うち女性0名)
地銀	×	×	×	×
	西日本シティ銀行	監査役会設置会社	取締役13名(うち女性1名) 監査役5名(うち女性0名)	社外取締役2名(うち女性1名) 社外監査役3名(うち女性0名)

社外役員の属性（注1）	執行役員の数（注1）	備考
企業経営経験者2名、弁護士1名	N/A	（注2）、（注3）
企業経営経験者2名	N/A	（注2）、（注3）、（注4）
×	×	
社外取締役…弁護士1名、公認会計士1名 社外監査役…公認会計士1名、企業経営経験者1名、金融機関出身者1名	執行役員8名	
×	×	
社外取締役…大学関係者1名、官庁出身者1名 社外監査役…企業経営経験者1名、弁護士1名、金融機関出身者1名	執行役員24名	
×	×	
弁護士1名、官庁出身者1名、大学関係者1名、企業経営経験者1名	執行役員14名	（注2）
×	×	
社外取締役…弁護士1名、企業経営経験者1名 社外監査役…弁護士1名、公認会計士1名、官庁出身者1名	N/A	（注3）
社外取締役…企業経営経験者2名 社外監査役…弁護士1名、大学関係者1名	執行役員17名	（注3）
社外監査役…企業経営経験者2名	執行役員19名	（注3）
×	×	
社外取締役…官庁出身者1名 社外監査役…公認会計士1名、大学関係者1名	N/A	（注3）
×	×	
社外取締役…企業経営経験者1名、その他1名 社外監査役…官庁出身者1名、企業経営経験者1名、金融機関出身者1名、大学関係者1名	執行役員19名	

巻末資料 | 381

業態	金融機関名	機関設計(注1)	役員の人数（注1）	社外役員の人数（注1）
地銀	山口フィナンシャルグループ(※)	略	略	略
	北九州銀行	監査等委員会設置会社	取締役10名(うち女性0名)	社外取締役3名(うち女性0名)
地銀	× 佐賀銀行	× 監査役会設置会社	× 取締役13名(うち女性0名) 監査役4名(うち女性0名)	× 社外取締役2名(うち女性0名) 社外監査役3名(うち女性0名)
地銀	× 十八銀行	× 指名委員会等設置会社	× 取締役8名(うち女性0名)	× 社外取締役2名(うち女性0名)
地銀	ふくおかフィナンシャルグループ(※)	略	略	略
	親和銀行	監査役会設置会社	取締役8名(うち女性0名) 監査役3名(うち女性0名)	社外取締役0名(うち女性0名) 社外監査役2名(うち女性0名)
地銀	九州フィナンシャルグループ(※)	監査役会設置会社	取締役10名(うち女性0名) 監査役5名(うち女性1名)	社外取締役2名(うち女性0名) 社外監査役3名(うち女性1名)
	肥後銀行	監査役会設置会社	取締役13名(うち女性0名) 監査役5名(うち女性0名)	社外取締役2名(うち女性0名) 社外監査役3名(うち女性0名)
地銀	× 大分銀行	× 監査役会設置会社	× 取締役9名(うち女性1名) 監査役4名(うち女性0名)	× 社外取締役2名(うち女性1名) 社外監査役2名(うち女性0名)
地銀	× 宮崎銀行	× 監査役会設置会社	× 取締役11名(うち女性1名) 監査役4名(うち女性0名)	× 社外取締役2名(うち女性1名) 社外監査役2名(うち女性0名)
地銀	九州フィナンシャルグループ(※)	略	略	略
	鹿児島銀行	監査役会設置会社	取締役10名(うち女性0名) 監査役5名(うち女性0名)	社外取締役2名(うち女性0名) 社外監査役3名(うち女性0名)

社外役員の属性（注1）	執行役員の数（注1）	備考
略	略	
企業経営経験者2名、弁護士1名	N/A	（注2）、（注3）、（注4）
×	×	
社外取締役…金融機関出身者1名、大学関係者1名 社外監査役…官庁出身者2名、弁護士1名	執行役員（注6）	（注3）、（注4）
企業経営経験者1名、大学関係者1名	執行役11名	（注3）
略	略	
社外監査役…金融機関出身者1名、官庁出身者1名	執行役員12名	（注3）、（注4）
社外取締役…金融機関出身者1名、企業経営経験者1名 社外監査役…弁護士2名、企業経営経験者1名	執行役員3名	
社外取締役…企業経営経験者1名、金融機関出身者1名 社外監査役…企業経営経験者1名、弁護士1名、金融機関出身者1名	執行役員15名	
×	×	
社外取締役…企業経営経験者1名、大学関係者1名 社外監査役…公認会計士1名、官庁出身者1名	執行役員14名	
×	×	
社外取締役…弁護士1名、企業経営経験者1名 社外監査役…官庁出身者1名、金融機関出身者1名、企業経営経験者1名	執行役員3名	
略	略	
社外取締役…金融機関出身者2名 社外監査役…弁護士1名、公認会計士1名、官庁出身者1名	執行役員7名	（注3）

業態	金融機関名	機関設計(注1)	役員の人数（注1）	社外役員の人数（注1）
地銀	× 琉球銀行	× 監査役会設置会社	× 取締役10名(うち女性0名) 監査役3名(うち女性0名)	× 社外取締役2名(うち女性0名) 社外監査役2名(うち女性0名)
地銀	× 沖縄銀行	× 監査役会設置会社	× 取締役10名(うち女性0名) 監査役4名(うち女性0名)	× 社外取締役2名(うち女性0名) 社外監査役3名(うち女性0名)
第二地銀	× 北洋銀行	× 監査役会設置会社	× 取締役14名(うち女性2名) 監査役5名(うち女性0名)	× 社外取締役3名(うち女性2名) 社外監査役3名(うち女性0名)
第二地銀	× 北日本銀行	× 監査役会設置会社	× 取締役10名(うち女性0名) 監査役5名(うち女性0名)	× 社外取締役2名(うち女性0名) 社外監査役3名(うち女性0名)
第二地銀	じもとホールディングス（※）	監査役会設置会社	取締役12名(うち女性0名) 監査役4名(うち女性0名)	社外取締役2名(うち女性0名) 社外監査役3名(うち女性0名)
	仙台銀行	監査役会設置会社	取締役9名(うち女性0名) 監査役4名(うち女性0名)	社外取締役1名(うち女性0名) 社外監査役2名(うち女性0名)
第二地銀	じもとホールディングス（※）	略	略	略
	きらやか銀行	監査役会設置会社	取締役9名(うち女性0名) 監査役3名(うち女性0名)	社外取締役1名(うち女性0名) 社外監査役2名(うち女性0名)
第二地銀	× 福島銀行	× 監査役会設置会社	× 取締役6名(うち女性0名) 監査役4名(うち女性1名)	× 社外取締役1名(うち女性0名) 社外監査役2名(うち女性0名)
第二地銀	× 大東銀行	× 監査役会設置会社	× 取締役8名(うち女性0名) 監査役4名(うち女性1名)	× 社外取締役2名(うち女性0名) 社外監査役3名(うち女性1名)
第二地銀	× 栃木銀行	× 監査役会設置会社	× 取締役12名(うち女性0名) 監査役4名(うち女性0名)	× 社外取締役2名(うち女性0名) 社外監査役2名(うち女性0名)
第二地銀	× 東和銀行	× 監査役会設置会社	× 取締役7名(うち女性1名) 監査役4名(うち女性0名)	× 社外取締役2名(うち女性1名) 社外監査役2名(うち女性0名)

社外役員の属性（注１）	執行役員の数（注１）	備考
×	×	
社外取締役…企業経営経験者２名 社外監査役…企業経営経験者２名	執行役員４名	
×	×	
社外取締役…公認会計士１名、官庁出身者１名 社外監査役…企業経営経験者２名、大学関係者１名	N/A	（注３）
×	×	
社外取締役…弁護士２名、大学関係者１名 社外監査役…官庁出身者２名、企業経営経験者１名	執行役員19名	（注３）
×	×	
社外取締役…大学関係者１名、企業経営経験者１名 社外監査役…企業経営経験者３名	N/A	（注３）、（注４）
社外取締役…弁護士１名、企業経営経験者１名 社外監査役…公認会計士２名、官庁出身者１名	N/A	（注３）
社外取締役…企業経営経験者１名 社外監査役…公認会計士１名、官庁出身者１名	N/A	（注３）
略	略	
社外取締役…弁護士１名 社外監査役…公認会計士１名、官庁出身者１名	執行役員17名	（注３）
×	×	
社外取締役…企業経営経験者１名 社外監査役…弁護士１名、大学関係者１名	執行役員２名	
×	×	
社外取締役…弁護士１名、官庁出身者１名 社外監査役…弁護士１名、金融機関出身者１名、官庁出身者１名	執行役員４名	
×	×	
社外取締役…企業経営経験者１名、官庁出身者１名 社外監査役…官庁出身者１名、企業経営経験者１名	N/A	（注３）
×	×	
社外取締役…弁護士１名、公認会計士１名 社外監査役…公認会計士１名、企業経営経験者１名	執行役員14名	（注３）

業態	金融機関名	機関設計(注1)	役員の人数（注1）	社外役員の人数（注1）
第二地銀	× 京葉銀行	× 監査役会設置会社	× 取締役15名(うち女性0名) 監査役5名(うち女性0名)	× 社外取締役2名(うち女性0名) 社外監査役3名(うち女性0名)
第二地銀	× 東日本銀行	× 監査役会設置会社	× 取締役10名(うち女性0名) 監査役4名(うち女性1名)	× 社外取締役2名(うち女性0名) 社外監査役3名(うち女性1名)
第二地銀	× 東京スター銀行	× 指名委員会等設置会社	× 取締役7名(うち女性0名)	× 社外取締役6名(うち女性0名)
第二地銀	東京TYフィナンシャルグループ(※)	略	略	略
	八千代銀行	監査役会設置会社	取締役11名(うち女性1名) 監査役4名(うち女性1名)	社外取締役1名(うち女性1名) 社外監査役2名(うち女性1名)
第二地銀	× 神奈川銀行	× 監査役会設置会社	× 取締役7名(うち女性0名) 監査役3名(うち女性0名)	× 社外取締役1名(うち女性0名) 社外監査役2名(うち女性0名)
第二地銀	× 大光銀行	× 監査役会設置会社	× 取締役12名(うち女性1名) 監査役4名(うち女性0名)	× 社外取締役2名(うち女性1名) 社外監査役2名(うち女性0名)
第二地銀	× 長野銀行	× 監査役会設置会社	× 取締役10名(うち女性1名) 監査役4名(うち女性1名)	× 社外取締役2名(うち女性1名) 社外監査役3名(うち女性1名)
第二地銀	× 静岡中央銀行	× 監査役会設置会社	× 取締役15名(うち女性0名) 監査役4名(うち女性0名)	× 社外取締役0名(うち女性0名) 社外監査役2名(うち女性0名)
第二地銀	× 愛知銀行	× 監査役会設置会社	× 取締役14名(うち女性0名) 監査役5名(うち女性0名)	× 社外取締役1名(うち女性0名) 社外監査役3名(うち女性0名)
第二地銀	× 名古屋銀行	× 監査役会設置会社	× 取締役14名(うち女性0名) 監査役5名(うち女性0名)	× 社外取締役1名(うち女性0名) 社外監査役3名(うち女性0名)

社外役員の属性（注1）	執行役員の数（注1）	備考
×	×	
社外取締役…金融機関出身者1名、大学関係者1名 社外監査役…企業経営経験者2名、官庁出身者1名	N/A	（注3）
×	×	
社外取締役…金融機関出身者2名 社外監査役…弁護士1名、公認会計士1名、金融機関出身者1名、企業経営経験者1名	N/A	（注3）
×	×	
金融機関出身者4名、企業経営経験者2名、官庁出身者1名	執行役11名	
略	略	
社外取締役…弁護士1名 社外監査役…弁護士1名、公認会計士1名	執行役員8名	（注3）
×	×	
社外取締役…その他1名 社外監査役…金融機関出身者2名	執行役員3名	（注3）
×	×	
社外取締役…弁護士1名、官庁出身者1名 社外監査役…弁護士（元検事）1名、その他1名	N/A	（注3）、（注4）
×	×	
社外取締役…企業経営経験者1名、その他1名 社外監査役…弁護士1名、公認会計士1名、企業経営経験者1名	N/A	（注3）
×	×	
社外監査役…弁護士1名、金融機関出身者1名	N/A	（注3）
×	×	
社外取締役…官庁出身者1名 社外監査役…官庁出身者1名、税理士1名、大学関係者1名	N/A	（注3）
×	×	
社外取締役…企業経営経験者1名 社外監査役…官庁出身者2名、企業経営経験者1名	執行役員4名	

業態	金融機関名	機関設計(注1)	役員の人数（注1）	社外役員の人数（注1）
第二地銀	× 中京銀行	× 監査役会設置会社	× 取締役10名(うち女性0名) 監査役4名(うち女性1名)	× 社外取締役2名(うち女性0名) 社外監査役3名(うち女性1名)
第二地銀	× 第三銀行	× 監査等委員会設置会社	× 取締役13名(うち女性0名)	× 社外取締役3名(うち女性0名)
第二地銀	× 富山第一銀行	× 監査役会設置会社	× 取締役11名(うち女性0名) 監査役4名(うち女性0名)	× 社外取締役2名(うち女性0名) 社外監査役2名(うち女性0名)
第二地銀	× 福邦銀行	× 監査役会設置会社	× 取締役8名(うち女性0名) 監査役4名(うち女性0名)	× 社外取締役2名(うち女性0名) 社外監査役2名(うち女性0名)
第二地銀	× 関西アーバン銀行	× 監査役会設置会社	× 取締役15名(うち女性2名) 監査役6名(うち女性0名)	× 社外取締役4名(うち女性2名) 社外監査役3名(うち女性0名)
第二地銀	× 大正銀行	× 監査役会設置会社	× 取締役9名(うち女性0名) 監査役3名(うち女性0名)	× 社外取締役1名(うち女性0名) 社外監査役3名(うち女性0名)
第二地銀	× みなと銀行	× 監査役会設置会社	× 取締役7名(うち女性0名) 監査役5名(うち女性0名)	× 社外取締役2名(うち女性0名) 社外監査役3名(うち女性0名)
第二地銀	× 島根銀行	× 監査役会設置会社	× 取締役9名(うち女性1名) 監査役4名(うち女性0名)	× 社外取締役2名(うち女性1名) 社外監査役3名(うち女性0名)
第二地銀	× トマト銀行	× 監査役会設置会社	× 取締役10名(うち女性1名) 監査役4名(うち女性0名)	× 社外取締役2名(うち女性1名) 社外監査役3名(うち女性0名)
第二地銀	山口フィナンシャルグループ(※)	略	略	略
第二地銀	もみじ銀行	監査等委員会設置会社	取締役13名(うち女性0名)	社外取締役2名(うち女性0名)

社外役員の属性（注１）	執行役員の数（注１）	備考
×	×	
社外取締役…企業経営経験者２名、金融機関出身者１名 社外監査役…官庁出身者１名、企業経営経験者１名、金融機関出身者１名	執行役員６名	（注３）
×	×	
官庁出身者２名、金融機関出身者１名	執行役員15名	（注２）
×	×	
社外取締役…企業経営経験者１名、金融機関出身者１名 社外監査役…企業経営経験者２名	執行役員２名	
×	×	
社外取締役…企業経営経験者１名、金融機関出身者１名 社外監査役…企業経営経験者１名、金融機関出身者１名	執行役員１名	
×	×	
社外取締役…弁護士２名、公認会計士１名、金融機関出身者１名 社外監査役…弁護士１名、公認会計士１名、金融機関出身者１名	執行役員37名	
×	×	
社外取締役…金融機関出身者１名 社外監査役…弁護士１名、その他１名	執行役員７名	
×	×	
社外取締役…企業経営経験者１名、金融機関出身者１名 社外監査役…官庁出身者２名、企業経営経験者１名	執行役員22名	
×	×	
社外取締役…官庁出身者１名、大学関係者１名 社外監査役…弁護士１名、大学関係者１名、税理士１名	N/A	（注３）
×	×	
社外取締役…公認会計士１名、大学関係者１名 社外監査役…官庁出身者２名、弁護士１名	執行役員９名	（注３）
略	略	
不明２名	執行役員（注６）	（注２）、（注３）、（注４）

巻末資料 | 389

業態	金融機関名	機関設計(注1)	役員の人数（注1）	社外役員の人数（注1）
第二地銀	× 西京銀行	× 監査役会設置会社	× 取締役8名(うち女性0名) 監査役4名(うち女性0名)	× 社外取締役1名(うち女性0名) 社外監査役3名(うち女性0名)
第二地銀	トモニホールディングス（※）	監査等委員会設置会社	取締役11名(うち女性0名)	社外取締役3名(うち女性0名)
	徳島銀行	監査等委員会設置会社	取締役14名(うち女性1名)	社外取締役3名(うち女性1名)
第二地銀	トモニホールディングス（※）	略	略	略
	香川銀行	監査等委員会設置会社	取締役16名(うち女性0名)	社外取締役3名(うち女性0名)
第二地銀	× 愛媛銀行	× 監査役会設置会社	× 取締役16名(うち女性0名) 監査役4名(うち女性0名)	× 社外取締役1名(うち女性0名) 社外監査役2名(うち女性0名)
第二地銀	× 高知銀行	× 監査役会設置会社	× 取締役9名(うち女性2名) 監査役4名(うち女性0名)	× 社外取締役2名(うち女性1名) 社外監査役3名(うち女性0名)
第二地銀	× 福岡中央銀行	× 監査役会設置会社	× 取締役11名(うち女性1名) 監査役4名(うち女性0名)	× 社外取締役2名(うち女性1名) 社外監査役3名(うち女性0名)
第二地銀	× 佐賀共栄銀行	× 監査役会設置会社	× 取締役8名(うち女性1名) 監査役3名(うち女性0名)	× 社外取締役1名(うち女性0名) 社外監査役2名(うち女性0名)
第二地銀	西日本シティ銀行	略	略	略
	長崎銀行	監査役会設置会社	取締役6名(うち女性0名) 監査役3名(うち女性0名)	社外取締役人数不明(うち女性0名) 社外監査役2名(うち女性0名)

社外役員の属性（注1）	執行役員の数（注1）	備考
×	×	
社外取締役…官庁出身者1名 社外監査役…官庁出身者1名、企業経営経験者1名、その他1名	執行役員6名	（注3）
弁護士1名、公認会計士1名、官庁出身者1名	N/A	（注2）、（注3）
官庁出身者2名、公認会計士1名	執行役員7名	（注2）、（注3）、（注4）
略	略	
弁護士1名、公認会計士1名、官庁出身者1名	執行役員8名	（注2）、（注3）、（注4）
×	×	
社外取締役…官庁出身者1名 社外監査役…官庁出身者2名	N/A	（注3）、（注4）
×	×	
社外取締役…弁護士1名、官庁出身者1名 社外監査役…官庁出身者2名、金融機関出身者1名	N/A	（注3）、（注4）
×	×	
社外取締役…企業経営経験者1名、その他1名 社外監査役…企業経営経験者3名	N/A	（注3）、（注4）
×	×	
社外取締役…弁護士1名 社外監査役…弁護士1名、公認会計士1名	N/A	（注3）、（注4）
略	略	
社外取締役…不明 社外監査役…不明2名	執行役員2名	（注2）、（注3）、（注4）、（注5）

業態	金融機関名	機関設計(注1)	役員の人数（注1）	社外役員の人数（注1）
第二地銀	ふくおかフィナンシャルグループ(※)	略	略	略
	熊本銀行	監査役会設置会社	取締役8名(うち女性0名) 監査役3名(うち女性0名)	社外取締役0名(うち女性0名) 社外監査役2名(うち女性0名)
第二地銀	×	×	×	×
	豊和銀行	監査役会設置会社	取締役7名(うち女性0名) 監査役3名(うち女性0名)	社外取締役1名(うち女性0名) 社外監査役2名(うち女性0名)
第二地銀	×	×	×	×
	宮崎太陽銀行	監査役会設置会社	取締役9名(うち女性0名) 監査役4名(うち女性0名)	社外取締役2名(うち女性0名) 社外監査役3名(うち女性0名)
第二地銀	×	×	×	×
	南日本銀行	監査役会設置会社	取締役9名(うち女性0名) 監査役4名(うち女性0名)	社外取締役2名(うち女性0名) 社外監査役3名(うち女性0名)
第二地銀	×	×	×	×
	沖縄海邦銀行	監査役会設置会社	取締役8名(うち女性1名) 監査役3名(うち女性0名)	社外取締役1名(うち女性1名) 社外監査役2名(うち女性0名)
その他	りそなホールディングス(※)	略	略	略
	埼玉りそな銀行	監査役会設置会社	取締役7名(うち女性0名) 監査役4名(うち女性0名)	社外取締役1名(うち女性0名) 社外監査役2名(うち女性0名)

（注1） 各社の平成27年3月期の有価証券報告書や各社ホームページ上に掲載されている平成27年3月期のディスクロージャー誌をもとに作成した。
（注2） （注1）にあわせて商業登記情報も参照し、作成した。
（注3） （注1）にあわせて各社ホームページも参照し、作成した。
（注4） （注1）にあわせてインターネット検索の結果も参照し、作成した。
（注5） 社外取締役の有無は不明。
（注6） 執行役員制度はあるが、執行役員の人数は不明。

社外役員の属性（注１）	執行役員の数（注１）	備考
略	略	
社外監査役…金融機関出身者１名、大学関係者１名	執行役員10名	（注３）、（注４）
×	×	
社外取締役…弁護士（元裁判官）１名 社外監査役…官庁出身者２名	執行役員３名	
×	×	
社外取締役…企業経営経験者１名、大学関係者１名 社外監査役…官庁出身者２名、弁護士（元裁判官）１名	N/A	（注３）、（注４）
×	×	
社外取締役…弁護士１名、官庁出身者１名 社外監査役…企業経営経験者１名、官庁出身者１名、大学関係者１名	N/A	（注３）、（注４）
×	×	
社外取締役…企業経営経験者１名 社外監査役…企業経営経験者２名	執行役員（注６）	（注３）、（注４）
略	略	
社外取締役…金融機関出身者１名 社外監査役…弁護士（元検事）１名、公認会計士１名	執行役員14名	（注３）、（注４）

（注７）　「×」は、当該銀行に銀行持株会社その他の銀行の株式を100％保有する法人が存在しない場合を指す。
（注８）　「略」は、当該銀行に銀行持株会社その他の銀行の株式を100％保有する法人が存在するが、すでに別銀行の当該箇所にて記載ずみの場合を指す。
（注９）　「N/A」の記載は、調査の結果、執行役員制度がないと考えられる場合に用いている。
（注10）　※は銀行持株会社。

資料2　金融機関の報酬制度の傾向一覧

業態	金融機関名	区　　分	人数	報酬等の総額	固定報酬 総額	基本報酬	株式報酬型ストックオプション
都銀	みずほフィナンシャルグループ	取締役、執行役および監査役員（除く社外役員）	15	873	854	591	262
	みずほ銀行	取締役および監査役（除く社外役員）	15	602	584	423	159
都銀	三井住友フィナンシャルグループ	取締役および監査役（除く社外役員）	14	1,062	882	769	106
	三井住友銀行	取締役および監査役（除く社外役員）	20	1,633	1,345	1,190	148
都銀	三菱UFJフィナンシャル・グループ	取締役および監査役（除く社外役員）	16	1,230	1,001	847	153
	三菱東京UFJ銀行	取締役および監査役（除く社外役員）	21	1,643	1,372	1,130	241
都銀	りそなホールディングス	取締役および執行役（除く社外役員）	13	353	198	198	N/A
	りそな銀行	取締役および監査役（除く社外役員）	7	147	93	93	N/A
信託銀行	あおぞら銀行	取締役および監査役	14	344	N/A	231	81
	あおぞら信託銀行	取締役および監査役（除く社外役員）	7	79	75	75	N/A
信託銀行	× オリックス銀行	取締役および監査役（除く社外役員）	10	142	124	124	—

その他	変動報酬 総額	基本報酬	賞与	その他	退職慰労金	その他	変動報酬の、報酬等総額に占める割合(%)	対象役員1人当り報酬等の額	備　考
1	—	—	—	—	18	—	0.0	58.2	
0	—	—	—	—	18	—	0.0	40.1	
7	175	N/A	175	N/A	6	—	16.5	75.9	
7	288	N/A	288	N/A	—	—	17.6	81.7	
—	197	—	197	—	32	—	16.0	76.9	
—	239	—	239	—	32	0	14.5	78.2	
—	154	133	N/A	21	N/A	N/A	43.6	27.2	ディスクロージャー誌の表の変動報酬の内訳に「一時金等」(-)の項目がある。
—	54	50	N/A	4	N/A	N/A	36.7	21.0	ディスクロージャー誌の表の変動報酬の内訳に「一時金等」(-)の項目がある。
N/A	N/A	N/A	—	N/A	30	—	0.0	24.6	(注3)、基本報酬は固定報酬である旨の記載があるため、固定報酬の欄に記載した。
N/A	3	N/A	3	N/A	—	N/A	3.8	11.3	(注7)
—	18	—	18	—	—	—	12.7	14.2	

業態	金融機関名	区分	人数	報酬等の総額	固定報酬 総額	基本報酬	株式報酬型ストックオプション
信託銀行	×資産管理サービス信託銀行	取締役および監査役（除く社外役員）	8	92	74	73	—
信託銀行	×しんきん信託銀行	信金中金の常勤理事および常勤監事	16	400	256	256	N/A
信託銀行	新生銀行	取締役および監査役（除く社外役員）	3	118	118	118	0
信託銀行	新生信託銀行	取締役および監査役（除く社外役員）	5	89	66	66	—
信託銀行	×ステート・ストリート信託銀行	N/A	N/A	N/A	N/A	N/A	N/A
信託銀行	三井住友トラスト・ホールディングス	取締役および監査役（除く社外役員）	10	563	458	458	41
信託銀行	三井住友信託銀行	取締役および監査役（除く社外役員）	18	881	710	710	66
信託銀行	三井住友フィナンシャルグループ	取締役および監査役（除く社外役員）	14	1,062	882	769	106
信託銀行	SMBC信託銀行	N/A	N/A	N/A	N/A	N/A	N/A
信託銀行	×日証金信託銀行	取締役（除く社外役員）	4	87	87	87	—
信託銀行	×日本トラスティ・サービス信託銀行	取締役および監査役（除く社外役員）	9	140	98	98	—
信託銀行	×日本マスタートラスト信託銀行	取締役および監査役（除く社外役員）	8	107	N/A	95	—
信託銀行	×ニューヨークメロン信託銀行	N/A	N/A	N/A	N/A	N/A	N/A

その他	変動報酬 総額	基本報酬	賞与	その他	退職慰労金	その他	変動報酬の、報酬等総額に占める割合(%)	対象役員1人当り報酬等の額	備考
1	—	—	—	—	17	—	0.0	11.5	
N/A	76	N/A	76	N/A	67	N/A	19.0	25.0	
0	0	0	0	0	0	0	0.0	39.3	
—	17	—	17	—	6	—	19.1	17.8	
N/A	N/A	N/A	N/A	N/A	N/A	N/A	N/A	N/A	(注4)
N/A	64	N/A	64	N/A	—	N/A	11.4	56.3	(注5)
N/A	105	N/A	105	N/A	—	N/A	11.9	48.9	(注5)
7	175	N/A	175	N/A	6	—	16.5	75.9	
N/A	N/A	N/A	N/A	N/A	N/A	N/A	N/A	N/A	(注4)
N/A	—	—	—	N/A	—	N/A	0.0	21.8	
N/A	—	N/A	—	N/A	42	N/A	0.0	15.6	
N/A	N/A	—	—	N/A	11	N/A	0.0	13.4	(注7)
N/A	N/A	N/A	N/A	N/A	N/A	N/A	N/A	N/A	(注4)

巻末資料 | 397

業態	金融機関名	区分	人数	報酬等の総額	固定報酬 総額	基本報酬	株式報酬型ストックオプション
信託銀行	× 農中信託銀行	取締役および監査役（除く社外役員）	9	124	N/A	124	N/A
信託銀行	× 野村信託銀行	取締役および執行役（除く社外取締役）	6	340	203	203	N/A
信託銀行	みずほフィナンシャルグループ	取締役、執行役および執行役員（除く社外役員）	15	873	854	591	262
	みずほ信託銀行	取締役および監査役（除く社外役員）	11	428	428	318	109
信託銀行	三菱UFJフィナンシャル・グループ	取締役および監査役（除く社外役員）	16	1,230	1,001	847	153
	三菱UFJ信託銀行	取締役および監査役（除く社外役員）	15	891	774	653	121
その他	× あおぞら銀行	取締役および監査役	14	344	N/A	231	81
その他	イオンフィナンシャルサービス	取締役および監査役（除く社外役員）	9	249	185	166	19
	イオン銀行	取締役および監査役（除く社外役員）	11	170	129	129	—

その他	変動報酬 総額	基本報酬	賞与	その他	退職慰労金	その他	変動報酬の、報酬等総額に占める割合(%)	対象役員1人当り報酬等の額	備　考
N/A	N/A	N/A	—	N/A	—	N/A	N/A	13.8	(注3)、(注6)、業績に過度に連動する報酬体系になっていない旨の説明があるため、基本報酬を便宜上固定報酬の欄に記載した。
N/A	137	N/A	99	N/A	—	N/A	40.3	56.7	ディスクロージャー誌の表には、変動報酬の内訳に「基本繰延」(19)、「追加繰延」(19)の項目がある。
1	—	—	—	—	18	—	0.0	58.2	
0	—	—	—	—	—	—	0.0	38.9	
—	197	—	197	—	32	—	16.0	76.9	
—	116	—	116	—	—	0	13.0	59.4	
N/A	N/A	N/A	—	N/A	30	—	0.0	24.6	(注3)、基本報酬は固定報酬である旨の記載があるため、固定報酬の欄に記載した。
N/A	42	0	42	N/A	21	N/A	16.9	27.7	
N/A	31	—	31	N/A	10	N/A	18.2	15.5	

業態	金融機関名	区　分	人数	報酬等の総額	固定報酬 総額	基本報酬	株式報酬型ストックオプション
その他	× SBJ銀行	取締役および監査役（除く社外役員）	7	154	131	131	N/A
その他	× シティバンク銀行	取締役および監査役（除く社外役員等）	6	703	366	155	0
その他	× じぶん銀行	取締役および監査役（除く社外役員）	4	52	52	52	―
その他	× ジャパンネット銀行	取締役および監査役（除く社外役員）	9	86	N/A	85	N/A
その他	× 新銀行東京	取締役および監査役（除く社外役員）	6	101	90	90	―
その他	× 新生銀行	取締役および監査役（除く社外役員）	3	118	118	118	0
その他	× 住信SBIネット銀行	取締役および監査役（除く社外役員）	7	110	110	110	N/A
その他	整理回収機構	N/A	N/A	N/A	N/A	N/A	N/A
その他	× セブン銀行	取締役および監査役（除く社外役員）	8	384	384	312	71

その他	変動報酬 総額	基本報酬	賞与	その他	退職慰労金	その他	変動報酬の、報酬等総額に占める割合(%)	対象役員1人当り報酬等の額	備　考
N/A	22	—	22	N/A	N/A	N/A	14.3	22.0	
211	321	0	313	8	16	N/A	45.7	117.2	
N/A	—	—	—	N/A	—	—	0.0	13.0	
N/A	N/A	N/A	N/A	N/A	0	N/A	N/A	9.6	（注3）、（注6）、基本報酬の考慮要素として業績は記載されていないため、便宜上、固定報酬の欄に記載した。
—	11	—	11	—	—	—	10.9	16.8	
0	0	0	0	0	0	0	0.0	39.3	
N/A	—	—	N/A	N/A	N/A	N/A	0.0	15.7	
N/A	N/A	N/A	N/A	N/A	N/A	N/A	N/A	N/A	（注4）
N/A	—	—	—	N/A	—	N/A	0.0	48.0	

業態	金融機関名	区分	人数	報酬等の総額	固定報酬 総額	基本報酬	株式報酬型ストックオプション
その他	ソニーフィナンシャルホールディングス	取締役および監査役	6	236	N/A	200	N/A
その他	ソニー銀行	取締役(社内・社外)および監査役(社内)	4	106	N/A	96	N/A
その他	× 大和ネクスト銀行	取締役および監査役(除く社外役員)	6	193	110	110	—
その他	× 楽天銀行	取締役および監査役(除く社外役員)	3	94	94	94	—
その他	日本郵政	取締役および執行役(除く社外役員)	32	771	771	N/A	N/A
その他	ゆうちょ銀行	取締役および執行役(除く社外役員)	27	592	561	N/A	N/A
地銀	ほくほくフィナンシャルグループ	取締役および監査役(除く社外役員)	9	283	283	241	42
地銀	北海道銀行	取締役および監査役(除く社外役員)	8	174	174	149	25
地銀	× 青森銀行	取締役および監査役(除く社外役員)	11	235	206	177	29

その他	変動報酬 総額	基本報酬	賞与	その他	退職慰労金	その他	変動報酬の、報酬等総額に占める割合(%)	対象役員1人当り報酬等の額	備　考
N/A	N/A	N/A	N/A	N/A	36	N/A	—	39.3	(注3)、(注6)、基本報酬は固定部分と業績連動部分の両方から構成されるとの説明があるが、便宜上、固定報酬の欄に記載した。
N/A	N/A	N/A	N/A	N/A	9	N/A	—	26.5	(注3)、(注6)、基本報酬は固定部分と業績連動部分の両方から構成されるとの説明があるが、便宜上、固定報酬の欄に記載した。
N/A	65	—	65	N/A	16	N/A	33.7	32.2	
—	—	—	—	—	—	—	0.0	31.3	
N/A	N/A	N/A	N/A	N/A	N/A	0	0.0	24.1	
N/A	N/A	N/A	N/A	N/A	26	3	0.0	21.9	
N/A	—	—	N/A	—	N/A		0.0	31.4	
N/A	—	—	N/A	—	N/A		0.0	21.8	
0	28	N/A	28	N/A	N/A	N/A	11.9	21.4	

巻末資料　403

業態	金融機関名	区　分	人数	報酬等の総額	固定報酬 総額	基本報酬	株式報酬型ストックオプション
地銀	× みちのく銀行	取締役および監査役（除く社外役員）	7	197	197	148	49
地銀	× 岩手銀行	取締役および監査役（除く社外役員）	12	300	268	222	46
地銀	× 東北銀行	取締役および監査役（除く社外役員）	9	202	202	202	―
地銀	× 七十七銀行	取締役および監査役（除く社外役員）	18	567	532	415	117
地銀	× 秋田銀行	取締役および監査役（除く社外役員）	13	189	170	154	15
地銀	フィデアホールディングス	取締役および執行役（除く社外役員）	14	241	218	218	―
	北都銀行	取締役および監査役（除く社外役員）	8	116	103	103	―
地銀	フィデアホールディングス	取締役および執行役（除く社外役員）	14	241	218	218	―
	荘内銀行	取締役および監査役（除く社外役員）	13	179	160	160	―
地銀	× 山形銀行	取締役および監査役（除く社外役員）	18	272	190	190	―
地銀	× 東邦銀行	取締役および監査役（除く社外役員）	17	470	307	307	―

その他	変動報酬 総額	基本報酬	賞与	その他	退職慰労金	その他	変動報酬の、報酬等総額に占める割合(%)	対象役員1人当り報酬等の額	備　考
—	—	N/A	N/A	N/A	—	—	0.0	28.1	
N/A	31	—	31	N/A	—	N/A	10.3	25.0	
—	—	—	—	—	—	—	0.0	22.4	
N/A	35	—	35	N/A	—	N/A	6.2	31.5	
N/A	19	—	19	N/A	—	N/A	10.1	14.5	
N/A	22	—	22	N/A	—	N/A	9.1	17.2	
N/A	12	—	12	N/A	—	N/A	10.3	14.5	
N/A	22	—	22	N/A	—	N/A	9.1	17.2	
N/A	18	—	18	N/A	—	N/A	10.1	13.8	
N/A	37	—	37	N/A	44	N/A	13.6	15.1	
N/A	66	—	6	N/A	97	N/A	14.0	27.6	ディスクロージャー誌の表の変動報酬の内訳に「業績連動型報酬」(60)の項目がある。

業態	金融機関名	区　分	人数	報酬等の総額	固定報酬 総額	基本報酬	株式報酬型ストックオプション
地銀	× 常陽銀行	取締役および監査役（除く社外役員）	12	388	320	296	24
地銀	× 筑波銀行	取締役および監査役（除く社外役員）	9	213	196	196	—
地銀	足利ホールディングス	取締役および執行役（除く社外取締役）	8	206	123	123	—
	足利銀行	取締役および執行役（除く社外取締役）	9	160	97	97	—
地銀	× 群馬銀行	取締役および監査役（除く社外役員）	18	489	419	316	103
地銀	× 武蔵野銀行	取締役および監査役	16	309	309	284	25
地銀	× 千葉銀行	取締役および監査役（除く社外役員）	14	528	528	431	97
地銀	× 千葉興業銀行	取締役および監査役（除く社外役員）	6	106	104	97	6

	変動報酬				退職慰労金	その他	変動報酬の、報酬等総額に占める割合(%)	対象役員1人当り報酬等の額	備　考
その他	総額	基本報酬	賞与	その他					
0	67	40	27	0	0	0	17.3	32.3	
N/A	15	15	—	N/A	—	1	7.0	23.7	
0	45	—	45	—	36	N/A	21.8	25.8	ディスクロージャー誌の表にある「賞与（業績連動型報酬）」の金額を「賞与」の欄に記載した。
0	33	—	33	—	29	N/A	20.6	17.8	ディスクロージャー誌の表にある「賞与（業績連動型報酬）」の金額を「賞与」の欄に記載した。
—	69	—	69	—	—	—	14.1	27.2	ディスクロージャー誌の表の固定報酬と変動報酬の区分にある「月額報酬」の金額を、便宜上それぞれの「基本報酬」の欄に記載した。
—	—	—	—	—	—	—	0.0	19.3	
N/A	—	—	—	N/A	—	N/A	0.0	37.7	
—	—	—	—	—	2	—	0.0	17.7	

業態	金融機関名	区分	人数	報酬等の総額	固定報酬 総額	基本報酬	株式報酬型ストックオプション
地銀	東京TYフィナンシャルグループ	取締役および監査役(除く社外役員)	10	44	44	44	—
地銀	東京都民銀行	取締役および監査役(除く社外役員)	11	288	191	191	N/A
地銀 ×	横浜銀行	取締役および監査役(除く社外役員)	11	427	358	323	34
地銀 ×	第四銀行	取締役および監査役(除く社外役員)	13	368	286	206	79
地銀 ×	北越銀行	取締役および監査役(除く社外役員)	13	329	305	267	38
地銀 ×	山梨中央銀行	取締役および監査役(除く社外役員)	19	437	369	333	35
地銀 ×	八十二銀行	取締役および監査役(除く社外役員)	12	403	333	251	82
地銀 ×	大垣共立銀行	取締役および監査役(除く社外役員)	4	186	166	150	15
地銀 ×	十六銀行	取締役および監査役(除く社外役員)	15	423	322	276	46

その他	変動報酬 総額	基本報酬	賞与	その他	退職慰労金	その他	変動報酬の、報酬等総額に占める割合(%)	対象役員1人当り報酬等の額	備　考
N/A	—	—	—	N/A	—	N/A	0.0	4.4	
N/A	—	N/A	N/A	N/A	97	N/A	0.0	26.2	ディスクロージャー誌の表には、変動報酬の内訳として「業績連動型報酬」(−)および「株式報酬型ストック・オプション」(−)の項目がある。
N/A	69	—	69	N/A	—	N/A	16.2	38.8	
—	82	—	82	—	—	—	22.3	28.3	
N/A	23	—	23	N/A	—	N/A	7.0	25.3	
—	55	—	55	—	12	—	12.6	23.0	(注5)
N/A	70	—	—	70	—	N/A	17.4	33.6	
N/A	20	—	20	N/A	—	N/A	10.8	46.5	
N/A	101	74	26	N/A	—	N/A	23.9	28.2	

業態	金融機関名	区　分	人数	報酬等の総額	固定報酬 総額	基本報酬	株式報酬型ストックオプション
地銀	× 静岡銀行	取締役および監査役（除く社外役員）	13	496	416	314	99
地銀	× スルガ銀行	取締役および監査役（除く社外役員）	9	620	314	304	9
地銀	× 清水銀行	取締役および監査役（除く社外役員）	11	310	310	310	—
地銀	× 百五銀行	取締役および監査役	21	559	429	340	28
地銀	× 三重銀行	取締役および監査役（除く社外役員）	14	270	270	270	N/A
地銀	ほくほくフィナンシャルグループ	取締役および監査役（除く社外役員）	9	283	283	241	42
	北陸銀行	取締役および監査役（除く社外役員）	9	165	165	141	23
地銀	× 富山銀行	取締役および監査役（除く社外役員）	10	143	141	103	—
地銀	× 北國銀行	取締役および監査役（除く社外役員）	14	394	313	264	49

その他	変動報酬 総額	基本報酬	賞与	その他	退職慰労金	その他	変動報酬の、報酬等総額に占める割合(%)	対象役員1人当り報酬等の額	備　考
2	80	—	80	N/A	—	N/A	16.1	38.2	
N/A	140	N/A	140	N/A	165	N/A	22.6	68.9	
—	—	—	—	—	—	—	0.0	28.2	
N/A	130	—	40	N/A	—	N/A	23.3	26.6	(注5)、ディスクロージャー誌の表の変動報酬の内訳に「業績連動型報酬」(90)の項目がある。
N/A	—	—	—	N/A	—	N/A	0.0	19.3	
N/A	—	—	—	N/A	—	N/A	0.0	31.4	
N/A	—	—	—	N/A	—	N/A	0.0	18.3	
38	2	—	—	2	—	—	1.4	14.3	
N/A	80	60	20	—	—	N/A	20.3	28.1	ディスクロージャー誌の表にある「賞与、その他」の金額を、便宜上、「賞与」の欄に記載した。

巻末資料 | 411

業態	金融機関名	区分	人数	報酬等の総額	固定報酬 総額	基本報酬	株式報酬型ストックオプション
地銀	× 福井銀行	取締役および執行役（除く社外取締役）	9	219	219	169	49
地銀	× 滋賀銀行	取締役および監査役（除く社外役員）	20	464	419	377	41
地銀	× 京都銀行	取締役および監査役（除く社外役員）	16	539	449	356	92
地銀	りそなホールディングス	取締役および執行役（除く社外役員）	13	353	198	198	N/A
地銀	近畿大阪銀行	取締役および監査役（除く社外役員）	3	65	39	39	N/A
地銀	池田泉州ホールディングス	当社の取締役および監査役ならびに池田泉州銀行の取締役および監査役（除く社外役員）	19	333	333	317	16
地銀	池田泉州銀行	取締役および監査役（除く社外役員）	17	242	242	225	16
地銀	× 但馬銀行	取締役および監査役	12	168	111	111	—

その他	変動報酬 総額	基本報酬	賞与	その他	退職慰労金	その他	変動報酬の、報酬等総額に占める割合(%)	対象役員1人当り報酬等の額	備　考
N/A	—	—	—	N/A	N/A	N/A	0.0	24.3	(注5)
N/A	45	—	45	N/A	N/A	N/A	9.7	23.2	
N/A	90	—	90	N/A	—	N/A	16.7	33.7	
—	154	133	N/A	21	N/A	N/A	43.6	27.2	ディスクロージャー誌の表の変動報酬の内訳に「一時金等」(－)の項目がある。
—	25	21	N/A	4	N/A	N/A	38.5	21.7	ディスクロージャー誌の表の変動報酬の内訳に「一時金等」(－)の項目がある。
—	N/A	N/A	N/A	N/A	N/A	N/A	0.0	17.5	ディスクロージャー誌によると、固定報酬のみであり、「報酬等の総額」には「固定報酬の総額」の金額を記載した。
—	N/A	N/A	N/A	N/A	N/A	N/A	0.0	14.2	ディスクロージャー誌によると、固定報酬のみであり、「報酬等の総額」には「固定報酬の総額」の金額を記載した。
—	28	—	28	—	28	—	16.7	14.0	

業態	金融機関名	区　分	人数	報酬等の総額	固定報酬 総額	基本報酬	株式報酬型ストックオプション
地銀	× 南都銀行	取締役および監査役（除く社外役員）	19	474	474	432	41
地銀	× 紀陽銀行	取締役および監査役（除く社外役員）	13	300	187	187	―
地銀	× 鳥取銀行	取締役および監査役（除く社外役員）	10	166	166	166	N/A
地銀	× 山陰合同銀行	取締役および監査役（除く社外役員）	8	289	232	166	65
地銀	× 中国銀行	取締役および監査役（除く社外役員）	17	542	462	314	72
地銀	× 広島銀行	取締役および監査役（除く社外役員）	14	532	452	319	133
地銀	山口フィナンシャルグループ	取締役および監査役（除く社外役員）	9	254	220	168	52
	山口銀行	取締役および監査役（除く社外役員）	19	431	361	261	100

その他	変動報酬 総額	基本報酬	賞与	その他	退職慰労金	その他	変動報酬の、報酬等総額に占める割合(%)	対象役員1人当り報酬等の額	備考
N/A	—	—	—	N/A	—	N/A	0.0	24.9	
N/A	112	112	—	N/A	—	N/A	37.3	23.1	
N/A	—	N/A	N/A	N/A	—	N/A	0.0	16.6	ディスクロージャー誌の表には、変動報酬の内訳として「業績加算額」(—)の項目がある。
—	56	N/A	—	—	—	—	19.4	36.1	ディスクロージャー誌の表には、変動報酬の内訳として「業績連動型報酬」(56)の項目がある。
75	79	—	—	79	—	—	14.6	31.9	
N/A	80	—	—	N/A	—	N/A	15.0	38.0	ディスクロージャー誌の表には、変動報酬の内訳として「業績連動型報酬」(80)の項目がある。
N/A	33	—	—	33	—	N/A	13.0	28.2	
N/A	69	—	9	60	—	N/A	16.0	22.7	

業態	金融機関名	区　分	人数	報酬等の総額	固定報酬 総額	基本報酬	株式報酬型ストックオプション
地銀	× 阿波銀行	取締役および監査役（除く社外役員）	13	407	251	251	—
地銀	× 百十四銀行	取締役および監査役（除く社外役員）	14	349	325	277	48
地銀	× 伊予銀行	取締役および監査役（除く社外役員）	20	534	534	426	108
地銀	× 四国銀行	取締役および監査役（除く社外役員）	14	261	240	188	51
地銀	ふくおかフィナンシャルグループ	取締役および監査役（除く社外役員）	13	651	565	565	—
地銀	福岡銀行	取締役および監査役（除く社外役員）	11	365	258	258	—
地銀	× 筑邦銀行	取締役および監査役（除く社外役員）	13	223	223	157	45
地銀	× 西日本シティ銀行	取締役および監査役（除く社外役員）	16	517	456	456	N/A
地銀	山口フィナンシャルグループ	取締役および監査役（除く社外役員）	9	254	220	168	52
地銀	北九州銀行	取締役および監査役（除く社外役員）	8	120	111	82	28

その他	変動報酬 総額	基本報酬	賞与	その他	退職慰労金	その他	変動報酬の、報酬等総額に占める割合(%)	対象役員1人当り報酬等の額	備　考
N/A	93	—	93	N/A	62	N/A	22.9	31.3	
N/A	23	—	23	N/A	—	N/A	6.6	24.9	
—	—	—	—	N/A	—	N/A	0.0	26.7	ディスクロージャー誌の表には、変動報酬の内訳として「株式報酬型ストック・オプション」（-）の項目がある。
N/A	21	—	21	N/A	N/A	N/A	8.0	18.6	
N/A	86	—	—	86	—	N/A	13.2	50.1	
N/A	107	—	—	107	—	N/A	29.3	33.2	
20	—	—	—	N/A	—	N/A	0.0	17.2	
—	60	60	—	—	—	N/A	11.6	32.3	
N/A	33	—	—	33	—	N/A	13.0	28.2	
N/A	9	—	1	8	—	N/A	7.5	15.0	

業態	金融機関名	区　分	人数	報酬等の総額	固定報酬 総額	基本報酬	株式報酬型ストックオプション
地銀	× 佐賀銀行	取締役および監査役（除く社外役員）	12	287	287	233	53
地銀	× 十八銀行	取締役および執行役（除く社外取締役）	13	284	210	210	—
地銀	ふくおかフィナンシャルグループ	取締役および監査役（除く社外役員）	13	651	565	565	—
	親和銀行	取締役および監査役（除く社外役員）	8	146	146	146	—
地銀	× 肥後銀行	取締役および監査役（除く社外役員）	13	378	291	291	—
地銀	× 大分銀行	取締役および監査役（除く社外役員）	12	319	278	243	35
地銀	× 宮崎銀行	取締役および監査役（除く社外役員）	13	317	275	234	40
地銀	× 鹿児島銀行	取締役および監査役	23	469	361	361	N/A
地銀	× 琉球銀行	取締役および監査役（除く社外役員）	12	164	164	109	55

その他	変動報酬 総額	基本報酬	賞与	その他	退職慰労金	その他	変動報酬の、報酬等総額に占める割合(%)	対象役員1人当り報酬等の額	備　考
—	—	—	—	—	—	—	0.0	23.9	
N/A	73	—	73	—	—	—	25.7	21.8	
N/A	86	—	—	86	—	N/A	13.2	50.1	
N/A	—	—	—	—	—	N/A	0.0	18.3	
—	86	—	86	—	—	—	22.8	29.1	
N/A	41	N/A	41	N/A	—	N/A	12.9	26.6	
—	40	—	40	—	—	1	12.6	24.4	
N/A	80	N/A	N/A	N/A	27	N/A	17.1	20.4	(注5)、ディスクロージャー誌の記載を参考に、「基本報酬」(361)は固定報酬に分類し、「業績連動報酬」(80)は変動報酬に分類した。
—	N/A	N/A	N/A	N/A	N/A	N/A	0.0	13.7	

巻末資料 | 419

業態	金融機関名	区分	人数	報酬等の総額	固定報酬 総額	基本報酬	株式報酬型ストックオプション
地銀	× 沖縄銀行	取締役および監査役（除く社外役員）	11	223	195	134	60
第二地銀	× 北洋銀行	取締役および監査役（除く社外役員）	19	319	319	319	N/A
第二地銀	× 北日本銀行	取締役および監査役（除く社外役員）	11	196	175	138	37
第二地銀	じもとホールディングス	取締役および監査役（除く社外役員）	14	61	61	61	―
	仙台銀行	取締役および監査役（除く社外役員）	11	90	88	88	―
第二地銀	じもとホールディングス	取締役および監査役（除く社外役員）	14	61	61	61	―
	きらやか銀行	取締役および監査役（除く社外役員）	10	140	121	121	―
第二地銀	× 福島銀行	取締役および監査役（除く社外役員）	8	138	102	102	―
第二地銀	× 大東銀行	取締役、監査役（除く社外役員）	6	99	89	89	―

その他	変動報酬 総額	基本報酬	賞与	その他	退職慰労金	その他	変動報酬の、報酬等総額に占める割合(%)	対象役員1人当り報酬等の額	備 考
N/A	27	N/A	27	N/A	N/A	N/A	12.1	20.3	
N/A	N/A	N/A	—	N/A	N/A	N/A	0.0	16.8	
N/A	20	—	20	N/A	N/A	N/A	10.2	17.8	
—	—	—	—	N/A	—	—	0.0	4.4	
—	1	—	1	—	—	—	1.1	8.2	
—	—	—	—	N/A	—	—	0.0	4.4	
—	18	—	—	—	18	—	12.9	14.0	ディスクロージャー誌の表によると、退職慰労金が変動報酬の内訳として記載されている可能性がある。
—	—	—	—	—	36	N/A	0.0	17.3	
0	9	—	9	N/A	—	N/A	9.1	16.5	

業態	金融機関名	区分	人数	報酬等の総額	固定報酬 総額	基本報酬	株式報酬型ストックオプション
第二地銀	× 栃木銀行	取締役、監査役および社外監査役(除く社外役員)	15	293	238	202	35
第二地銀	× 東和銀行	取締役および監査役(除く社外役員)	7	152	145	122	22
第二地銀	× 京葉銀行	取締役および監査役(除く社外役員)	18	531	449	300	86
第二地銀	× 東日本銀行	取締役および監査役(除く社外役員)	14	290	290	220	70
第二地銀	× 東京スター銀行	取締役および執行役(除く社外役員)	12	466	274	273	―
第二地銀	東京TYフィナンシャルグループ	取締役および監査役(除く社外役員)	10	44	44	44	―
第二地銀	八千代銀行	取締役および監査役(除く社外役員)	14	242	110	110	―
第二地銀	× 神奈川銀行	取締役および監査役(除く社外役員)	9	102	102	100	―
第二地銀	× 大光銀行	取締役および監査役(除く社外役員)	15	271	249	195	54

その他	変動報酬 総額	基本報酬	賞与	その他	退職慰労金	その他	変動報酬の、報酬等総額に占める割合(%)	対象役員1人当り報酬等の額	備考
—	55	—	55	—	—	—	18.8	19.5	ディスクロージャー誌の「対象役員」の説明では社外監査役が含まれているが、表では（除く社外役員）と記載されている。
—	—	—	—	—	—	7	0.0	21.7	
61	82	N/A	82	N/A	—	N/A	15.4	29.5	
—	—	—	—	—	—	—	0.0	20.7	
1	167	—	167	N/A	25	N/A	35.8	38.8	
N/A	—	—	—	N/A	—	N/A	0.0	4.4	
N/A	131	119	12	N/A	—	N/A	54.1	17.3	
2	—	—	—	—	—	—	0.0	11.3	
N/A	21	—	—	N/A	—	N/A	7.7	18.1	ディスクロージャー誌の表には、変動報酬の内訳として「業績連動型報酬」(21)の項目がある。

巻末資料 | 423

業態	金融機関名	区　分	人数	報酬等の総額	固定報酬 総額	基本報酬	株式報酬型ストックオプション
第二地銀	× 長野銀行	取締役および監査役（除く社外役員）	9	218	168	141	27
第二地銀	× 静岡中央銀行	取締役および監査役（除く社外役員）	17	319	252	158	N/A
第二地銀	× 愛知銀行	取締役および監査役（除く社外役員）	18	345	270	225	45
第二地銀	× 名古屋銀行	取締役および監査役（除く社外役員）	18	353	280	242	38
第二地銀	× 中京銀行	取締役および監査役（除く社外役員）	9	164	154	120	34
第二地銀	× 第三銀行	取締役および監査役（除く社外役員）	13	208	170	144	25
第二地銀	× 富山第一銀行	取締役および監査役（除く社外役員）	10	190	158	158	—
第二地銀	× 福邦銀行	取締役および監査役（除く社外役員）	9	108	89	89	—

その他	変動報酬 総額	基本報酬	賞与	その他	退職慰労金	その他	変動報酬の、報酬等総額に占める割合(%)	対象役員1人当り報酬等の額	備　考
—	50	—	N/A	—	—	N/A	22.9	24.2	ディスクロージャー誌の表には、変動報酬の内訳として「業績連動報酬」(50)の項目がある。
94	46	—	46	N/A	20	N/A	14.4	18.8	
—	74	—	74	—	—	—	21.4	19.2	
N/A	73	—	73	N/A	—	N/A	20.7	19.6	
N/A	9	—	9	N/A	N/A	N/A	5.5	18.2	
N/A	37	—	N/A	N/A	N/A	N/A	17.8	16.0	ディスクロージャー誌の表には、変動報酬の内訳として「業績連動型報酬」(37)の項目がある。
N/A	31	—	31	N/A	—	N/A	16.3	19.0	
—	5	—	5	—	12	N/A	4.6	12.0	

業態	金融機関名	区分	人数	報酬等の総額	固定報酬 総額	基本報酬	株式報酬型ストックオプション
第二地銀	×関西アーバン銀行	取締役および監査役（除く社外役員）	19	431	431	431	―
第二地銀	×大正銀行	取締役および監査役（除く社外役員）	10	199	112	112	N/A
第二地銀	×みなと銀行	取締役および監査役（除く社外役員）	8	231	231	206	25
第二地銀	×島根銀行	取締役および監査役（除く社外役員）	4	121	68	68	―
第二地銀	×トマト銀行	取締役および監査役（除く社外役員）	14	209	169	169	N/A
第二地銀	山口フィナンシャルグループ	取締役および監査役（除く社外役員）	9	254	220	168	52
第二地銀	もみじ銀行	取締役および監査役（除く社外役員）	13	270	237	175	61
第二地銀	×西京銀行	取締役および監査役（除く社外役員）	8	216	158	158	―
第二地銀	トモニホールディングス	取締役および監査役（除く社外役員）	10	279	245	172	72
第二地銀	徳島銀行	取締役および監査役（除く社外役員）	11	265	232	167	64
第二地銀	トモニホールディングス	取締役および監査役（除く社外役員）	10	279	245	172	72
第二地銀	香川銀行	取締役および監査役（除く社外役員）	12	266	232	167	65
第二地銀	×愛媛銀行	取締役および監査役	25	443	298	298	N/A

その他	変動報酬 総額	基本報酬	賞与	その他	退職慰労金	その他	変動報酬の、報酬等総額に占める割合(%)	対象役員1人当り報酬等の額	備 考
—	—	—	—	—	—	—	0.0	22.7	（注5）
N/A	18	N/A	18	N/A	69	N/A	9.0	19.9	
—	—	—	—	—	—	—	0.0	28.9	
N/A	—	—	—	N/A	34	18	0.0	30.3	
N/A	N/A	N/A	N/A	N/A	40	N/A	0.0	14.9	
N/A	33	—	—	33	—	N/A	13.0	28.2	
N/A	32	—	—	32	—	N/A	11.9	20.8	
—	—	—	—	—	58	N/A	0.0	27.0	
N/A	34	—	34	N/A	—	N/A	12.2	27.9	
N/A	32	—	32	N/A	—	N/A	12.1	24.1	
N/A	34	—	34	N/A	—	N/A	12.2	27.9	
N/A	33	—	33	N/A	—	N/A	12.4	22.2	
N/A	80	—	80	N/A	64	N/A	18.1	17.7	

業態	金融機関名	区　分	人数	報酬等の総額	固定報酬 総額	基本報酬	株式報酬型ストックオプション
第二地銀	× 高知銀行	取締役および監査役（除く社外役員）	9	132	132	121	10
第二地銀	× 福岡中央銀行	取締役および監査役（除く社外役員）	11	208	153	153	—
第二地銀	× 佐賀共栄銀行	取締役および監査役（除く社外役員）	9	183	183	142	N/A
第二地銀	西日本シティ銀行	取締役および監査役（除く社外役員）	16	517	456	456	N/A
第二地銀	長崎銀行	取締役および監査役（除く社外役員）	5	52	41	41	N/A
第二地銀	ふくおかフィナンシャルグループ	取締役および監査役（除く社外役員）	13	651	565	565	—
第二地銀	熊本銀行	取締役および監査役（除く社外役員）	8	146	146	146	—
第二地銀	× 豊和銀行	取締役および監査役（除く社外役員）	10	80	80	80	—
第二地銀	× 宮崎太陽銀行	取締役および監査役	14	186	165	165	—
第二地銀	× 南日本銀行	取締役および監査役（除く社外役員）	9	165	138	138	—
第二地銀	× 沖縄海邦銀行	取締役および監査役（除く社外役員）	8	170	131	131	—

その他	変動報酬 総額	基本報酬	賞与	その他	退職慰労金	その他	変動報酬の、報酬等総額に占める割合(%)	対象役員1人当り報酬等の額	備考
N/A	—	—	—	N/A	—	N/A	0.0	14.7	
N/A	13	—	13	N/A	41	N/A	6.3	18.9	
41	—	—	—	—	—	N/A	0.0	20.3	
—	60	60	—	—	—	N/A	11.6	32.3	
—	—	—	—	—	11	N/A	0.0	10.4	
N/A	86	—	—	86	—	N/A	13.2	50.1	
N/A	—	—	—	—	—	N/A	0.0	18.3	
—	—	—	—	—	—	N/A	0.0	8.0	
—	21	—	—	21	—	—	11.3	13.3	
—	26	—	6	20	—	—	15.8	18.3	
—	—	—	—	—	38	—	0.0	21.3	

業態	金融機関名	区　分	人数	報酬等の総額	固定報酬 総額	基本報酬	株式報酬型ストックオプション
その他	りそなホールディングス	取締役および執行役（除く社外役員）	13	353	198	198	N/A
	埼玉りそな銀行	取締役および監査役（除く社外役員）	8	193	125	125	N/A

（注１）　各社のホームページ上に掲載されている平成27年3月期のディスクロージャー誌をもとに作成した。単位：百万円。
（注２）　ディスクロージャー誌に掲載された表の形式および項目等は各社により異なり、アレンジして記載している部分もあるので、詳細は、各社のディスクロージャー誌を参照されたい。
（注３）　ディスクロージャー誌の表には、固定報酬と変動報酬の区分はない。
（注４）　ディスクロージャー誌がインターネット上で確認できなかったため、データを掲載していない。
（注５）　ディスクロージャー誌において役員の種類ごとに掲載されている金額を合算した。

その他	変動報酬 総額	基本報酬	賞与	その他	退職慰労金	その他	変動報酬の、報酬等総額に占める割合(%)	対象役員1人当り報酬等の額	備考
—	154	133	N/A	21	N/A	N/A	43.6	27.2	ディスクロージャー誌の表の変動報酬の内訳に「一時金等」(－)の項目がある。
—	68	60	N/A	7	N/A	N/A	35.2	24.1	ディスクロージャー誌の表の変動報酬の内訳に「一時金等」(－)の項目がある。

(注6) ディスクロージャー誌からは、変動報酬の全体報酬に対する割合を確認できない。
(注7) ディスクロージャー誌の表には、固定報酬と変動報酬の総額の欄はない。
(注8) 金額欄が「0」となっていても、百万円未満の金額が四捨五入により「0」と表示されている場合がある。
(注9) 該当する金融機関がない場合は「×」、ディスクロージャー誌において、該当欄がない場合は「N/A」、該当欄に「－」と記載されている場合は「－」と記載している。

事項索引

数字・英字

5％ルール ················· 285
15％ルール ················ 285
bancassurance ············· 260
BCM ····················· 328
BCP ····················· 328
D&O 保険 ················· 135
DIP ファイナンス ············ 294
FATF 勧告 ················ 197
ISS ······················ 70
M&A に関する業務 ······· 234, 239
TOB ···················· 320
UFJ 銀行検査忌避事件 ········ 213

あ

アームズ・レングス・ルール
 ···················· 258, 282
アクティビスト ·········· 221, 318
アパマン事件 ··············· 106

い

石川銀行事件 ··············· 208
違法配当罪 ················· 144
員外監事 ··················· 59
インサイダー取引 ········ 146, 209
引責辞任 ··················· 139
インセンティブ ·············· 348
インセンティブ報酬 ······· 71, 76

う

迂回融資 ··················· 221
疑わしい取引の届出 ··········· 199

え

エンゲージメント ············· 48

お

渡島信用金庫事件 ············ 159
オプトアウト ············ 254, 300
オリンパス事件 ·············· 353

か

会員資格 ············· 55, 56, 270
会員代表訴訟 ··············· 130
海外拠点 ··················· 186
海外の金融機関の買収 ········ 277
海外向け融資 ··············· 269
会計監査人 ················· 179
会計不正 ··················· 108
外国為替業務 ··············· 200
外国公務員贈賄防止指針 ······ 187
開示11原則 ················· 346
解任命令 ········· 23, 27, 32, 138
外部監査 ··················· 178
外部弁護士 ················· 293
確定額報酬 ·············· 65, 92
合併方式 ··················· 274
ガバナンス態勢 ··········· 3, 166

株式の持合い ……………………… 318
株式報酬型ストック・オプション
　　…………………………… 66, 82
株主総会 ………………………… 45, 50
株主代表訴訟 …………… 98, 126, 148
株主代表訴訟担保特約 …………… 137
株主との建設的な対話 …………… 222
監査態勢 …………………………… 176
監査等委員会設置会社 ………… 10, 86
監査役および監査役会の役割 ……… 9
監査役会設置会社 ………………… 10
監査役・監査委員の選任届出書 …… 29
監査役監査基準 …………… 175, 179
監査役の責任 ……………………… 98
監視義務 …………………… 108, 111
勘定系システム …………………… 288

き

機関構成 …………………………… 2
機関設計 …………………………… 10
危機管理マニュアル ……………… 328
企業集団 …………………… 181, 187
議決権保有制限 …………………… 287
救済融資 …………………………… 140
競業取引 …………………………… 120
行政処分 …………………… 138, 226
業績連動報酬 ………… 70, 74, 82, 83, 88
業態別子会社 ……………………… 248
共同持株会社方式 ………………… 274
業務改善命令 ………… 4, 23, 27, 31, 226
業務継続計画 ……………………… 328
業務継続体制 ……………………… 328
業務執行取締役の役割 ……………… 6

業務停止命令 ……………… 23, 27, 226
虚偽記載 …………………… 118, 356
虚偽記載有価証券報告書等提出罪
　　………………………………… 143
銀行の常務に従事する取締役
　　…………………………… 5, 21, 33
銀行持株会社 ……………… 10, 184, 245
銀証分離 …………………………… 247
金融 ADR ………………………… 314
金融機関の再編 …………………… 274
金融グループ ……………………… 181
金融グループを巡る制度のあり方
　　に関するワーキング・グループ
　　………………………… 184, 241, 245
金融再生法開示債権 ……………… 344
金融商品仲介業務 ………………… 250
金利スワップ ……………………… 216

く

熊谷組政治献金事件 ……………… 337
組合員代表訴訟 …………………… 130
グラス・スティーガル法 ………… 247
グループ子会社 …………………… 181

け

経営管理 …………………………… 5
経営管理態勢 ……………………… 169
経営戦略 …………………………… 346
経営統合 …………………………… 274
経営判断原則 ……… 105, 124, 158, 291
経営ビジョン ……………………… 166
経営方針 …………………………… 169
欠格事由 ……………… 15, 24, 28, 60

事項索引 | 433

検査忌避 …………… 145, 162, 163, 212
検査忌避罪 ………………………… 212
兼職制限 ……………………… 33, 60
兼職の届出 ……………………………… 37
兼任規制 …………………………… 16

こ

公正取引委員会 ……………… 218, 276
幸福銀行事件 …………………… 103
広報対応 ………………………… 332
コーポレートガバナンスコード
 …………… 2, 18, 46, 67, 174, 179,
   281, 287, 318, 346
コーポレート・ガバナンス・システムの在り方に関する研究会
 ………………………… 112, 137
子会社対象会社 ……………… 243, 277
子会社の管理・監督義務 ………… 183
顧客情報 ………………………… 297
個人情報 ……………………… 118, 297
個人番号 ………………………… 303
固定報酬 …………………………… 82
固有業務 ……………………… 233, 238
コルレス契約 ……………………… 200

さ

再発防止策 ……………………… 334
再編スキーム ……………………… 274

し

四国銀行事件 …………………… 150
システム障害 ………… 227, 288, 325
システム統合 …………………… 288

システムリスク ………………… 325
執行役員 ……………………………… 99
仕手戦 …………………………… 149
資本充実の原則 ………………… 207
資本政策 ………………………… 281
指名委員会等設置会社 ………… 10, 87
社外監査役の資格要件 …………… 19
社外取締役の資格要件 …………… 18
社外取締役の属性 ………………… 13
社外取締役の独立性 ……………… 74
社外役員の役割 ……………………… 8
蛇の目ミシン事件 ……………… 204
十分な社会的信用 …… 21, 23, 26, 97
守秘義務 ………………………… 298
準備金積立規制 ………………… 280
証券子会社 ………… 36, 185, 255, 282
情実貸付 …………………………… 34, 79
使用者責任 ……………………… 100
情報開示義務 … 340, 343, 349, 351, 355
賞与 ………………………… 65, 71, 81
剰余金の配当 …………………… 279
職員の横領 ……………………… 229
女性比率 …………………………… 14
女性役員 …………………………… 12
初動調査 ………………………… 331
信託契約代理店 ………………… 267
信託兼営金融機関 ……………… 266
信用供与規制 ………………… 78, 122
信頼の原則 ……………………… 106

す

スチュワードシップコード ……… 45
ステークホルダー ……………… 47, 347

ストック・オプション ………… 44
住友信託銀行事件 ……………… 102
住友生命政治献金事件 ………… 337

せ

政策保有 …………………………… 346
政策保有株式 ……………… 287, 317
政治献金 …………………………… 336
整理回収機構 ……………………… 148
責任限定契約 ……………………… 133
説明義務 …………………… 50, 313
善管注意義務
　……………… 96, 102, 108, 111,
　　　　　　　148, 153, 291, 336
センシティブ情報 ……………… 301

そ

総会屋 ………………… 46, 147, 164
総代会 …………………………… 55, 58
卒業会員 …………………………… 270
卒業生金融 ………………………… 270
損失補てん ………………… 160, 316

た

第一勧銀利益供与事件 …… 164, 221
第一生命政治資金パーティー券
　株主代表訴訟事件 ………… 337
第三者委員会 ……………………… 333
第三者提供 ………………………… 300
第三者割当増資 ………………… 206
退職慰労金 …………… 44, 65, 76, 82
代表取締役の解職決議 ………… 43
代表取締役の選定決議 ………… 43

代表取締役の役割 ………………… 6
大和銀行事件 ……………… 106, 154
他業禁止規制 ……………………… 232
他業証券業務 ………… 233, 238, 249
拓銀栄木不動産事件 ……………… 148
拓銀エスコリース事件 ………… 103
拓銀カブトデコム事件 …… 103, 149
拓銀ソフィア特別背任事件
　……………… 103, 106, 141, 162
多重代表訴訟 ……………………… 127
妥当性監査 ………………………… 114

ち

チャイニーズウォール …………… 211
長銀最高裁無罪事件 ……………… 162
長銀初島事件 ……………………… 106

つ

追加融資 …………………………… 291
つなぎ融資 ………………………… 150

て

ディスクロージャー …… 88, 343, 350
提訴請求への対応 ………………… 128
適合性の原則 ……………………… 313
適時開示制度 ……………………… 341
適法性監査 ………………………… 114

と

東京電力株主代表訴訟事件 …… 323
統合的リスク管理方針 ………… 169
投資信託等の窓販業務 ………… 249
東芝事件 …………………………… 353

登録金融機関業務 250	任務懈怠 96, 102, 117, 132
東和銀行事件 104	
独断専行 170	**の**
特定個人情報 303	ノーアクションレター制度 234
特別背任罪 141, 145	ノックイン型投資信託 312
特別利害関係人 42	野村證券事件 160
独立社外取締役 3, 12, 20, 85, 112, 347	
	は
独立役員 20	バーゼル銀行監督委員会 4, 10
取締役および取締役会の役割 7	パーティー券 337
取締役会議事録 124	賠償責任保険 135
取締役会決議の無効事由 40	配当規制 280
取締役会の招集手続 39	背任罪 141
取締役選任届出書 24	反社会的勢力 45, 170, 201, 227
取締役の責任 97	
取締役の融資判断 148	**ひ**
取引時確認 199	非確定額報酬 65, 92
	非金銭報酬 65
な	非公開情報 185, 252, 257
内部監査 172	非公開情報保護措置 263
内部監査態勢 173	非財務情報 168
内部通報 331	ビジネスマッチング業務 234, 239
内部統制システム 109, 112, 166, 353	非対面取引 327
内部統制システム構築 170	
内部統制システム構築義務 153	**ふ**
なみはや銀行事件 103	ファイアーウォール規制 36, 185, 251, 253, 256
	付議事項 123
に	福岡魚市場事件 183
日債銀差戻し審無罪事件 163	不実記載 352
『日本再興戦略』改訂2015 318	不祥事 331
日本システム技術事件 155	付随業務 233, 238
日本振興銀行検査妨害事件 163, 214	不正な会計処理 353
任意開示 340	

不正融資 …………………… 140, 162
不当要求 …………………… 310
粉飾決算 …………………… 143, 162

へ
弊害防止措置 …………… 253, 256, 263
ベンチャービジネス企業 ……… 244
変動報酬 …………………………… 81

ほ
報酬制度 …………………………… 81
法人情報 ………………………… 297
法定開示 ………………………… 340
法律意見 …………………… 293, 316
法令違反 ………………………… 158
法令等遵守態勢 ………………… 190
保険募集制限先規制 …………… 263
保険窓販 …………………… 260, 263
本人確認 …………………… 197, 305

ま
マイナンバー …………… 118, 302
マネーロンダリング ……… 196, 227
マルチリージョナルバンク ……… 48

み・め・も
三井住友銀行事件 ……………… 217

免責の抗弁 ……………………… 352
もの言う株主 …………………… 318

や
役員研修 ………………………… 223
役員構成 …………………………… 2
役員適格性 ………… 15, 18, 21, 25, 30
役員の属性 ………………… 111, 114
役員の報酬 ………………… 64, 346
八幡製鉄政治献金事件 ………… 336

ゆ
優越的地位の濫用 … 206, 216, 247, 257
融資担当者分離規制 …………… 263

り
利益供与 ………… 46, 147, 162, 220
利益相反 ………………………… 258
利益相反管理体制 ………………… 38
利益相反取引 …………… 78, 120, 282
リスク管理債権 ………………… 344
リスク管理体制 ………………… 155
リスクテイク …………… 167, 348
臨時取締役会 …………………… 41

事項索引 | 437

金融機関役員の法務
――コーポレートガバナンスコード時代の職責

平成28年3月9日　第1刷発行

　　　　監修者　細溝　清史
　　　　編　者　岩田合同法律事務所
　　　　編著者　本村　健・松田　貴男
　　　　発行者　小田　徹
　　　　印刷所　株式会社太平印刷社

〒160-8520　東京都新宿区南元町19
発　行　所　一般社団法人 金融財政事情研究会
　　　　編集部　TEL 03(3355)2251　FAX 03(3357)7416
販　　売　株式会社きんざい
　　　　販売受付　TEL 03(3358)2891　FAX 03(3358)0037
　　　　URL http://www.kinzai.jp/

・本書の内容の一部あるいは全部を無断で複写・複製・転訳載すること、および磁気または光記録媒体、コンピュータネットワーク上等へ入力することは、法律で認められた場合を除き、著作者および出版社の権利の侵害となります。
・落丁・乱丁本はお取替えいたします。定価はカバーに表示してあります。

ISBN978-4-322-12856-7